CRM im Mittelstand

Christian Horn / Dr. Bernhard Kölmel / Christian Ried (Hrsg.)

CRM im Mittelstand

Was Experten bei der CRM-Einführung empfehlen

Mit einem Vorwort von Wolfgang Schwetz
und Beiträgen u.a. von

Markus Bechmann · Johannes Buhn · Prof. Dr. Wilhelm
Dangelmaier · Dr. Angelika Förster · Michael Grass · Dr. Stefan
Helmke · Dr. Dieter Hertweck · Martin Hubschneider · Kai Jesse
Dr. Thomas Lindner · Astrid Pölchen · Dr. Andreas Schaffry
Martina Schimmel-Schloo · Wolfgang Schwetz · Jörg Steiss
Dr.-Ing. Michael Stender · Christine Stumpf · Matthias F. Uebel

Herausgeber:

Christian Horn
Dr. Bernhard Kölmel
Christian Ried

2. Auflage März 2003

Copyright © 2003. Alle Rechte liegen bei den Autoren.

ISBN 3-00-010892-0

Die vorliegende Publikation ist urheberrechtlich geschützt. Alle Rechte vorbehalten. Die Verwendung der Texte und Abbildungen, auch auszugsweise, ist ohne die schriftliche Zustimmung der Autoren urheberrechtswidrig und daher strafbar. Dies gilt insbesondere für die Vervielfältigung, Übersetzung oder die Verwendung in elektronischen Systemen.

Es wird darauf hingewiesen, dass die im Buch verwendeten Soft- und Hardware-Bezeichnungen sowie Markennamen und Produktbezeichnungen der jeweiligen Firmen im Allgemeinen warenzeichen-, marken- oder patentrechtlichem Schutz unterliegen.

Alle Angaben in diesem Buch wurden mit größter Sorgfalt kontrolliert. Weder Autoren noch Verlag können jedoch für Schäden haftbar gemacht werden, die in Zusammenhang mit der Verwendung dieses Buches stehen.

Inhalt

Vorwort 6
    (von Wolfgang Schwetz)

Leseanleitung 9

1   Die Grundlagen des Kundenmanagements im Mittelstand 11

1.1   **Wieso CRM im Mittelstand?** 11
    (von Martin Hubschneider)
    1.1.1   Rahmenbedingungen 11
    1.1.2   CRM im Mittelstand 13
    1.1.3   Nutzen von CRM 14
    1.1.4   Fazit 17

1.2   **Auch der Mittelstand braucht CRM** 20
    (von Dr. Andreas Schaffry)
    1.2.1   Wachstumsmarkt CRM 20
    1.2.2   Der Mittelstand zögert bei CRM-Projekten 22
    1.2.3   Mit CRM Kundenbindung optimieren 27
    1.2.4   Die E-CRM-Strategie 30
    1.2.5   Erfolgreiches CRM: Voraussetzungen und Phasen 31
    1.2.6   Auswahl der CRM-Software 33
    1.2.7   Der lange Weg zu "König Kunde" 35
    1.2.8   Mit E-CRM-Suites in die Zukunft 36
    1.2.9   Fazit 39

2 Die Erfolgsfaktoren 41

2.1 Prinzipien der CRM-Strategieentwicklung 41
(von Markus Bechmann)
- 2.1.1 Kundeninformationen als strategisches Kapital 42
- 2.1.2 Maximieren des Customer Life Cycle Value 44
- 2.1.3 Kundenzufriedenheit steigern 46
- 2.1.4 Multi-Channel 49
- 2.1.5 CRM Vision, Leitbild und Strategie 51
- 2.1.6 Fazit 53

2.2 Kundenteams - Kundenbetreuung im Team 54
(von Dr. Angelika Förster)
- 2.2.1 Wie werden (erfolgreiche) Teams gebildet, entwickelt und geführt? 56
- 2.2.2 Empfehlungen 63

2.3 Instrumente des Kundenmanagements 65
(von Prof. Dr. Wilhelm Dangelmaier, Dr. Stefan Helmke und Matthias F. Uebel)
- 2.3.1 Einsatzziele 65
- 2.3.2 Instrumentengruppen 68
- 2.3.3 Softwareunterstützung 72
- 2.3.4 Zusammenfassung 75

2.4 Potenziale des Internet im Kundenmanagement 76
(von Christine Stumpf)
- 2.4.1 Die Kunden dort abholen, wo sie im Moment stehen: auf der Webseite. Web Callcenter – Customer Care Center 77
- 2.4.2 Co-Browsing 78
- 2.4.3 Erweiterter Serviceumfang mit Joined Form Filling 78
- 2.4.4 Internet-Telefonie 79
- 2.4.5 Servicefaktor Zahlungssysteme: Electronic Bill Presentment & Payment (EBPP) 80
- 2.4.6 Customer Tracking 81

3 Die Entscheidungsfindung 83

3.1 Anforderungen an ein CRM-System 83
(von Michael Grass)

	3.1.1	Einführung	83
	3.1.2	Ein CRM-Prozess-Modell	84
	3.1.3	Die Komponenten eines CRM-Systems (funktionale Sicht)	86
	3.1.4	Ein IT-Framework zur Beschreibung eines CRM-Systems (technische Sicht)	92
	3.1.5	Zusammenfassung	96
3.2	**Systematische Auswahl von CRM-Systemen Vorgehensweise und Auswahlkriterien**			98
	(von Wolfgang Schwetz)		
	3.2.1	Der Auswahlprozess als Ursache für Probleme bei der Einführung von CRM-Systemen	98
	3.2.2	Die Qual der Wahl	100
	3.2.3	Anbieterkategorien	104
	3.2.4	Technologische Trends	105
	3.2.5	Anwenderkategorien	106
	3.2.6	Alles Banane, oder?	106
	3.2.7	Welches ist das beste Auto?	107
	3.2.8	Kritische Fragen	107
	3.2.9	Die Phasen der Softwareauswahl	111
	3.2.10	Schlussbetrachtung	118
3.3	**Einführungsprozess eines CRM-Systems**		119
	(von Dr. Dieter Hertweck)		
	3.3.1	Schritt 1: Festlegung der CRM-Strategie des Unternehmens	124
	3.3.2	Schritt 2: Modellierung bestehender Customer Service Prozesse	125
	3.3.3	Schritt 3: Zusammensetzung des Projektteams	126
	3.3.4	Schritt 4: Modellierung optimaler CRM-Prozesse mit den Nutzern, Festlegen der Service-Levels	127
	3.3.5	Schritt 5: System- / Diensteanbieterauswahl	129
	3.3.6	Schritt 6: Konfiguration des Systems	132
	3.3.7	Schritt 7: Rollout	133
	3.3.8	Schritt 8: Schulung, Coaching der Benutzer	133
	3.3.9	Schritt 9: Controlling, Peak-Analysen	134
	3.3.10	Schritt 10: Kontinuierliche Verbesserung	135
	3.3.11	Zusammenfassung	137
3.4	**Erfolgreiche CRM-Einführung im Mittelstand**		139
	(von Dr. Thomas Lindner)		
	3.4.1	Spezifische Voraussetzungen im Mittelstand	139

	3.4.2	Schlussfolgerungen 140
	3.4.3	Das Kundenbeziehungshandbuch 141
	3.4.4	Die CRM-Einführung: kompakt und ganzheitlich 142
3.5	**Business Mapping – Projektarbeit leicht gemacht**................... **144**
	(von Jörg Steiss)	
	3.5.1	Visualisierung als Kommunikationsunterstützung 145
	3.5.2	Am Anfang steht die Idee 146
	3.5.3	Business-Mapping steigert die Produktivität 148
	3.5.4	Office-Anbindung als Schaltzentrale 149
	3.5.5	Projektverwaltung und Arbeiten mit Microsoft Project einfach und effizient gestalten 152

4 Erfolgreiche Beispiele 155

4.1 CRM-Bausteine für den Mittelstand Einsatzszenarien von genesisWorld 155
(von Christian Ried)
- 4.1.1 Was ist genesisWorld? 155
- 4.1.2 Ein einfaches CRM-Modell 156
- 4.1.3 Vertriebsautomatisierung 159
- 4.1.4 Kundendienst 160
- 4.1.5 Marketingautomatisierung 161
- 4.1.6 Basisinfrastruktur 162
- 4.1.7 Zusammenfassung 162

4.2 Es muss nicht immer Siebel sein CRM für Innen- und Außendienst 164
(von Astrid Pölchen)

4.3 Berichte aus der Praxis: CRM im Mittelstand 168
(von Christian Horn)
- 4.3.1 Ganzheitliche Vertriebssteuerung bei der Liebherr-Werksvertretung Kleimann 168
- 4.3.2 Sortimo International: Die hohe Kunst der zielgruppenspezifischen Kundenansprache 173
- 4.3.3 Wissensmanagement für die Innovationsfabrik Fraunhofer IPA 175
- 4.3.4 Smarte Replikation in der Full-Service-Agentur das trio 178
- 4.3.5 Internet-Call-Center bei der Ferien AG: Lust auf Urlaub? Dreimal klicken! 183

	4.3.6 Modernes Verbandsmanagement bei den Betonverbänden in Baden-Württemberg 185

4.4 Erfolg in der Nische Sicherheitstechnik Kundenmanagement mit internetbasiertem CRM 189
(von Johannes Buhn und Dr.-Ing. Michael Stender)
- 4.4.1 Das Unternehmen BARTEC 189
- 4.4.2 BARTEC Vertriebsstrategie 189
- 4.4.3 Ausgangssituation 191
- 4.4.4 BARRACUDA – Das internetbasierte CRM System bei BARTEC 192
- 4.4.5 Praktische Erfahrungen mit BARRACUDA 195
- 4.4.6 Ausblick 198

5 Ausblick in die Zukunft 200

5.1 Die Zukunft des Kundenmanagements im Mittelstand 200
(von Martina Schimmel-Schloo)
- 5.1.1 Kundenmanagement heute 200
- 5.1.2 In Zukunft alles aus einer Hand? 206
- 5.1.3 Back to the roots 210

5.2 Die Integration standortbezogener Anwendungen in Kundenmanagementsysteme 211
(von Kai Jesse)
- 5.2.1 Grundlagen 211
- 5.2.2 Standort- und kontextbezogene Daten 213
- 5.2.3 Kundenmanagement nutzt LBS 215
- 5.2.4 Potenzial 223

5.3 Mobiles Kundenmanagement 225
(von Dr. Bernhard Kölmel)
- 5.3.1 Mobile Business – wirtschaftlicher Hintergrund 226
- 5.3.2 Mobiles CRM 228
- 5.3.3 Anwendungsbeispiel mobile Kundenakte 229
- 5.3.4 Die Zukunft – die direkte Kundenansprache 233

6 Die Autoren 237

Vorwort

(von Wolfgang Schwetz)

Wer seine Kunden und potentiellen Geschäftspartner nicht kennt, kann mit seinem Angebot auch nicht auf deren Wünsche und Probleme eingehen. Dabei wird es in den heute überwiegend von Käufern bestimmten Märkten immer wichtiger, maßgeschneiderte Lösungen zum richtigen Zeitpunkt parat zu haben. In einer Zeit zunehmenden Wettbewerbsdrucks und immer austauschbarer Produkte haben nur diejenigen Anbieter von Waren und Dienstleistungen eine Chance, ihre Kunden auf Dauer zu binden, denen es gelingt, ein fundiertes Wissen über ihre Kunden aufzubauen und dieses systematisch und gezielt für eine maßgeschneiderte Kundenbetreuung einzusetzen. Denn Kunden erwarten immer stärker individuelle und auf ihre speziellen Bedürfnisse zugeschnittene Angebote.

Dabei bietet CRM als Geschäftsstrategie einer verstärkten Kundenorientierung im gesamten Unternehmen die entscheidenden Impulse, strategische Wettbewerbsvorteile und bedeutende Effizienzsteigerungen für das eigene Unternehmen und - was noch wichtiger ist - auch für die Kunden zu erreichen. CRM wirkt also nach beiden Seiten und erzielt damit erst den angestrebten Erfolg: zufriedene Kunden und dauerhafte Kundenbindung.

Die mittelständische Wirtschaft ist angesichts der zunehmend schwierigeren Wettbewerbsbedingungen in besonderem Maße aufgerufen, ihr Kundenmanagement auf eine professionelle Basis zu stellen. Denn nur dann wird es den zahlreichen Unternehmen unterschiedlicher Branchen gelingen, sich dauerhaft auch gegen große Wettbewerber durchzusetzen und ihre Stärken, Flexibilität und Individualität, voll zur Geltung zu bringen.

Auch wenn Computer und Internet in einer zunehmend vernetzten und globalen Wirtschaft eine bedeutende Rolle spielen, ist Kundenmanagement oder das Management der Kundenbeziehungen (Customer Relationship Management) keine IT-Angelegenheit. Vielmehr muss die Wende vom Produktmanagement zum Kundenmanagement zunächst in den Köpfen der Unternehmensleitungen stattfinden und die Erkenntnis bewirken, dass im gesamten Unternehmen ein Umdenkprozess und eine Neuausrichtung in Richtung Kunde notwendig ist. Sodann sind die Fachbereiche mit Kundenbeziehungen, allen voran der Vertrieb, Marketing und Service, aufgerufen, ihre Geschäftsprozesse neu zu ordnen und bisherige Verhaltensweisen in Frage zu stellen. Das gilt besonders für das Vertriebsmanagement und die Führung des Außendienstes, auf dessen Akzeptanz es in besonderem Maße ankommt. Denn nur dann - und das zeigen Erfahrungsberichte aus der Praxis immer wieder - werden die Daten und Informationen jene hohe Qualität bekommen, wenn die betroffenen Fachbereiche selbst von den Vorzügen des Einsatzes der Computertechnologie für ihr Tagesgeschäft profitieren. Dazu gehören nach ausreichender Schulung der Anwender auch die Entlastung von zeitraubenden, oft administrativen Routinetätigkeiten und die Verfügbarkeit aktueller Informationen über die Kundenhistorie auf Knopfdruck.

Ich will hier die Rolle der IT keineswegs schmälern, allerdings erfahre ich aus eigenen Projekten immer wieder, dass versucht wird, die Anforderungen des modernen Kundenmanagements allein durch IT zu lösen. Dies endet oft in einer Elektrifizierung des alten Zustands und damit in enttäuschten Erwartungen und negativen Urteilen gegenüber den Anbietern der CRM-Lösungen, die daran allerdings nicht schuldlos sind, wecken sie doch mit vollmundigen Werbesprüchen die Hoffnungen der Anwender, mit ihrer Software alleine alle Probleme des Kundenmanagements lösen zu können.

Selbstverständlich spielt die Computertechnologie heute eine ganz wesentliche Rolle, ganz besonders, wenn es darum geht, Informationen aufzubereiten und an unterschiedlichen Orten aktuell bereit zu stellen. Aber der Software, den Datenbanken und dem Internet kommt nur die Rolle eines Werkzeugs für die Umsetzung strategischer Überlegungen und die Unterstützung von zuvor definierten Geschäftsprozessen zu. Zu einer erfolgreichen Einführung eines Kundenmanagements gehören in erster Linie die für die Kundenbetreuung verantwortlichen Menschen, die Organisation der Geschäftsprozesse und Unternehmensstrukturen sowie die moderne Informationstechnologie als Werkzeug zur Unterstützung der Informationsprozesse auf allen Ebenen. Wer eine dieser Komponenten außer Acht lässt, gefährdet den angestrebten und möglichen Erfolg seines Kundenmanagements.

Dieses Buch bietet den Lesern aus der mittelständischen Wirtschaft, die nach verstärkter Kundenorientierung streben, wertvolle Empfehlungen und Ratschläge von qualifizierten Experten zur erfolgreichen Einführung von CRM. Es erwarten Sie, liebe Leser, zahlreiche Beiträge, unter anderem über das Kundenmanagement aus strategischer Sicht, über Erfolgsfaktoren und Werkzeuge eines erfolgreichen Kundenmanagement, über praktische Beispiele, über zukünftige Entwicklungen und Trends auf dem Gebiet des CRM, über Fragen der Softwareauswahl bis hin zur zweckmäßigen Einführungsstrategie.

Dank verdienen vor allem die Initiatoren dieses Werks, die CAS Software AG in Karlsruhe, und die zahlreichen Experten, die ihre praktischen Erfahrungen hier den Interessenten aus der mittelständischen Wirtschaft zur Verfügung stellen sowie die Organisationen, die ihre Marketing-Unterstützung zugesagt haben. Möge die Lektüre Ihnen, den Lesern, zu einem besseren Verständnis Ihrer Kunden und zu zahlreichen treuen Stammkunden verhelfen!

Leseanleitung

Viele mittelständische Unternehmen werden mit dem Thema Kundenmanagement konfrontiert, fühlen sich durch die Vielzahl der Ratschläge jedoch verunsichert.

Ziel dieses Buches ist es, das Customer Relationship Management (CRM) im Mittelstand einfach und allgemeinverständlich zu erklären. Dabei steht der konkrete Nutzen, vor allem auch aus betriebswirtschaftlicher Sicht, im Mittelpunkt. Die folgenden Beiträge beleuchten das Zusammenspiel von Menschen, Prozessen und Kundenmanagementsystemen. Sie wollen die Erfolgsfaktoren von CRM erläutern, pragmatische Hinweise zur Umsetzung von CRM-Projekten geben und anhand von verständlichen Umsetzungsbeispielen zu eigenen CRM-Projekten motivieren.

Dazu wurden erfahrene Experten hinzugezogen, die in ihrem Sachgebiet kompetente Unterstützung geben können. Die hier versammelten Beiträge folgen den einzelnen Schritten einer CRM-Einführung von den Grundlagen über die Erfolgsfaktoren und die Entscheidungsfindung bis zu erfolgreichen Praxisbeispielen. Ein Blick auf die zukünftige Entwicklung des Kundenmanagements rundet das Spektrum ab. Jeder Beitrag steht in einem größeren Zusammenhang, kann aber auch als einzelne, für sich abgeschlossene Einheit gelesen werden.

Im ersten Kapitel geht es um die Grundlagen des Kundenmanagements und seine Bedeutung für mittelständische Unternehmen.

Das zweite Kapitel beleuchtet die verschiedenen Erfolgsfaktoren des Kundenmanagements. Die Autoren legen dar, wie man eine CRM-Strategie entwickelt, wie die Kundenbetreuung im Team organisiert wird, welche Instrumente das Kundenmanagement bereitstellt und wie das Internet erfolgreich für die Kundenbindung eingesetzt werden kann.

Das dritte Kapitel befasst sich mit dem Themenkomplex "Erfolgreiche CRM-Einführung". Hierbei geht es zunächst um die Anforderungen, die mittelständische Unternehmen an ein CRM-System stellen. Detailliert werden dann die Kriterien behandelt, die der Auswahl eines CRM-Systems zugrunde liegen. Daran schließen sich Beiträge zur CRM-Einführung an, wobei die spezifischen Gegebenheiten im Mittelstand berücksichtigt werden.

Praxisbeispiele für CRM-Projekte im Mittelstand stehen im Zentrum des vierten Kapitels. Die Anwenderberichte zeigen, wie Unternehmen und Institutionen aus den Bereichen E-Commerce, Handel, Fahrzeugausrüstungen, Forschung/Beratung, Werbung, Tourismus, Verbandsorganisation und Sicherheitstechnologie ihre Geschäftsprozesse neu strukturiert haben. Jeder Anwender hat einen anderen Schwerpunkt, aber allen ist gemeinsam, dass die eingesetzte CRM-Lösung das gesamte Kunden- und Informationsmanagement abdeckt und die Arbeitsabläufe vereinfacht.

Das fünfte Kapitel rundet die Betrachtung mit einem Ausblick auf zukünftige Trends ab. Im Fokus stehen die zu erwartenden Entwicklungen im Mittelstand, der Trend zu standort- und kontextbezogenen Diensten sowie das mobile Kundenmanagement.

Damit sei als Einleitung genug gesagt, nun wünschen wir Ihnen eine anregende Lektüre! Falls Sie beim Lesen Schwachstellen entdecken oder eine Idee haben, wie man diese verbessern kann, freuen sich alle Autoren über Ihre Rückmeldung. Die E-Mail-Adressen finden Sie im Autorenverzeichnis am Ende des Buches.

März 2003   Die Herausgeber

1 Die Grundlagen des Kundenmanagements im Mittelstand

1.1 Wieso CRM im Mittelstand?

(von Martin Hubschneider)

1.1.1 Rahmenbedingungen

"*Wissen ist Macht.*" Dieser Ausspruch stammt aus einem wissenschaftlichen Werk des englischen Philosophen Francis Bacon. Bacon setzt sich darin mit der Forderung auseinander, den Zufall bei der Vermehrung wissenschaftlicher Erkenntnisse auszuschalten.

Wirtschaft und Gesellschaft am Beginn des 21. Jahrhunderts zeichnen sich durch global agierende Akteure und eine wachsende Dynamik sämtlicher Prozesse aus. Die Informations- und Kommunikationstechnologien entwickeln sich rasant weiter und werden auch weiterhin erhebliche Veränderungen herbeiführen. Daraus resultierend konnte man in den letzten Jahren die Ablösung der Produktions- durch die Informationsgesellschaft beobachten. Technischer Fortschritt und globalisierte Wirtschaft verändern die ökonomischen Rahmenbedingungen mit zunehmender Dynamik. Arbeitsplätze in der Fertigung können problemlos dorthin verlagert werden, wo günstigere Voraussetzungen als bei uns den Markt bestimmen (Löhne, Flächen, Umweltschutzbedingungen). Damit haben es europäische und insbesondere deutsche Unternehmen zunehmend schwerer, sich über den Preis zu differenzieren. Notwendige Produktionseinrichtungen (z.B. Maschinen), mit denen in hoher Qualität Produkte erstellt werden können, sind inzwischen weltweit verfügbar. Die sogenannten Billiglohnländer sind damit immer mehr in der Lage, den gewachsenen Qualitätsanforderungen gerecht zu werden.

Der verstärkte Austausch und die zunehmende Vergleichbarkeit von Produkten erhöht den Wettbewerbsdruck. Dies führt beim Käufer zu veränderten Verhaltens- und Kaufmustern. Denn inzwischen können Produkte online verglichen, elektronisch bezahlt und durch neue Distributionskanäle und Logistiksysteme direkt zugestellt werden. Gesättigte Märkte, austauschbare Produkte und ein hoher Kostendruck bestimmen heute die Wettbewerbssituation. Der Trend zur Individualisierung und ein wachsendes Qualitätsbewusstsein sind weitere Faktoren, die heute zu berücksichtigen sind. Deswegen ist eine reine Differenzierung über Preis und Qualität ist nicht mehr ausreichend. Die Globalisierung der Wirtschaft erfordert neue Formen der Differenzierung gegenüber dem Wettbewerb. Diese Differenzierung kann im wesentlichen durch kundenindividuelle Anpassung des Produktes und spezifische Mehrwertleistungen erreicht werden. Abbildung 1-1 verdeutlicht diese Zusammenhänge.

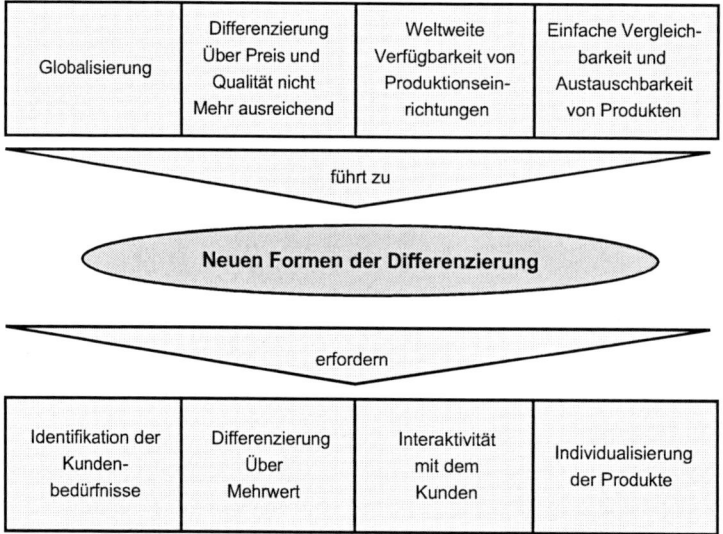

Abb. 1-1: Notwendigkeit der Differenzierung für Unternehmen

"*Wissen ist Macht.*" Diese Forderung ist aktueller denn je, denn nur durch Wissen über den Kunden und dessen spezifische Bedürfnisse sind Unter-

Wieso CRM im Mittelstand?

nehmen zukünftig in der Lage, sich ausreichend gegenüber dem Wettbewerb zu differenzieren. Dazu ist es notwendig, das Wissen über den Kunden systematisch zu sammeln, auszuwerten und anzuwenden. Dies ist nur mit Hilfe eines systematischen und rigorosen Kundenmanagements möglich.

1.1.2 CRM im Mittelstand

CRM ist ein Teil einer Enterprise Information Management-Strategie, die im Hinblick auf die Marktbearbeitung strategische, funktionale und organisatorische Aspekte umfasst und das Prinzip der Kundenorientierung dauerhaft im Unternehmen verankert. Kundenorientierung ist auch die Ausrichtung der Wertschöpfungskette eines Unternehmens an die Bedürfnisse des Kunden. Die Grundlage unternehmerischen Erfolgs ist somit der Erfolg beim Kunden. Ein Angebot an den Kunden muss so gestaltet sein, dass es auf die Wünsche und Bedürfnisse der Kunden eingeht. Ein Produkt bestimmt sich über die Gesamtheit der materiellen und immateriellen Leistungen. So sind beispielsweise die Dienstleistungen wie Service und Erreichbarkeit Bestandteil des angebotenen Produkts. Im kundenorientierten Unternehmen definiert sich die Qualität eines Produktes unmittelbar über die Zufriedenheit, die das Produkt beim Kunden erzielt.

Zur erfolgreichen Umsetzung von Kundenorientierung ist vor allem die Unterstützung durch das Management, die frühestmögliche Information und Einbeziehung aller Mitarbeiter sowie eine hohe Bereitschaft, die bestehende Aufbau- und Ablauforganisation zu überarbeiten, notwendig. Ein kundenorientiertes Unternehmen muss besonders auf die "interne Kundenorientierung" achten. Jeder Mitarbeiter muss sich bewusst sein, dass seine Tätigkeit letztendlich im Dienste des Kunden steht.

Gemäß der Einschätzung von Wolfgang Schwetz, Gründer der auf CRM spezialisierten Unternehmensberatung Schwetz Consulting in Karlsruhe, setzen etwa erst 10 Prozent der mittelständischen Unternehmen Kundenmanagementsysteme ein. Aber gerade in mittelständischen Unternehmen bieten Kundenmanagementsysteme gute Chancen, die Wettbewerbsfähigkeit des Unternehmens auszubauen. Viele Großunternehmen haben das Potential von Kundenmanagementsystemen (z.B. erhöhte Effizienz und Effektivität in den Bereichen Vertrieb, Marketing und Service, höhere Umsatzgenerierung, höherer Profit, höhere Kundenzufriedenheit und Kundenbindung) bereits erkannt und umgesetzt.

1.1.3 Nutzen von CRM

Letztendlich muss die Einführung eines Kundenmanagementsystems unmittelbaren Nutzen im Unternehmen garantieren. Der potenzielle Nutzen muss die Kosten des Kundenmanagementsystems und der Einführung in absehbarer Zeit übertreffen (Return on Investment). Dabei lassen sich allgemeingültige Nutzenpotenziale, die erfahrungsgemäß bei jeder Einführung eines Kundenmanagementsystems erreicht werden, beschreiben. Davon unberührt bleiben spezifische Vorteile und Nutzenaspekte für jedes einzelne Unternehmen.

Allgemeiner Nutzen von CRM-Systemen

"Neue Kunden gewinnen ist rund sechs- bis zehnmal teurer als 'alte' Kunden zu halten. Untersuchungen zeigen, dass rund 80 Prozent des Umsatzes von lediglich 20 Prozent der Kunden gemacht werden. Kann ein Händler die 'Abwanderungsrate' unzufriedener Kunden nur um fünf Prozent reduzieren, lässt sich sein Gewinn um bis zu 85 Prozent steigern" [BBE Unternehmensberatung].

Diese Fakten sind weithin bekannt, allerdings gibt es im Mittelstand kaum Unternehmen, die sinnvolle Kundenmanagementsysteme einsetzen. Neben den eindrucksvollen quantitativen Vorteilen, die man durch den Einsatz von Kundenmanagementsystemen erreicht, gibt es eine Reihe von gemeinhin anerkannten Nutzenpotenzialen:

- ❏ Adressen werden vollständig und korrekt erfasst, die Konsistenz bei Änderungen ist sichergestellt.
- ❏ Verantwortlichkeiten, Aufgaben und Termine der Mitarbeiter können zugeordnet und eingesehen werden.
- ❏ Hilfsmittel für den Kundenkontakt und für die Planung von Innen- und Außendienstaktivitäten verbessern die direkte Kommunikation mit dem Kunden.
- ❏ Erfahrungen werden ausgewertet und fließen bei der Planung der nächsten Marketing- und Verkaufsmaßnahmen wieder ein, wodurch diese an Effektivität gewinnen.
- ❏ Bestehende Anwendungen wie Call Center- oder ERP-Systeme werden integriert und optimiert.

Wieso CRM im Mittelstand?

❑ Prozessunterstützung bzw. Prozessautomatisierung steigert die Effizienz im Unternehmen.
❑ Kundenzufriedenheit und Kundenbindung steigen durch die Erhöhung des subjektiven Kundennutzens.

Nutzenbeispiel "Adress- und Terminmanagement"

Die Problemstellung ist jedem bekannt. Es besteht keine Transparenz darüber, wann welcher Kollege im Unternehmen zu erreichen ist oder welche Termine mit Kunden ausgemacht wurden. Weiterhin ist es sehr schwer, Termine eines Projektteams, eventuell auch mit externen Projektpartnern, zu koordinieren. Ein strukturiertes Terminmanagement ermöglicht es, Termine zu delegieren oder delegierte Termine, Aufgaben oder Kontakte zu erhalten. Dabei lassen sich große Nutzenaspekte durch den Einsatz methodischer Grundsätze zur persönlichen Effizienzsteigerung erzielen, zum Beispiel durch Terminmanagement im Team, durch einfache und richtige Delegation von Aufgaben und Kontakten, durch die Reservierung von Ressourcen, etc.

Die Adressverwaltung ist ein System zur Pflege von Adressen, Ansprechpartnern und Merkmalen (Profilen). Auf dieser Basis können die gespeicherten Adressen ausgewertet werden. Mit einem Selektionsverfahren lassen sich z.B. Adresslisten, Steuerdateien für Serienbriefe oder Ausgabedateien für Direktmarketing-Dienstleister generieren. Die Nutzenpotenziale eines Adressmanagements sind vielfältig. So lassen sich Rückläufer von Mailing-Aktionen aufgrund falscher Adressierung reduzieren. Streuverluste im Direktmarketing werden durch die Qualifizierung von Adressen und eine zielgenaue Selektion verringert sowie Mehrfachsendungen an dieselbe Adresse durch Dublettenelimierung vermieden. Es besteht die Möglichkeit, im Dialog mit dem Kunden auf umfassende, aktuelle Informationen zuzugreifen. Mehrfachbestände auf verschiedenen Systemen lassen sich schließlich zu einem zentralen Adressbestand im Unternehmen zusammenfassen.

Nutzenbeispiel "Informations- und Dokumentenmanagement"

Ein System für das Informations- und Dokumentenmanagement kann helfen, Kosten einzusparen, die Produktivität zu erhöhen und das Unternehmen wettbewerbsfähiger zu gestalten. Die jährliche Zahl an digitalisierten Dokumenten wächst in jedem Unternehmen überproportional. Schon aus diesem Grund ist eine sinnvolle Verwaltung und Zuordnung von elektronischen Daten unerlässlich. Das schafft nicht nur Ordnung in der Ablage, sondern sorgt auch dafür, dass Datenbestände nicht doppelt angelegt werden. Eine Systematik im Datendschungel ist aber nur der Beginn. Um sehr gute Nutzenpotenziale zu erreichen ist eine benutzerfreundliche Oberfläche wichtig. Denn nur diese erlaubt das einfache Recherchieren in Archivbeständen und bietet die Möglichkeit, Dokumente (Telefax, E-Mails, Briefe, Office-Dokumente) mit Projekten, Terminen, Aktivitäten, Firmen, Personen und Aufgaben zu verknüpfen. Kostenintensive Papierarchive werden damit überflüssig und die Geschäftsabläufe wirtschaftlicher und produktiver gestaltet. Der Zugriff auf die Aktenbestände muss von jedem Arbeitsplatz aus möglich sein. Spezifische Zugriffsrechte stellen sicher, dass die Einsicht in Dokumente und Aktenorder je nach Rolle und Aufgabe im Unternehmen individuell zugeteilt werden kann. Als exemplarische Nutzenpotentiale sind zu nennen:

- das kundenspezifische Wiederfinden und Aufbereiten von Dokumenten
- die effiziente Aktualisierung der Dokumente
- die durchgängige Qualitätssicherung
- die effektive Informationssuche und -erschließung mittels Verweisstruktur
- die Vermeidung von Mehrfacherfassungen und -aufbereitungen von Dokumenten

Nutzenbeispiel "Umfassendes Kundenmanagement"

Da das Nutzenpotenzial von umfassenden Kundenmanagementsystemen hoch ist, kann hier nur ein kurzer Überblick über einige Vorteile gegeben werden. Ein Kunden- und Vertriebsinformationssystem sorgt dafür, dass alle Mitarbeiter immer Zugriff auf einen aktuellen Informationspool mit allen Kundenbeziehungen, Projekten, Angeboten und Umsätzen haben. Dabei hat ein Mitarbeiter bereits während des Telefonats mit dem Kunden den gesamten Verlauf der Kundenaktivität im Blick. Das System bietet ein Wiedervorlagesystem für alle Aktivitäten, die sich im Rahmen einer Kundenbeziehung ergeben. Mitarbeiter erhalten die Möglichkeit, alle kundenspezifischen Aktionen (Korrespondenz oder Anrufe) mit einem Wiedervorlagedatum zu versehen. Die Selbstorganisation der Mitarbeiter im Bereich Terminierung von eigenen Aufgaben wird damit sinnvoll unterstützt. Zusätzlich können spezifische Aktivitäten an zuständige Stellen im Unternehmen delegiert werden.

Damit bieten umfassende Kundenmanagementsysteme folgende Nutzenpotenziale:

- ❏ Der Informationsfluss über Kundeninteraktion wird sichergestellt, indem alle involvierten Mitarbeiter/innen auf die relevanten Kundendaten Zugriff haben.
- ❏ Alle Kundenkontakte werden gespeichert und stehen somit auch nach dem eventuellen Ausscheiden von Mitarbeitern weiterhin zur Verfügung (Knowledge Management).
- ❏ Werkzeuge für den Kundenkontakt und für die Planung von Innen- und Außendienstaktivitäten verbessern die direkte Kommunikation mit dem Kunden.
- ❏ Erfahrungen aus der Kundeninteraktion werden ausgewertet und fließen bei der Planung der nächsten Marketing- und Verkaufsmaßnahmen ein.
- ❏ Der Vertrieb und Kundendienst werden "multi-channel-fähig". Es ist möglich, Kontakte per Fax, E-Mail oder Telefon anzunehmen und entsprechend flexibel zu reagieren.

Letztendlich sind die möglichen Vorteile durch die Einführung eines umfassenden Kundenmanagementsystems immer von den Gegebenheiten des einführenden Unternehmens abhängig. Funktionen, die im Unternehmen nicht gebraucht werden, haben für dieses auch keinen Nutzen. Deswegen muss jedes Unternehmen eigenständig seine Ziele und Wünsche an ein Kundenmanagementsystem definieren.

1.1.4 Fazit

Gerade in kleinen und mittelständischen Unternehmen (KMU) sind pragmatische Lösungen gefragt, die rasche Ergebnisse und einen schnell erzielbaren Nutzen bringen. Die Einführung von offenen, flexiblen und skalierbaren Kundenmanagementsystemen kann ohne weiteres in Schritten auf- und ausgebaut werden. Die dazu nötigen Investitionen lassen sich über mehrere Jahre verteilen. Gerade für KMUs birgt ein solches Kundenmanagementsystem ein hohes Potenzial. Prozesse werden damit täglich bewährt abgewickelt und optimiert. Somit steht das Abbilden von stabilen und nutzenbringenden Prozessen in das Kundenmanagementsystem zur Schaffung einer Informationsplattform, in der die Mitarbeiter in einer einheitlichen Art und Weise einfach, flexibel und jederzeit ihre Informationen abrufen können, im

Mittelpunkt eines Einführungsprozesses. Die damit verbundenen Anforderungen wie Einfachheit, Modularität, Skalierbarkeit sind dafür äußerst wichtig, denn eine hohe Transparenz soll jederzeit sichergestellt werden können. Bei einem Informationssystem, das wächst und sich stetig dem veränderten Umfeld anpasst, sind flexible Werkzeuge entscheidend. Auch Rückmeldungen von Mitarbeitern sollen direkt in neuen Elementen berücksichtigt werden können.

Die Einführung sollte nutzenorientiert vorangetrieben werden. Konkret werden beispielsweise zuerst die Themenbereiche im Unternehmen umgesetzt, die normalerweise als Problemfelder identifiziert wurden. Schrittweises und strukturiertes Vorgehen befreit Anwenderunternehmen von der Notwendigkeit, breit angelegte Konzepte mit langen Einführungsphasen in Kauf zu nehmen, bevor sich erste brauchbare Ergebnisse zeigen. Sukzessives Vorgehen erlaubt Anwendern, kritische Bereiche innerhalb von kurzer Zeit zu verbessern und schnell mit dem Kundenmanagementsystem zu arbeiten, so dass bereits kurzfristig der erwartete Nutzen sichtbar wird. "Keep It Small and Simple" sollte der Grundsatz jeder Einführung eines Kundenmanagementsystems sein. Denn Komplexität entsteht von allein. Aufgabe bei der Einführung ist es daher, nach den einfachen, nutzenbringenden und überschaubaren Wegen zu suchen. Aufgabe des Projektes ist nicht die Erarbeitung besonders anspruchsvoller Lösungswege, sondern ausschließlich die Verwirklichung des Projektzieles.

Erforderlich ist damit die "Offenheit und Erweiterbarkeit" des eingesetzten Kundenmanagementsystems, um mit den Anforderungen des Anwenders zu wachsen. Das Kundenmanagementsystem muss deswegen von Beginn an auf Erweiterbarkeit ausgelegt sein, damit der Ausbau des Softwarewerkzeuges finanzierbar bleibt.

Maßnahmen zur Verbesserung der Kundenbeziehung scheitern häufig, weil sie nicht strukturiert entwickelt und umgesetzt werden. Vielmehr stellen sie isolierte Vorgehensweisen zur verbesserten Kundenorientierung in den verschiedenen Bereichen wie Vertrieb, Marketing oder IT dar, die sich oftmals sogar widersprechen. Die Implementierung eines Kundenmanagementsystems ist am besten in vier Phasen unterteilt. Diese Phasen wiederum sind in Einzelschritte zu unterteilen. Die vier Phasen sind Planungsphase, Konzeptionsphase, Umsetzungsphase sowie Test- und Roll-Out-Phase. Es zeigt sich sehr deutlich, dass aufgrund der Komplexität der Zusammenhänge eine strukturierte Vorgehensweise unabdingbar ist, um Kundenmanagementsystem zum erwarteten Erfolg zu führen.

Wieso CRM im Mittelstand?

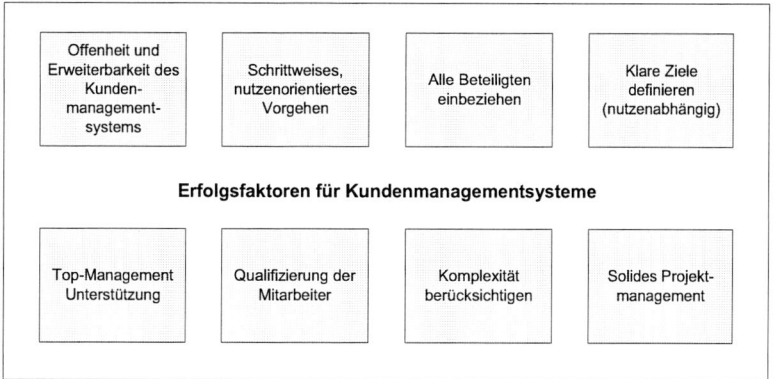

Abb. 1-2: Erfolgsfaktoren für die Einführung von Kundenmanagementsystemen

1.2 Auch der Mittelstand braucht CRM
(von Dr. Andreas Schaffry)

Im Zeitalter zunehmenden Konkurrenzdrucks entscheidet immer häufiger der Kunde über Erfolg oder Nichterfolg eines Unternehmens. Obwohl dies bekannt ist, zeigt der Mittelstand dem Thema Customer Relationship Management (CRM) weitestgehend die kalte Schulter. Zwar werden Bedeutung und Potenzial von Kundenbeziehungs-Management von mittelständischen Unternehmen mehr und mehr erkannt, doch ist die Investitionsbereitschaft in entsprechende Software-Systeme noch gering.

1.2.1 Wachstumsmarkt CRM

Für die mangelnde Investitionsbereitschaft des Mittelstands gibt es eine Reihe von Gründen. An dieser Stelle seien nur vier Thesen genannt, warum der Mittelstand sich mit der Einführung von CRM-Projekten schwer tut:

- ❏ Viele Betriebe glauben immer noch, mit dem Betrieb einer Kunden- und Adressdatenbank sei dem Thema Kundenbindung ohnehin schon genüge getan, denn schließlich seien die Daten ja erfasst und könnten jederzeit vom Verkauf aktualisiert werden.
- ❏ Hinzu kommt, als psychologischer Aspekt, das Kastendenken innerhalb der Unternehmen selbst. Das Kompetenzgerangel zwischen einzelnen Abteilungen (z.B. Verkaufinnendienst, Verkaufaußendienst, Vertrieb) ist der beste Weg, um effiziente Kundenbetreuung und damit Kundenbindung zu erschweren.
- ❏ Die Einführung eines CRM-Systems ist Chefsache. Wenn dieses Axiom für Großunternehmen gilt, dann für den Mittelstand um so mehr. Das Management bzw. die Geschäftsführung muss selbst von der Einführung eines solchen Systems überzeugt sein und diese Überzeugung vorleben, denn nur so wird die Akzeptanz einer CRM-Lösung auch bei den Mitarbeitern erreicht. Denn – machen wir uns nichts vor – eine Software-Lösung steht und fällt mit der Akzeptanz der Mitarbeiter eines Unternehmens.

Auch der Mittelstand braucht CRM

❏ Nach der anfänglichen Champagnerlaune rund um das Thema E-Business ist inzwischen Ernüchterung eingekehrt. Gerade Mittelständler drehen jeden Euro zweimal um, bevor sie diese in ein IT-Projekt stecken.

Also, warum CRM oder elektronisches CRM (E-CRM)? Zum einen unterscheiden sich die Unternehmen von ihren Wettbewerbern heute immer weniger durch die Produkte selbst, denn diese werden immer ähnlicher. Zum anderen verschärft das Internet die Konkurrenz ungemein, wodurch Wettbewerber mit gleichen oder ähnlichen Produkten nur noch einen kleinen Mausklick voneinander entfernt sind.

Für Unternehmen werden daher überzeugender Service, individuelle Kundenansprache und schnelle Reaktionszeiten bei Kundenanfragen oder Reklamationen zu zentralen Faktoren, um im globalisierten Wettstreit bestehen zu können. Im so genannten "Cluetrain-Manifest" haben amerikanische Marketing-Experten die Marketing-Zukunft umrissen. Dabei würden durch die Möglichkeiten des Computers und des Internets werde auch dem Marketing enorme Veränderungen ins Haus stehen, wobei die Chancen des Marketings beziehungsweise der Marketingmaßnahmen desto größer werden je individueller die Ansprache ist. Das bedeutet, dass den Kundenbindungsmaßnahmen in Zukunft ein noch höherer Stellenwert zukommt, als dies momentan der Fall ist.

Diese Einschätzung teilen auch die großen Unternehmensberatungen. Nach Erkenntnissen der Meta Group sollen im Jahr 2003 mit CRM-Projekten ein weltweiter Umsatz von rund zehn Milliarden US-Dollar sein. Frost & Sullivan rechnen für den westeuropäischen Markt mit einem Wachstum von derzeit 1,8 Milliarden US-Dollar auf 6,5 Milliarden US-Dollar im Jahr 2005. Auch die Marktforscher von PAC (Pierre Audoin Conseil) bewerten den Markt optimistisch. Sie sehen vor allem im deutschen Markt ein großes Wachstumspotenzial. Investierten deutsche Unternehmen im Jahr 2000 rund eine Milliarde Euro, so sollen es 2003 bereits 2,5 Milliarden Euro sein. Das entspräche einem jährlichen Wachstum von 35 Prozent. Der CRM-Bereich würde dann rund fünf Prozent zum gesamten deutschen Markt für Software und IT-Services beitragen.

22 Die Grundlagen des Kundenmanagements im Mittelstand

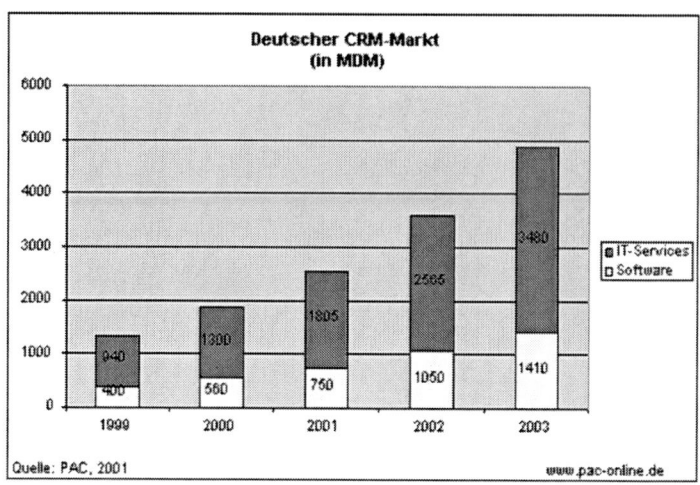

Abb. 1-3: Pierre Audoin Conseil; Deutscher CRM-Markt (in MDM), PAC-online, 2001

1.2.2 Der Mittelstand zögert bei CRM-Projekten

Die positiven Analysen scheinen sich jedoch noch nicht bis zu den mittelständischen Betrieben herumgesprochen zu haben. Eine aktuelle Studie zum E-Business im Mittelstand, welche die der Agentur DKN (Düsseldorfer für Kommunikation und Neue Medien) unter 260 IT-Entscheidern in vorwiegend kleinen und mittelständischen Unternehmen durchführte, hat herausgefunden, dass sich die Begeisterung für E-Business-Projekte in Grenzen. Gründe für die Vorsicht der Mittelständler sind gescheiterte Online-Projekte, negative Schlagzeilen sowie das Platzen der New Economy-Blase. Dennoch spielt das Internet auch für die kleinen und mittelständischen Unternehmen eine zunehmend gewichtigere Rolle. Zudem glauben die befragten Unternehmen, dass das Internet bei der Entwicklung der deutschen Wirtschaft eine große Rolle spielen wird. Der Mittelstand hat die im E-Business schlummernden Potenziale erkannt, doch sie werden bisher nicht ausgeschöpft. E-Business-Anwendungen werden als wichtiges Instrument sowohl für interne Optimierungsprozesse als auch zur Durchdringung des Marktes betrachtet, so das Fazit.

Ähnliches lässt sich für die Einführung von CRM-Projekten feststellen. Im Gegensatz zu den Großunternehmen sind Mittelständler hier noch ein scheues Wild. Sie zeigen sich bei der Realisierung derartiger Systeme bislang zurückhaltend. Eine Studie, die am Lehrstuhl für Wirtschaftsinformatik der Katholischen Universität Eichstätt in Zusammenarbeit mit der "Absatzwirtschaft" durchgeführt wurde, bestätigt dies. Sie kommt zu dem Ergebnis, dass sich Firmen mit weniger als 200 Mitarbeitern bisher kaum mit dem Thema beschäftigt haben. Mittelständler tun sich mit dem Thema offensichtlich noch schwer und verschenken so Möglichkeiten, Kundenbindung zu verbessern oder überhaupt einmal neue Kundenbindungsprogramme auszuprobieren. Dabei scheuen viele Betriebe offensichtlich nicht nur die Kosten, die mit so einem Projekt auf sie zukommen, sondern auch die damit einhergehenden umfassenden Veränderungen beispielsweise was die betrieblichen Arbeitsabläufe oder die Unternehmenskultur betrifft. Hinzu kommt, neben der sich verschärft habenden wirtschaftlichen Krise, dass die von Marktforschern durchgeführten Untersuchungen bei CRM-Projekten häufig ein Scheitern konstatieren. Eine Studie der Unternehmensberatung Booz Allen Hamilton (BAH) kommt zu dem Schluss, dass 70 Prozent der CRM-Projekte scheitern, weil Firmen bei der Planung und Durchführung die Definition klarer Zielvorgaben vernachlässigt haben. Anstelle nebulöser Vorgaben wie "Erhöhung der Kundenbindung" oder "Steigerung der Kundenzufriedenheit" müssten quantifizierbare Ziele rücken. Dazu gehören beispielsweise Vorgaben wie "Steigerung des Vorsteuergewinns um fünf Prozent" oder "zehn Prozent weniger Akquisekosten". Ähnlich äußern sich die Berater von Accenture, die in einer Befragung herausfanden, dass rund die Hälfte der CRM-Projekte nicht den gewünschten Erfolg bringen, weil sie aufgrund fehlerhafter Konzepte nur unzureichend umgesetzt werden konnten. So ist es kein Wunder, dass der Nutzen in CRM-Projekten oft verzweifelt gesucht wird.

Auch die CRM-Software-Anbieter sehen dies als Problem und merken durchaus selbstkritisch an, dass die Gründe dafür eine anhaltende Orientierungslosigkeit aufgrund des zu hohen und verwirrenden Informationsangebotes sind. Dazu komme die Unterschätzung der vorhandenen Potenziale im eigenen Kundenstamm sowie fehlende Kenntnisse über CRM-Prozesse und den Nutzen derartiger Lösungen. "Zudem zeigt das Top-Management häufig nur wenig Interesse an diesem Thema", kritisiert Rainer Przygoda, Management Consultant bei der Integris GmbH in Köln (www.integris-gmbh.de).

Eine gewisse Zurückhaltung gegenüber CRM ist in der Angst mittelständischer Unternehmen begründet, Kundendaten und damit seine gesamte Existenzbasis in den PC beziehungsweise auf einen Server zu legen. Langfristig wird sich jedoch auch der Mittelstand dem Thema Customer Relationship Management nicht länger verschließen können. Denn, so Przygoda: "CRM-Lösungen, die auf die speziellen Prozesse eines Unternehmens zugeschnitten sind, kann man nicht fertig kaufen". Um so mehr sei eine kompetente Strategieberatung notwendig. Auf dieser Grundlage könne der Betrieb letztlich entscheiden, welche CRM-Strategie für ihn am Besten geeignet ist.

Zu einem ähnlichen Ergebnis kommt die Messe Basel in ihrem Schlussbericht zur CRM Connect 01 (www.crmconnect.com). Als wichtigste Zielgruppe und bedeutendster Wachstumsmarkt würden von den CRM-Spezialisten mittelständische Unternehmen angegeben. Der CRM-Markt werde sich mehr und mehr auf mittelgroße Unternehmen fokussieren. Für die meisten Kleinunternehmen stehen komplexe CRM-Lösungen nicht zur Diskussion.

Wie fast kein anderer steht der Mittelstand im Zeitalter der Internationalisierung und der Globalisierung der Märkte derzeit unter enormem Konkurrenzdruck. Nur wer heute schnell am Markt agiert und zielorientiert auf die Wünsche und Bedürfnisse seiner Kunden reagiert, wird langfristig im Wettbewerb bestehen können. Um jedoch optimal auf die Bedürfnisse des Kunden eingehen zu können, muss ein Unternehmen soviel wie möglich über den einzelnen Kunden und seine Wünsche wissen. Niemand, am wenigsten ein mittelständisches Unternehmen, kann es sich heute erlauben, gute Kunden zu verlieren, denn die wirtschaftlichen Folgen sind dramatisch:

- Es kostet fünf- bis zehn mal mehr, einen Kunden zu gewinnen als einen Kunden zu halten.
- Verliert ein Unternehmen lediglich fünf Prozent weniger Kunden, dann kann sich die Wirtschaftlichkeit bereits um 75 Prozent erhöhen.

Studien zeigen auch, dass nicht etwa die Unzufriedenheit mit dem Produkt den Ausschlag gibt. Der mangelnde Kundenservice ist es, der die Menschen zum Wechseln treibt.

Das Thema CRM ist derzeit in aller Munde, auch in der IT-Fachpresse wird es heiß und vor allem auf Grund der zum Teil wenig Mut machenden Erhebungen der Marktforschungsunternehmen kontrovers diskutiert. Nach Ansicht von Analysten der Gartner Group wird die Zahl der gescheiterten CRM-Projekte in den kommenden Jahren noch ansteigen. Unzureichende Planung und daraus resultierende Akzeptanzprobleme bei den Anwendern gehören den Experten nach zu den wichtigsten Ursachen des Scheiterns.

Gemäß einer im Juni 2001 veröffentlichten Studie sieht lediglich die Geschäftsleitungsebene die Vorteile bei der Einführung von Customer Relationship Management, nicht jedoch der Anwender. Richtig geplant und implementiert verbessert CRM die internen Abläufe, unterstützt Geschäftsprozesse und ermöglicht eine optimale Kundenbetreuung. Langfristig profitieren Unternehmen von den erzielbaren Kosteneinsparungen und dem damit verbundenen Umsatzwachstum. Bei all diesen verwirrenden Informationen muss zunächst einmal zum Kern des Themas CRM zurückgekehrt werden. In mitten dieser verwirrenden Erkenntnisse und Informationen muss zunächst einmal eine grundlegende Frage formuliert werden:

Was ist CRM?

Nur wer seine Kunden richtig kennt, kann sie richtig bedienen – so lässt sich das CRM-Konzept auf den Punkt bringen. Immer mehr Unternehmen setzen Customer Relationship Management mit dem Ziel ein, ihre Marketingaktivitäten gezielt zu planen und sie möglichst ohne Streuverluste mit günstiger Kosten-Nutzen-Relation an ihre Zielgruppe zu bringen. Mit einer wirkungsvollen EDV-Unterstützung lassen sich die Kunden durch qualifizierte, maßgeschneiderte Maßnahmen ansprechen, halten und optimal bedienen. Erreicht wird dies unter anderem durch die optimale Verzahnung der Unternehmensbereiche Vertrieb, Marketing und Kundenservice (etwa via Call Center). Moderne CRM-Systeme integrieren – über den internen Einsatz hinaus – zunehmend auch Partner, Lieferanten und Händler in die kundenbezogenen Geschäftsprozesse. Damit wird CRM zum kundenorientierten Prozessmanagement.

Die Differenz zu "herkömmlichen" Vertriebsinformationssystemen, bei denen die Effizienz des Vertriebes im Mittelpunkt steht, ist, dass CRM-Software dem gesamten Unternehmen zu mehr Kundenorientierung verhelfen will. Die Programme entwickeln sich zunehmend in Richtung ganzheitlicher Unternehmenssoftware für sämtliche Unternehmens-Abteilungen mit Kundenkontakt (Vertrieb, Marketing, Call Center und Kundenservice).

Jürgen Frühschütz definiert im E-Commerce-Lexikon CRM als die "Gesamtheit aller Maßnahmen eines Unternehmens innerhalb der Angebots- und Servicepolitik zur optimalen Befriedigung der Kundenbedürfnisse." Die Gartner Group sieht in CRM "a business strategy built around the concept of the customer, and designed to enhance revenue and improve service."

Professor Dr. Heribert Meffert vom Institut für Marketing an der Universität Münster definiert den Begriff CRM in einem Interview mit der Online-

Ausgabe der Zeitschrift "absatzwirtschaft" (www.absatzwirtschaft.de) wohl am umfassendsten:

"CRM sollte nicht als isoliertes Vertriebs-, Marketing- oder IT-Projekt begriffen werden, sondern ist in die gesamte Unternehmensstrategie zu integrieren. CRM ist kein Selbstzweck, sondern muss sich wie jede Investition langfristig rechnen: In Zukunft werden daher verstärkt Verfahren an Bedeutung gewinnen, die eine klare Effizienzbewertung von Kundenbeziehungen und damit auch des CRM-Konzeptes zulassen. Die Unternehmen sollten den Fokus jedoch nicht einseitig auf die technischen Aspekte im Beziehungsmanagement legen: Der persönliche und individuelle Kundenkontakt ist und bleibt die Basis für nachhaltige Wettbewerbsvorteile in den meisten Branchen."

Da Definitionen komplexe Sachverhalte lediglich in knappster Form wiedergeben können, liegen Verkürzungen in der Natur der Sache. So auch hier. Der CRM-Ansatz unterscheidet sich von anderen Kundenbindungsmodellen dadurch, dass er Produkte für die Kunden finden will statt umgekehrt. Der CRM-Ansatz setzt an die Stelle des produktorientierten Denkens das kundenwertschöpfende. Dabei hat auch das beste Produkt keinen Wert, wenn es dem Kunden keinen Nutzen bringt. An die Stelle des kurzfristigen Verkaufserfolgs tritt beim CRM die so genannte "Kundenlebenszeitperspektive" (Lifetime Value), d.h. welchen Gewinn ein Unternehmen mit einem Kunden im Laufe seines Lebens erwirtschaften könnte. Dabei müssen Kunden zudem nach ihrer Wertigkeit selektiert werden. Unternehmen investieren dabei zielgenau in die Kunden oder Kundengruppen, die messbar den Unternehmenswert steigern können.

Die CIO GmbH, Consulting Partner von Siebel Systems definiert CRM wie folgt:

"Unter Customer Relationship Management (CRM) verstehen wir die ganzheitliche Bearbeitung der Beziehung eines Unternehmens zu seinen Kunden. Kommunikations-, Distributions- und Angebotspolitik sind nicht weiterhin losgelöst voneinander zu betrachten, sondern integriert an den Kundenbedürfnissen auszurichten. Hierbei werden die Bereiche Vertrieb, Service und Marketing eines Unternehmens auf eine einheitliche Datenbasis gestellt, die allen Bereichen eine einheitliche und umfassende Sicht auf den Kunden ermöglicht."

Auch der Mittelstand braucht CRM

Auf eine tragfähige Definition des Begriffs hat sich das unter dem Dach des Deutschen Direktmarketing Verbandes gegründete CRM-Forum inzwischen verständigt:

"CRM ist ein ganzheitlicher Ansatz zur Unternehmensführung. Er integriert und optimiert abteilungsübergreifend alle kundenbezogenen Prozesse in Marketing, Vertrieb, Kundendienst sowie Forschung und Entwicklung. Dies geschieht auf der Grundlage einer Datenbank mit einer entsprechenden Software zur Marktbearbeitung und anhand eines vorher definierten Verkaufsprozesses. Zielsetzung von CRM ist dabei die Schaffung von Mehrwerten auf Kunden- und Lieferantenseite im Rahmen von Geschäftsbeziehungen."

CRM verfolgt damit im wesentlichen drei Ziele:

- Die Erhöhung des Share of Wallets (Anteil, den ein Kunde von seinen Gesamtausgaben für einen bestimmten Bereich bei einem Anbieter ausgibt)
- Die Optimierung und dauerhafte Pflege der Kundenbeziehungen unter ökonomischen Gesichtspunkten
- Die Gewinnung hochwertiger Neukunden

1.2.3 Mit CRM Kundenbindung optimieren

In den kundennahen Unternehmensbereichen (Marketing, Vertrieb, Service) sind wichtige Informationen über den Kunden meist nicht verfügbar. Kundennahe Daten werden noch immer in so genannten "Insellösungen" zusammengefasst, so dass in Unternehmen ein Gesamtbild über den Kunden gar nicht entstehen kann. Ein Customer Relationship Management-System will allen in die Prozesskette (Marketing, Vertrieb, Service) involvierten Mitarbeitern auf die gleiche Informationsbasis Zugriff geben. Die Vorteile liegen auf der Hand:

- Mitarbeiter können den Kunden kompetenter bedienen, weil sie seine Historie, seine besonderen Vorlieben etc. kennen.
- Die Kundenzufriedenheit durch die Einführung von CRM steigt beträchtlich.
- Ein integriertes CRM-System arbeitet damit auch wirtschaftlicher als Insellösungen.
- Kundendaten müssen nur einmal erfasst werden.

- Eingaben von Dubletten (und spätere aufwändige Bereinigungen) entfallen.
- Daten müssen nicht mit viel Aufwand zwischen Insellösungen abgeglichen werden. Medienbrüche werden somit vermieden.

Vorteile von CRM

Die Einführung von (E-)CRM-Lösungen erhöht für Unternehmen die Differenzierung vor allem gegenüber den Mitbewerbern indem sie einen flexibleren Preisrahmen gestattet.

CRM-Systeme liefern Vertriebsbeauftragten, Kundenbetreuern und Mitarbeitern in Call Centern mit wenigen Mausklicks alle nötigen Kundeninformationen. Um nahtlose Prozesse zu schaffen, ist es wichtig, neben den relevanten Kundendaten auch alle kundenbezogenen Dokumente bereit zu stellen. Die Ziele bei einer CRM-Implementierung können nur dann erreicht werden, wenn Kundendaten und Kundendokumente eng miteinander verzahnt sind.

Dabei kommt den CRM-Anwendungen ein Bündel von Aufgaben zu: Marketing, Vertrieb sowie deren Erfolgskontrolle, Kundendienst, Kundenbetreuung, Einbindung in Call-Center, Web-Shop, Web-Portal und Web-Sicherheit. Eine zentrale Rolle spielen in diesem Zusammenhang die Kunden- und Produktdatenbanken, denn mit ihnen können spezifische Kundenprofile erfasst und der Kommunikationsablauf systematisiert werden. Damit wird eine höhere Kundenorientierung sowie die Umsetzung moderner Marketing-Konzepte (One-to-one-Marketing) erreicht.

Misserfolge bei CRM-Projekten, und das ist nach Angaben der Forrester Group bei rund 60 Prozent der Fall, sind vor allem auf Strategiefehler bei der Einführung zurückzuführen sowie auf mangelnde oder gar fehlende Akzeptanz im Unternehmen.

Um die Vorteile von CRM-Systemen auch wirklich nutzen zu können, müssen Unternehmen bereits in der Planungsphase die richtigen Entscheidungen treffen.

Folgende Punkte sollten Unternehmen, die ein CRM-System implementieren wollen daher unbedingt beachten:

- Die Einführung von CRM ist kein Projekt, das von der IT-Abteilung allein durchgeführt wird. Bei der Planung und Projektierung von CRM sollten daher die relevanten Abteilungen (Vertrieb, Marketing, Service) in jedem Fall miteinbezogen werden.

- Das mit CRM-Sytemen verbundene Einsparpotenzial kann nur dann voll zur Geltung kommen, wenn Unternehmen bereits vor der Einführung von CRM ihre Arbeitsprozesse durchleuchten. Damit können gravierende Fehler bei der Implementierung von CRM-Software, wie die bloße Nachbildung vorhandener Systeme, bereits von Beginn an unterbunden werden.
- CRM bedeutet nicht nur neue Software, sondern auch ein neues Denken bei den Anwendern. Das Management ist Return-on-Investment-Betrachtungen, das heißt Einsparpotenzialen, die über CRM erzielt werden, aufgeschlossen. Jedoch muss zunächst einmal über Schulungen die Akzeptanz von Mitarbeitern hergestellt werden, um die Vorteile eines CRM-Systems zu veranschaulichen und die Mitarbeiter davon zu überzeugen. Fehlende Akzeptanz von Mitarbeitern verhindert jedoch mögliche Einsparpotenziale.
- Die Einbindung eines CRM-Systems in bestehende IT-Landschaften ist mit großen Herausforderungen verbunden. Die Integration eines neuen Systems kann nicht dadurch vereinfacht werden, dass es an die bestehende IT-Landschaft soweit angepasst wird und sich in sie vollständig einfügt. Vielmehr sollten Unternehmen versuchen, ihre Geschäftsprozesse dahin gehend zu verändern, dass die Systeme nur geringfügig angepasst werden müssen.
- Mit der Wahl des richtigen Herstellers für CRM-Software steht und fällt der eigene Geschäftserfolg. Allein in Deutschland gibt es rund 120 Softwarehersteller, die sich in Punkto Branche, Technologie und Funktionen unterscheiden. Unternehmen sollten deshalb bei der Wahl des Herstellers systematisch vorgehen und sowohl auf dessen Wettbewerbsfähigkeit als auch den Marktanteil sowie die Qualität der Partnerschaften achten.

Die erfolgreiche Einführung eines CRM-Projekts hängt also von verschiedenen miteinander verknüpften Faktoren ab. Zu diesem Ergebnis kommt auch eine im März 2001 durchgeführte Umfrage von Update.com, einem Hersteller von E-CRM-Software. Bei einer Umfrage unter rund 150 CRM-Profis, vom Kunden bis zum Anwender, ermittelte das Unternehmen folgende Ergebnisse. Rund 60 Prozent der Befragten meinten, der Erfolg eines CRM-Projekts hänge maßgeblich von der Unterstützung des Top-Managements ab.

Rund 50 Prozent glauben, dass CRM ein Prozess sei, der langfristiger Planungen bedarf und komplexe und dynamische Geschäftsprozesse ganzheitlich abbilden müsse. Dabei müssten in den Unternehmen sowohl intern als auch extern ausreichend Ressourcen vorhanden sein.

Für 49 Prozent der Befragten beginnt erfolgreiches CRM im Kopf und nicht am Server. Ein neues Denken müsse alle Beteiligten am CRM-Projekt von Beginn an in den Prozess mit einbeziehen. Obwohl die Umfragen von Herstellern mit Vorsicht zu genießen sind, decken sich die Ergebnisse doch auffallend mit den allgemein erhobenen Forderungen. Reinhold Rapp hat deshalb auch zurecht folgende Forderung erhoben:

"Der Vertriebsmitarbeiter muss immer stärker zum Manager einer umfassenden Kundenbeziehung werden statt zum verlängerten Distributions- und Absatzkanal eines produktorientierten Unternehmens."

1.2.4 Die E-CRM-Strategie

Die Prinzipien des CRM gelten ebenso für das Management elektronisch basierter Kundenbeziehungen. Kunden bleiben auch im E-Business oder E-Commerce nach wie vor Kunden, zu denen Beziehungen aufgebaut, ausgebaut und gepflegt werden müssen. Die Prozesse des Kundenmanagements und der Kundenbeziehungen beschleunigen sich jedoch über das Medium Internet aber auch über den Telekommunikationsbereich (Stichwort: M-Commerce) enorm.

Rein technisch gesehen bedeutet CRM den Einsatz von Software-Systemen, die Unternehmen bei der Verwirklichung von mehr Kundenorientierung und Kundenbindung unterstützen. Sie integrieren dabei Anwendungen und Funktionen aus den Bereichen Vertrieb, Marketing und Service, so dass alle Mitarbeiter auf die gleichen Kundendaten Zugriff haben.

Das Internet schafft auch und gerade bei Geschäftstätigkeiten eine enorme Transparenz. Der Kunde von heute und morgen kann sich also alle Informationen, die er von Herstellern im Wettbewerb benötigt schnell und reibungslos beschaffen und verarbeiten. Er weiß daher oft schon mehr über seine Wahlmöglichkeiten als die Unternehmen selbst.

Durch das Medium Internet ist damit an die Stelle der Kundensteuerung die Unternehmenssteuerung getreten. Nur bei Unternehmen, deren spezifische Leistungen und Informationen für den Kunden attraktiv sind, werden seine Verweildauer erhöhen. Zudem wird durch die vielfältigen Informationsmöglichkeiten, die das Web bereitstellt (Foren, Communities, Nutzergruppen) der Informationsaustausch zwischen den Kunden immer stärker.

Das Internet eröffnet umgekehrt den Unternehmen die Möglichkeiten, Dienstleistungen und Kommunikation in einem nie da gewesenen Ausmaß zu personalisieren. Kundenservice findet in Realtime statt, die bisher sehr aufwändigen Kundenbetreuungsprozesse werden extrem verschlankt. Fragen, Wünsche, Vorstellungen und Lösungsangebote können dem Kunden damit umgehend übermittelt werden.

Das Internet ist damit das zentrale Medium zur Steuerung von vielschichtigen, komplexen und intensiven Kundenbeziehungen. Ziel muss sein, die Möglichkeiten des Internet so zielgerichtet einzusetzen, dass eine Win-Win-Situation zwischen dem Kunden und dem Unternehmen entsteht.

Die Verschmelzung von CRM und E-Business-Technologien erschließt den Unternehmen völlig neue Kommunikationsmöglichkeiten. Immer mehr Menschen gehen im Internet auf Einkaufstour. CRM-Plattformen mit einer Perspektive auf die Zukunft müssen daher in der Lage sein, diesen Geschäftszweig zu integrieren.

Aus einem geschlossenen CRM-Kreis entsteht über E-CRM ein Anwendungsfeld, das die Unternehmensgrenzen verlässt und Kunden, Partner sowie Lieferanten mit einbezieht. Aus dieser Tatsache leitet das CRM-Forum folgende Forderungen ab: "CRM-Systeme müssen daher als Internet-, Intranet- oder Extranet-Anwendungen Kunden und andere Geschäftspartner aktiv in das Beziehungsmanagement einbeziehen."

1.2.5 Erfolgreiches CRM: Voraussetzungen und Phasen

Gegenstand von CRM ist es, das Wissen über den einzelnen Kunden zu sammeln, automatisiert auszuwerten und entsprechend darauf zu reagieren. "Ziel muss es sein, dem richtigen Kunden das richtige Angebot in der richtigen Form zur richtigen Zeit zu unterbreiten", so Sven Bornemann. Für eine erfolgreiche Umsetzung von CRM in einem Unternehmen sind fünf Voraussetzungen notwendig:

- ❑ Etablierung einer kundenorientierten Geschäftsstrategie
- ❑ Systematisches Sammeln und Aufbereiten von Kundeninformationen
- ❑ Entwicklung von Geschäftsprozessen auf dieser Informationsbasis
- ❑ Aufbau einer soliden Informationstechnik
- ❑ Integration der Kundendaten mit den Service-Kanälen (Call Center, E-Mail, Außendienst, Marketing, Controlling)

Viele Firmen besitzen bereits umfassende Informationen über ihre Kunden - wie Alter, Adresse, Einkommen, Finanzsituation, Versicherungsstatus, Vermögensanlagen sowie Daten aus der Kontakthistorie. Allerdings fehlt es häufig an einer zentralen Datenbank sowie einer effizienten Methode, die Kundendaten sinnvoll zu verknüpfen und auszuwerten. Es gilt herauszufinden, auf welche Produkte und Dienstleistungen ein Kunde sich konzentriert, wie er hinsichtlich seiner Rentabilität einzustufen ist, welches Umsatzpotenzial er noch bietet und nicht zuletzt, welchen Kontaktkanal er oder sie bevorzugt. Für die erfolgreiche Evaluierung der in Unternehmen vorhandenen Geschäftsprozesse sowie der daran orientierten Umstrukturierung derselben bietet sich deshalb folgendes Modell an:

Das Drei-Phasen-Modell

Phase I, Analyse:
    Analyse der Vertriebswege eines Unternehmens. Über welche Kanäle verfügt eine Firma (Außendienst, Fax, E-Mail, Filiale, Call Center)? Sind sie vernetzt und über welche Kanäle verläuft der Großteil der Kommunikation?

Phase II, Verknüpfung:
    Ein häufig anzutreffendes Ergebnis aus Phase I ist, dass Unternehmen zwar über eine Vielzahl verschiedener Vertriebskanäle verfügen, diese aber nicht verknüpft sind. Deshalb dient die Phase II dazu, diese Kanäle zu verknüpfen, um Marketing, Verkauf und Service aufeinander abzustimmen. Für den Erfolg einer CRM-Lösung ist es entscheidend, dass Mitarbeitern alle relevanten Kundeninformationen zur Verfügung stehen.

Phase III, Umstrukturierung der Geschäftsprozesse:
    Um die Kundenorientierung in vollem Umfang und über alle Vertriebskanäle umzusetzen, muss das Unternehmen dazu seine Geschäftsprozesse den veränderten Bedingungen anpassen. Das ist eine weitreichende strategische Entscheidung, die vom Management getroffen, unterstützt und an die Mitarbeiter kommuniziert werden muss.

Die meisten CRM-Applikationen, die bis dato im Einsatz sind, decken nur einzelne Segmente der Kundenbeziehung ab. Sie verbessern zwar die Qualität und die Anzahl der Kundenkontakte, aber dies nur punktuell. Unternehmen, die ihr Kundenbeziehungs-Marketing zu einem strategischen Geschäftsinstrument ausbauen wollen, müssen demnach eine Software-Lösung implementieren, die sämtliche Kundenkontaktdaten medien- und teamübergreifend Mitarbeitern zur Verfügung stellt. Nur so erhält jeder Kollege im Call Center oder im Vertriebsbüro ein Gesamtbild der Kundenerwartungen und -bedürfnisse, auf deren Grundlage eine persönliche Betreuung möglich ist.

1.2.6 Auswahl der CRM-Software

CRM funktioniert nur mit der entsprechenden Software sowie einer Kundendatenbank. Der häufigste Fehler, den Unternehmen bei der Einführung von CRM-Software für machen, ist die Software mit CRM gleichzusetzen. Unternehmensinterne Probleme wie eine schlechte Kundenbindung lassen sich nicht einfach durch den Kauf und die Implementierung einer CRM-Software lösen. Zunächst muss ein Problem im Unternehmen betrachtet und analysiert werden, ob und inwieweit es durch eine entsprechende CRM-Software zu lösen ist.

Das Bedürfnis nach Orientierung im Web nimmt zu, je größer das Web wird. In diesem Zusammenhang kommt den Internet-Portalen eine Leitfunktion zu, denn sie sind der Ariadnefaden, mit dem der User die Orientierung im Web behält. Portale sind letztlich der Schlüssel für erfolgreichen E-Commerce.

Eine von der Unternehmensberatung Koeppler und Partner durchgeführte Studie zur Marktakzeptanz von CRM-Software unter rund 600 großen und mittelständischen deutschen Unternehmen kam zu dem Ergebnis, dass derzeit erst 20 Prozent der Unternehmen E-CRM-Lösungen einsetzen. Jedoch planen 28 Prozent die Anschaffung einer E-CRM-Lösung, 40 Prozent befinden laut Studie in der Informationsphase.

Informationsquellen bei der CRM-Entscheidung

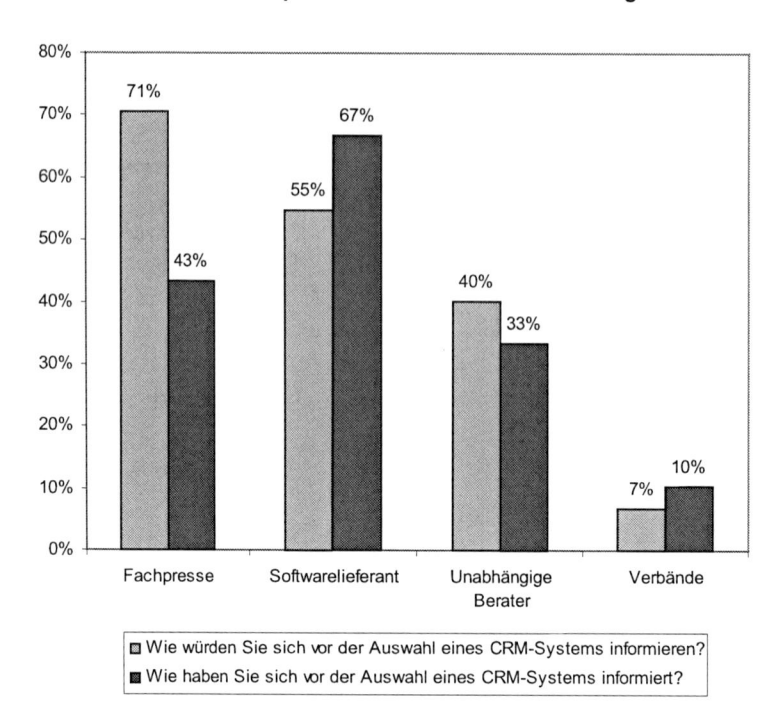

Quelle	Wie würden Sie sich vor der Auswahl eines CRM-Systems informieren?	Wie haben Sie sich vor der Auswahl eines CRM-Systems informiert?
Fachpresse	71%	43%
Softwarelieferant	55%	67%
Unabhängige Berater	40%	33%
Verbände	7%	10%

Abb. 1-4: Koeppler; Koeppler & Partner, 2000

Dabei sind die Erwartungen der Unternehmen an die CRM-Lösungen groß. Für 75 Prozent der Befragten stehen Kundenzufriedenheit und Verstärkung der Kundentreue an erster Stelle. Für 66 Prozent waren Kundengewinnung und Kundenbindung wichtig, für 28 Prozent die Entlastung des Außendienstes und lediglich für 24 Prozent waren die Senkung der Vertriebs- und Marketingkosten primäres Ziel.

Die Studie kommt zu dem Ergebnis, dass für die befragten Unternehmen der Wunsch nach langfristiger Kundenbindung an erster Stelle steht. CRM-Software soll dabei die notwendigen Werkzeuge und Hilfsmittel für die Analyse bereitstellen, um Kundenprofile zu erstellen und Kundenbedürfnisse transparent zu machen.

Die Studie kommt in Bezug auf die Informationsquellen bei der Einführung von CRM-Lösungen noch zu weiteren interessanten Ergebnissen. So

Auch der Mittelstand braucht CRM

wollen sich 70,6 Prozent der Unternehmen vor der Auswahl einer CRM-Lösung in der Fachpresse informieren. Doch 66,7 Prozent der Firmen, die eine CRM-Lösung in ihrem Unternehmen implementiert haben, holten die Informationen beim Software-Lieferanten ein (siehe Abbildung 1-4). Immerhin 33,3 Prozent nahmen einen unabhängigen Berater in Anspruch, während Verbände mit 10,3 Prozent keine Rolle spielten.

1.2.7 Der lange Weg zu "König Kunde"

Die Auswertung einer von der Gartner Group im Jahr 2001 durchgeführten Umfrage, bei der 510 Großunternehmen weltweit befragt wurden, zeigt, dass 65 Prozent der Unternehmen ihre IT-Ausgaben erhöhen wollen. Dies bedeutet gegenüber dem Vorjahr eine Steigerung von 13 Prozent. Die Unternehmen wollen sich durch Investitionen in die Informationstechnologie beziehungsweise Technologien Wettbewerbsvorteile verschaffen und schnell in die Gewinnzone kommen. Die Firmen erwarten von leistungsfähigen Enterprise Resource Planing-Systemen (ERP) und CRM-Tools keine zusätzlichen Kostenfaktoren und Umsatzbremsen. Sie sind deshalb nur noch bereit, in den Ausbau ihrer IT-Infrastruktur zu investieren, wenn die Anbieter einem differenzierten Anforderungsprofil gerecht werden können. Den hoch gesteckten Erwartungen von Großunternehmen halten einerseits die Marktführer der Branche wie Siebel, Oracle und SAP stand. Andererseits sind diese mit den offerierten Standardlösungen nicht immer in der Lage, dem individuellen Anforderungsprofil mittlerer und kleiner Unternehmen ausreichend gerecht zu werden, so dass sich zahlreiche innovative Nischenmärkte bilden. Kleinere Anbieter, die flexibel auf die Bedürfnisse der Firmen eingehen, sind hier gefragt und teilweise auch im Vorteil. Sie können preisgünstige, auf die Verbesserung der Servicequalität der Unternehmen exakter abgestimmte Branchenlösungen entwickeln. Das Internet spielt als zusätzlicher Vertriebskanal in der Multi-Channel-Strategie der Unternehmen eine wichtige Rolle, Es bündelt als Schnittstelle vorhandene Anwendungen und Systeme.

Claus von Kutzschenbach, der führende Unternehmen bei ihrer Vertriebs- und Kommunikationsstrategie berät, sieht einen einschneidenden Wandel im Selbstverständnis der Unternehmen zwischen New und Old Economy: "CRM ist nur der technische Ausdruck eines Wertewandels in der Wirtschaft. Der Kunde ist das knappste Gut. Die Zeiten des Massenmarketings sind endgültig vorbei. Es kommt vor allem auf eine leistungsfähige Vertriebs- und Organisationsstruktur an. CRM-Tools haben eine selektive vertriebsstrategische Aufgabe." Die Strömungen der New Economy sollten, so von Kutzschenbach, positiv aufgegriffen werden, denn der Generationswechsel in den Führungsetagen könne nur in der Symbiose zwischen Old und New Economy bewältigt werden. Das neue Rollenbild des modernen Außendienstmitarbeiters bewege sich eindeutig weg vom klassischen Aufgabenprofil. Die Generation der "Net-Kids" verstehe sich künftig eher als eine Art "smarter E-Commerce-Agent".

Von Kutzschenbach ist beileibe nicht der einzige, der am Horizont der E-Economy einen Paradigmenwechsel im Verhältnis der Beziehungen zwischen Kunden und Unternehmen, ob im B2B- oder im B2C-E-Commerce, heraufdämmern sieht.

Ähnliche Wertungen – jedoch unter anderen Auspizien – vernimmt man inzwischen auch aus dem Munde der diversen Anbieter von CRM-Software-Lösungen, wobei inzwischen vor allem die mittelständischen Betriebe (übrigens eine nicht ganz korrekte Übersetzung dessen, was im Amerikanischen mit dem Begriff "midmarket" bezeichnet wird) mehr und mehr ins Fadenkreuz der Anbieter geraten. Die Gründe hierfür sind einfach und einleuchtend. Einmal abgesehen von der etwas despektierlichen Siebelschen Äußerung vom "crummy midmarket", sind es gerade die mittelständischen Betriebe, die selbst erkennen, dass sie CRM-Lösungen als technologisches Hilfsmittel zur Kundenbindung brauchen. Auch haben die Anbieter von CRM-Software inzwischen erkannt, welches Potenzial im Mittelstand schlummert. Software-Riesen wie SAP oder Microsoft wetteifern inzwischen, wer von beiden die größte Mittelstandsoffensive fährt. So will der Redmonder Konzern eine spezielle CRM-Software für kleine und mittelständische Unternehmen auf den Markt bringen und seine Ansprüche hier durch den Kauf von ERP-Softwareanbietern für den Mittelstand wie Great Plains oder Navision unterstrichen. SAP kündigte auf der Sapphire 2002 in Lissabon eine umfassende Orientierung hin zu mittelständischen Unternehmen an. Bis zu 20 Prozent des Umsatzes wolle man künftig durch Geschäfte mit den Mittelständlern machen hieß es. Inwieweit diese Initiativen erfolgreich sein werden bleibt jedoch abzuwarten.

1.2.8 Mit E-CRM-Suites in die Zukunft

CRM-Projekte scheitern bisher vor allem durch eine zu hohe Erwartungshaltung der Unternehmen und durch unspezifische Anbieterlösungen. Rund 32 Prozent der Käufer nutzen nach Angaben der Gartner Group außerdem die

Auch der Mittelstand braucht CRM

installierte CRM-Software nach der Projektimplementierung nicht. Die Folge: Nur 50 von 500 potenziellen CRM-Anbietern können bis zum Jahr 2004 am Markt bestehen. Immer mehr Betriebe erkennen die Notwendigkeit, CRM-Projekte stärker als bisher prozessorientiert und mit abteilungsübergreifenden Etats zu planen. Der Haupttrend bewegt sich in Richtung betriebsübergreifende CRM-Suites, die auf die Potenziale des Internet zugeschnitten sind und die Wertschöpfungskette bis zum Kunden möglichst ohne Brüche erfassen. Aufgrund der hohen Implementierungskosten verlagert sich die Kostenseite hin zu Outsourcing-Lösungen über Call-Center, Leasing oder Miete der Software. Durch den Einsatz von skalierbaren internetbasierten CRM-Lösungen (E-CRM) sinken außerdem in den nächsten Jahren nach Einschätzung der Gartner Group die Kosten für CRM-Tools um rund 90 Prozent auf etwa 245 Euro pro Arbeitsplatz. Nur wenige Anbieter überleben die damit verbundene Kostenspirale nach unten. Gleichzeitig kommt den CRM-Instrumenten eine erweiterte Rolle im Sinne wissensbasierter Tools zu, denn sie sollen die immer mehr überbordende Informationsflut kanalisieren, verwalten, organisieren und auswerten. In den Prozess der Projektimplementierung einbezogen werden künftig von Beginn an sogenannte "Kundenanwälte" in den Unternehmen, die als intime Kenner der Kundenbedürfnisse in eine unternehmensweite Mittlerrolle rücken.

Um aber auch als Mittelständler ein CRM-Projekt erfolgreich zu gestalten und zu erfolgreich zu gestalten, müssen als Einstieg in das Projekt zwingend die Projektziele festgelegt werden, die als Basis (und als "KO-Kriterien") für die gesamte Einführung des CRM-Systems dienen. Beispiele hierfür sind:

- ❏ Einfache Bedienbarkeit und möglichst selbsterklärende Anwendung
- ❏ Einbindung und Verknüpfung des dezentralen Vertriebs und der zentralen Administration
- ❏ Einfache Generierung von Vertriebssteuerungsinformationen durch den Vertrieb
- ❏ Reduzierung des Papieraufkommens und –flusses
- ❏ Einbeziehung von Marketingaktivitäten (Kampagnenmanagement)
- ❏ Tages- bzw. wochenaktuelle Kundendaten
- ❏ Schnelles Prototyping: 80 Prozent-Lösung innerhalb von 4-6 Wochen nach Systementscheidung
- ❏ Keine "nice to have-Lösungen"
- ❏ Integration in bestehende IT-Architektur
- ❏ Konsequente Einbindung der Anwender in der Customizingphase

Auch bei den technischen Voraussetzungen sind einige wichtige Kriterien zu beachten, wie:

- ❏ Welches Betriebssystem wird unternehmensweit eingesetzt?
- ❏ Welches Datenbank Know-how liegt bereits im Unternehmen vor? (z.B. Oracle, DB 2, MS SQL, Sybase)
- ❏ Welche Kommunikationsplattform wird eingesetzt? (z.B. MS Exchange oder Lotus Notes)
- ❏ Wer soll das CRM-System betreiben? (Eigenbetrieb oder Application Service Provider)

Dennoch werden teilweise die in CRM gesetzten Erwartungen nicht erfüllt. Dies liegt jedoch weniger an der Qualität der Software als vielmehr an der mangelhaften Vorbereitung des Unternehmens aufgrund fehlender Konzepte und Strategien zur reibungslosen Einführung eines CRM-Systems. So scheitern manche Projekte bereits vor dem Echtbetrieb. In anderen Unternehmen bemüht man sich noch, den CRM-Implementierungen, die ohne genaue Definition von Problemen und Zielen entwickelt wurden, spür- und messbare Vorteile zu gewinnen. Planungsfehler im Vorfeld des Projektes führen häufig zu Akzeptanzproblemen bei Anwendern und verhindern damit nicht selten den Erfolg des gesamten Projektes.

Zu einer gründlichen Projektplanung gehört eine detaillierte Analyse des Ist-Zustandes. Die dabei aufgedeckten Schwachstellen müssen sich in den Projektzielen wiederfinden. Es genügt nicht, schnell eine CRM-Softwarelösung auszuwählen, und diese zu implementieren. Die Auswahl des richtigen CRM-Anbieters ist der wichtigste Teil der Planungsphase, wenn man mit CRM schnelle Erfolge erzielen will. Umworben von einer ganzen Heerschar von CRM-Anbietern ist es für ein Unternehmen eine der größten Herausforderungen, die Spreu vom Weizen zu trennen und herauszufinden, welcher Anbieter die gewünschten Ergebnisse wirklich liefern kann. Oft wird der Softwarelösung zuviel Aufmerksamkeit geschenkt, das Know-how und die Projekterfahrung auf der Seite des Anbieters werden jedoch nicht geprüft. Wird die Softwarelösung durch Dritte, also durch externe Dienstleister implementiert, scheitert die erfolgreiche CRM-Implementierung durch den Bruch im Know-how Fluss.

1.2.9 Fazit

Worauf also wird es in den nächsten Jahren bei der Einführung von CRM in Unternehmen besonders ankommen?

Zunächst einmal müssen die Anwendungen und Prozesse wirkungsvoll in Marketing, Vertrieb und Kundenservice integriert werden, um dem Kunden eine hohe Kundenzufriedenheit und dem Unternehmen eine hohe Kundenloyalität zu bescheren.

Ein solch umfassender Ansatz wird derzeit vor allem in Großunternehmen angewandt. Kleine und mittelständische Unternehmen sind auf Grund der damit zusammenhängenden Kosten und der Komplexität oft zurückhaltender und bevorzugen einen pragmatischeren oder schrittweisen Ansatz. Vor allem müssen die CRM-Anbieter speziell für den Mittelstand einfache und benutzerfreundliche Lösungen anbieten, die seinem Umfeld gerecht werden. So können auch Vorbehalte gegenüber den webbasierten Lösungen nach und nach abgebaut werden. Auch sind die Mittelständler in ihrem Investitionsverhalten nach dem E-Business-Hype zurückhaltender.

Generell lässt sich sagen, die wirkliche Integration von Marketing, Vertrieb und Kundenservice wohl noch etwas auf sich warten lassen wird. Damit wird es auch mit der Verwirklichung des CRM-Credos vom "König Kunde" noch etwas dauern. Doch die Unternehmen sind (schon) auf einem guten Weg dahin.

Der wichtigste Aspekt für das Funktionieren oder Scheitern eines CRM-Projekts liegt allerdings immer noch in den Köpfen der jeweils am Projekt Beteiligten, ob Management oder Anwender. Die Erkenntnis, dass es sich bei einem CRM-Projekt nicht um einen einmaligen Akt der Implementierung sowie die Anpassung an eine bereits vorhandene IT-Landschaft handelt, sondern um einen Prozess, kann nicht oft genug hervorgehoben werden. Gerade hier brauchen mittelständische Unternehmen manchmal den längeren Atem als die Großen, denn schließlich könnte der Slogan für den Mittelstand dann lauten: Wenn's mit CRM klappt, dann klappt's auch wieder damit, Kunden profitabler zu machen.

2 Die Erfolgsfaktoren

2.1 Prinzipien der CRM-Strategieentwicklung
(von Markus Bechmann)

CRM ist eines der Hauptthemen, mit denen sich Unternehmen heute befassen. Es gibt zahlreiche Studien und Veröffentlichungen, die darlegen, dass die größte Zahl der CRM-Projekte nicht die gesetzten Ziele erreicht. Noch größer ist die Zahl der Veröffentlichungen, welche Erfolgsfaktoren bei CRM-Projekten beachtet werden müssen. Als einhellige Meinung hat sich richtigerweise durchgesetzt, dass CRM mehr ist als eine IT-Lösung. Vielmehr muss ein ganzheitlicher Ansatz beginnend bei der Unternehmensstrategie über Prozesse und Organisationsdesign bis zu den unterstützenden Informationssystemen gebildet werden. Dieses Kapitel soll die Strategieentwicklung in Ihrem Unternehmen unterstützen, indem die zugrunde liegenden Prinzipien für eine umfassende CRM Vision dargestellt werden. Die folgenden Prinzipien haben sich in zahlreichen Projekten als erfolgskritisch für eine Ergebnisverbesserung durch CRM erwiesen und zeichnen führende Unternehmen in CRM aus:

- ❏ Kundeninformationen werden als strategisches Kapital betrachtet.
- ❏ Der Kundenlebenswert wird maximiert.
- ❏ Die Kundenzufriedenheit steht im Mittelpunkt.
- ❏ Kunden werden über mehrere Kanäle angebunden.
- ❏ Das Unternehmen verfügt über eine formulierte und gelebte CRM Vision und Strategie.

2.1.1 Kundeninformationen als strategisches Kapital

Das Herzstück jedes CRM-Systems sind die integrierten Kundendaten. Die Daten stellen gleichsam einen Spiegel der Kunden dar und beinhalten alle relevanten Stammdaten und Geschäftsvorfälle. Da eine Differenzierung über Produkte in den meisten Industrien immer schwieriger wird, erhalten Kundenservice und Kundenzufriedenheit einen immer höheren Stellenwert. Die Basis für individuellen Kundenservice sind umfassende Kundeninformationen. Um diese Informationen immer aktuell zu halten und auch zu nutzen, müssen sowohl spezielle Pflegeprozesse eingerichtet werden, als auch die vorhandenen Geschäftsprozesse mit Kundenkontakt auf die Informationsgewinnung und -verwendung ausgerichtet sein. Abbildung 2-1 zeigt eine generelle Darstellung der wesentlichen Informationsflüsse.

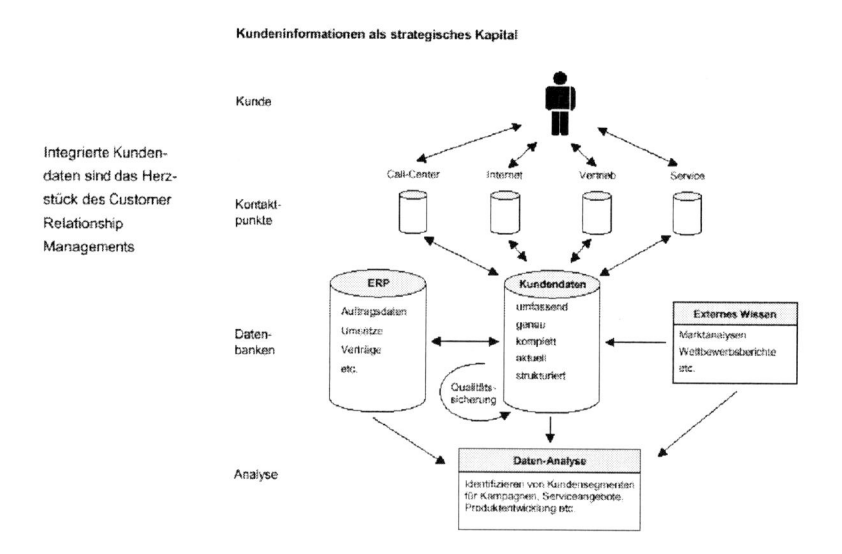

Abb. 2-1: Kundeninformationen als strategisches Kapital

Bei jedem Kundenkontakt erhält das Unternehmen Informationen in der unterschiedlichsten Form. Seien es z.B. Eindrücke des Außendienstmitarbeiters, eingehende Telefonate oder die Abwicklung von Transaktionen. In vielen Unternehmen bleibt dieses Wissen heute beim Außendienstmitarbeiter oder Call-Center-Agenten und wird anderen Organisationseinheiten und Mit-

Prinzipien der CRM-Strategieentwicklung

arbeitern nicht zur Verfügung gestellt. So kommt es, dass der Außendienstmitarbeiter z.B. nicht gezielt auf das vom Kunden im Call-Center geäußerte Interesse an Produkten eingehen kann oder kalt erwischt wird, wenn er nichts von den aktuellen Problemen in der Auftragsabwicklung weiß. Die Liste von Beispielen kann hier beliebig lang fortgesetzt werden.

Um die Potenziale, die in der Beseitigung dieser Abstimmungsprobleme stecken, zu erschließen, ist es also notwendig, dass alles relevante Wissen, dass bei Kundenkontakten gewonnen wird, im Unternehmen als zentrales Wissen abgelegt und möglichst in Echtzeit wieder zur Verfügung gestellt wird. Die Daten müssen dabei umfassend, genau, komplett, aktuell und gut strukturiert sein. Diese Qualitätsanforderungen werden durch eine regelmäßige Überprüfung anhand definierter Regeln sichergestellt. Dabei besteht eine klare Verantwortlichkeit für die Korrektheit der Daten. Außerdem werden die intern gewonnenen Daten durch externe Daten, wie z.B. Marktanalysen und Wettbewerbsberichte ergänzt und zu einem umfassenden Bild verdichtet.

Derart gewonnene Informationen bieten bereits eine hervorragende Grundlage für die operative Geschäftsabwicklung. Voll ausgenutzt wird das Informationskapital aber erst dann, wenn auch im Rahmen von sogenanntem analytischen CRM strategische Rückschlüsse aus der Datenbasis abgeleitet werden. Die konsolidierten Kundendaten können mit Data-Mining Tools analysiert werden, um z.B. Kundensegmente zu identifizieren und zu definieren. Diese Segmentierung ermöglicht dann

- die Entwicklung differenzierter Produkte und Dienstleistungen
- die Definition spezifischer Service-Levels
- die Auswahl und das Design spezieller Kommunikationskanäle
- die Ausarbeitung gezielter Marketing-Kampagnen
- etc.

Das heißt, die Organisation wird auf die Kundensegmente ausgerichtet, um diese optimal bedienen zu können. Dadurch kann Mehrwert für die Kunden geschaffen und als Konsequenz auch der eigene Umsatz gesteigert werden. Außerdem ist es möglich, die eigenen Kostenstrukturen zu optimieren, indem optimale Kontaktkanäle und Servicelevel bereitgestellt werden. Die Kombination von Umsatzsteigerung und Kostenoptimierung wiederum führt zu höherer Profitabilität.

2.1.2 Maximieren des Customer Life Cycle Value

Eine Voraussetzung für die dauerhafte Steigerung des Unternehmenswertes ist der Aufbau und die Pflege von profitablen Kundenbeziehungen. Es muss also das Ziel sein, den Wert jeder Kundenbeziehung zu maximieren. Häufig wird der Schwerpunkt des Marketing- und Vertriebsaufwands auf die Akquisition von neuen Kunden gesetzt, um die Anzahl der verlorenen Kunden auszugleichen. Die folgende Abbildung zeigt, warum diese Vorgehensweise in den meisten Fällen zu Profitabilitätsverlust führt.

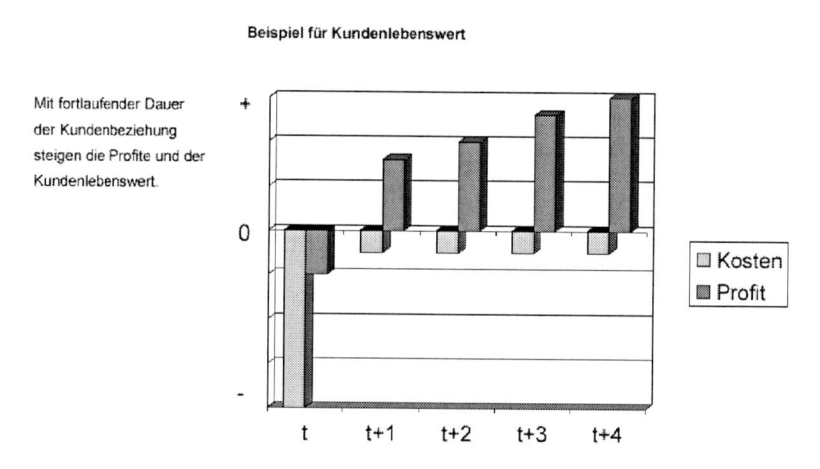

Abb. 2-2: Beispiel für Kundenlebenswert (Customer Life Cycle Value)

Am Anfang der Kundenbeziehungen stehen in der Regel hohe Kosten für die Akquisition, so dass der Profit negativ sein kann. Diese Investition rechnet sich jedoch, wenn die Kundenbeziehung länger anhält. Die Betreuungskosten für den Kunden reduzieren sich mit der Zeit. Zusätzlich werden die Kunden mit fortlaufender Beziehungsdauer weniger preissensitiv, da sie die individuelle Betreuung honorieren. Dadurch lassen sich höherwertige Produkte und Dienstleistungen mit höheren Margen verkaufen.

Das Maximieren des Kundenlebenswertes führt zu einer dauerhaften Sicherung und Steigerung des eigenen Unternehmenswertes. Die Bezeichnung "Kundenlebenswert" ist jedoch für die Umsetzung im täglichen Geschäft recht abstrakt. Was bedeutet also die Maximierung des Kundenlebenswertes für die tägliche Praxis?

Prinzipien der CRM-Strategieentwicklung

Eine dauerhafte und wertvolle Kundenbeziehung kann nur entstehen, wenn sie für beide Seiten wertvoll ist. Das bedeutet aus Sicht des Kunden, dass die Produkte und Dienstleistungen, die er einkauft für ihn mehr Wert schaffen als er dafür bezahlen muss. Er erwartet also das Verkaufen von echten Lösungen und exzellenten Service. Aus Sicht des Unternehmens steht eine dauerhafte profitable Beziehung im Vordergrund, das heißt also möglichst hohen Umsatz mit einer optimierten Kostenstruktur. Das Dilemma für die Unternehmen ist nun, dass exzellenter Service und kundenspezifische Lösungen ein immer wichtiger werdendes Differenzierungsmerkmal im Markt sind, gleichzeitig aber auch teuer sind und die Margen verringern. Exzellenter Service kann also nicht "mit der Gießkanne" ausgeschüttet werden, was leider häufig dazu führt, dass sich alle Kunden mit geringerem Service begnügen müssen.

Potenzialorientierte Kundengruppen

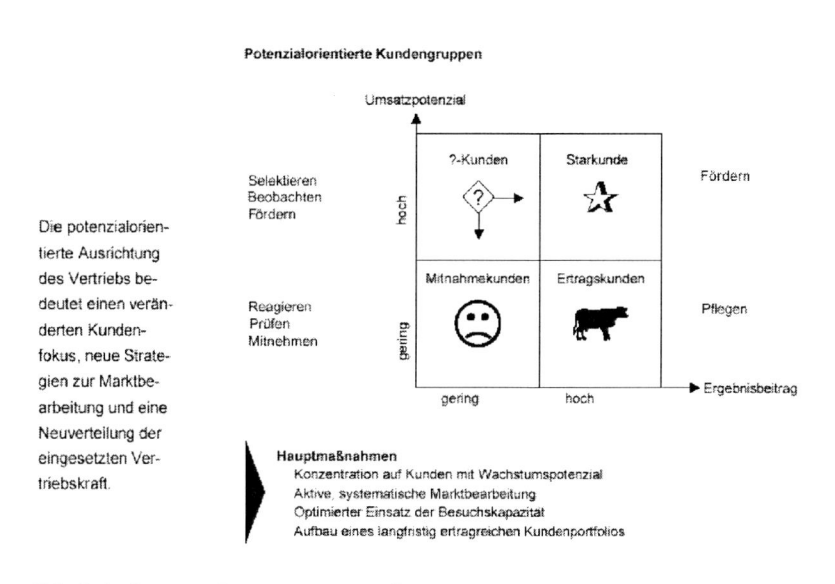

Die potenzialorientierte Ausrichtung des Vertriebs bedeutet einen veränderten Kundenfokus, neue Strategien zur Marktbearbeitung und eine Neuverteilung der eingesetzten Vertriebskraft.

	gering	hoch	
hoch (Umsatzpotenzial)	?-Kunden Selektieren Beobachten Fördern	Starkunde	Fördern
gering	Mitnahmekunden Reagieren Prüfen Mitnehmen	Ertragskunden	Pflegen
	gering	hoch → Ergebnisbeitrag	

Hauptmaßnahmen
Konzentration auf Kunden mit Wachstumspotenzial
Aktive, systematische Marktbearbeitung
Optimierter Einsatz der Besuchskapazität
Aufbau eines langfristig ertragreichen Kundenportfolios

Abb. 2-3: Potenzialorientierte Kundengruppen

Die wertorientierte Kundensegmentierung kann hier Abhilfe schaffen. Wenn die Kunden in profit- und potenzialorientierte Segmente eingeteilt werden, wie in Abbildung 2-3 dargestellt, können die Serviceangebote entsprechend dem Wert des Segmentes optimiert werden. Profitable Kunden können also besonderen Service erhalten, da ihre Marge dies zulässt. Das wiederum stärkt ihre Loyalität und führt zu dauerhaften profitablen Beziehungen. Gleichzeitig können auch die Kommunikationskanäle optimiert werden, d.h. weniger profitable Kunden auf kostengünstigere Kanäle, wie z.B. das Internet oder Call-Center verlagert werden. Der Kundenwert ist also die Basis für das Produkt- und Serviceangebot, sowie für Investitionen in Relationship Marketing und die Kanalstrategie.

Ziel des CRM ist es, profitable Kunden dauerhaft zu halten und auszubauen. Deshalb müssen mögliche Abwanderungen von profitablen Kunden frühzeitig erkannt und wenn möglich verhindert werden. Analytisches CRM kann hier Hinweise auf Abwanderungstendenzen geben. Data-Mining Tools können die Kundendatenbasis nach Hinweisen für bevorstehende Abwanderungen durchsuchen. Daraufhin werden ereignisgesteuerte Marketingaktivitäten angestoßen, um diese Kunden zu halten. Dabei werden die Kosten dieser Marketingaktivitäten den Kundenwerten gegenübergestellt. Die Gründe für die potenziellen Abwanderungen werden erfasst und in Customer Care, Marketing und Produkt- und Serviceentwicklung berücksichtigt.

Was soll nun mit nicht profitablen Kunden geschehen? Hier muss untersucht wird, ob der Kunde am Anfang des Kundenlebenszyklus mit hohem Potenzial steht. Dieses Segment ist das einzige, wo für eine gewisse Zeit unprofitable Kundenbeziehungen sinnvoll sein können. Allerdings muss ein klares Ziel festgelegt sein, wie in den Kunden investiert wird und wann der Break-even erreicht sein soll. Von Kunden, denen kein ausreichendes Potenzial zugesprochen wird und die nicht profitabel sind, sollte man sich in letzter Konsequenz trennen, wenn alle Möglichkeiten zur eigenen Kostensenkung, wie z.B. der Übergang auf billigere Vertriebskanäle oder Verzicht auf Serviceleistungen, ausgeschöpft sind. Diese Aussage stellt eine bemerkenswerte Abkehr von der gängigen Umsatzorientierung in vielen Unternehmen dar, ist aber die einzig konsequente Strategie für die Wertsteigerung des eigenen Unternehmens. Ihre Umsetzung hat oft weitreichende Konsequenzen in der Marktbearbeitung von Unternehmen. Als Beispiel sei hier nur auf die häufig rein umsatzorientierte Vergütung von Vertriebsmitarbeitern hingewiesen.

2.1.3 Kundenzufriedenheit steigern

Die Kundenzufriedenheit ist das wesentliche Element in CRM. Sie erzeugt Loyalität und dauerhafte Umsätze. Das Ziel ist also, Kunden über einen langen Zeitraum zu halten und zu Fürsprechern des eigenen Unternehmens auszubauen. Diese Fürsprecher empfehlen das Unternehmen weiter und sind somit der beste Werbeträger, den sich das Unternehmen wünschen kann. Natürlich muss die Kombination aus Produktangebot, Service und Preis

Prinzipien der CRM-Strategieentwicklung

jederzeit zur vollen Zufriedenheit eines Kunden sein, um ihn zu einem Fürsprecher zu machen.

Das Gegenteil des Fürsprechers ist der Antagonist. Er entsteht, wenn die Erwartungen des Kunden enttäuscht werden und nutzt jede Gelegenheit, um seine Enttäuschung über das Unternehmen weiterzuerzählen. Die Wirkung eines Antagonisten kann nur durch viele Fürsprecher wieder ausgeglichen werden. Meistens sind die Antagonisten für das Unternehmen nicht sichtbar, was eine Reaktion auf ihr Verhalten unmöglich macht. Es stellt sich also die Frage, wie eine hohe Kundenzufriedenheit erreicht und die Kunden zu Fürsprechern gemacht werden können.

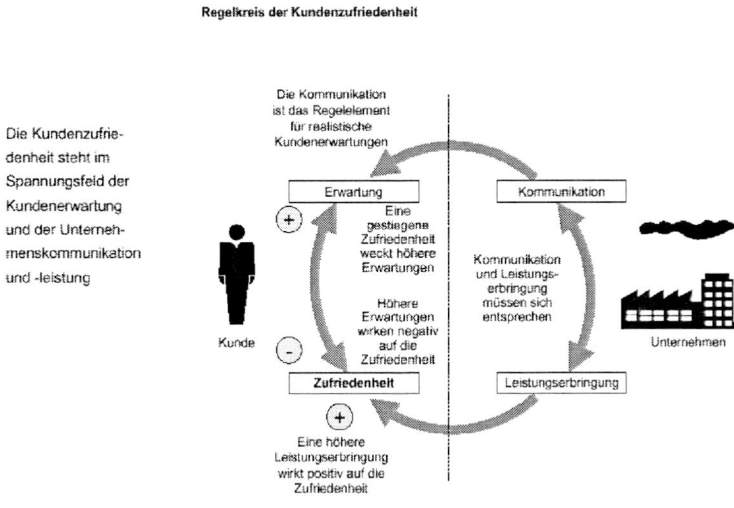

Abb. 2-4: Regelkreis der Kundenzufriedenheit

Die Kundenzufriedenheit steht im Spannungsfeld der Kundenerwartungen und der Unternehmenskommunikation und Leistungserbringung. Sie entsteht, wenn die erlebten Leistungen den Erwartungen entsprechen oder sie übertreffen. Ein Unternehmen kann somit über zwei Wege auf die Kundenzufriedenheit einwirken. Direkt über die Leistungserbringung und indirekt über das Management der Kundenerwartungen, also der Kommunikation. Die Kommunikation und die Leistungserbringung müssen sich entsprechen, d.h. dass versprochene Leistungen unbedingt auch wie vereinbart erbracht werden müssen. Wenn die Kundenzufriedenheit über die erbrachten Leistungen gesteigert wird, steigen automatisch auch die Erwartungen des Kunden, was eine weitere Erhöhung der Zufriedenheit schwieriger macht. Die Kommunikation ist das Regelelement, das dafür Sorge tragen muss, dass die Kundenerwartungen realistisch bleiben. Deshalb kommt gerade der Kommunikation und dem Management der Kundenerwartungen eine besondere Bedeutung innerhalb des CRM zu.

Um die Kundenerwartungen managen zu können, müssen zunächst die Bedürfnisse der Kunden verstanden werden. Dabei werden für jedes Kundensegment die unterschiedlichen Anforderungen an Service, Produkte und Kanäle aufgenommen. Mitarbeiter mit Kundenkontakt müssen diese unterschiedlichen Bedürfnisse verstehen. Wichtig ist auch, dass die Anforderungen ständig aktualisiert werden. Diese Aktualisierung erfolgt zum einen direkt durch die im täglichen Geschäft an den Kundenkontaktpunkten gewonnenen Erfahrungen, zum anderen durch spezielle Kundenbefragungen und gemeinsame Workshops. Ein Beispiel dafür ist die Einbeziehung von Kundenfokusgruppen in die Produktentwicklung.

Kundenerwartungen können nicht nur festgestellt und abgefragt werden, sondern sie müssen aktiv beeinflusst werden. Service Levels und Garantien müssen klar kommuniziert und Einschränkungen erklärt werden. Die Service Level und Garantien richten sich dabei wieder wie im letzten Abschnitt beschrieben nach dem Wertsegment der Kunden. Wenig wertvolle Kunden werden durch die kostengünstigsten Servicekanäle abgedeckt. Kundenwünsche und –beschwerden werden an allen Kontaktpunkten aufgenommen. Sie sind sowohl ein wichtiger Indikator für die Kundenzufriedenheit als auch eine wesentliche Chance zu deren Verbesserung. Die Erfahrung zeigt, dass Kunden die eine schnelle und zufriedenstellende Reaktion auf eine Beschwerde erleben, häufig zufriedener sind, als Kunden, die noch keine Beschwerde hatten.

Die regelmäßige Messung der Kundenzufriedenheit ist eine wichtige Regelgröße des CRM und muss in das Kennzahlensystem des Vertriebscontrolling integriert sein. Dabei lassen sich quantitative und qualitative Messgrößen unterscheiden. Beispiele dafür sind:

Quantitative Messgrößen	Qualitative Messgrößen
Umsatzentwicklung	Kundenaussagen (gegenüber Außendienst, Call-Center, etc.)
Anzahl verlorener Kunden	Ergebnisse von Umfragen
Anzahl Reklamationen	Zufriedenheitsindizes
Anzahl durch Empfehlung gewonnener Neukunden	

Prinzipien der CRM-Strategieentwicklung

Die Kundenzufriedenheit kann aber nicht nur direkt gemessen werden. Wichtig ist auch die Verfolgung von Kennzahlen, die die Qualität der Leistungserbringung messen. Diese können z.B. Messgrößen umfassen wie der Anteil der Aufträge, die rechtzeitig und vollständig und korrekt ausgeliefert wurden oder die Anzahl der Reparaturaufträge, die beim ersten Besuch abgeschlossen wurden.

2.1.4 Multi-Channel

Bedingt durch die technische Entwicklung hat sich in den letzten Jahren die Anzahl der möglichen Kontaktkanäle ständig vergrößert. Es wurde viel spekuliert, inwieweit das Internet die klassischen Kanäle wie Call-Center und den persönlichen Kontakt ersetzen wird. Unter anderem hat die Dotcom-Krise gezeigt, wie schwierig es ist, ein erfolgreiches Geschäftsmodell zu entwickeln, das ausschließlich auf dem Kontaktkanal Internet basiert. Die Kunden erwarten einen einheitlichen Unternehmensauftritt über mehrere Kontaktkanäle hinweg. Die neuen elektronischen Kanäle kommen also zu den bisherigen dazu und erhöhen die Komplexität der Integration.

Um diese erhöhte Komplexität beherrschen zu können, muss zunächst eine Kanalstrategie entwickelt werden. Die Strategie stimmt die Kundenwünsche und die eigenen Fähigkeiten miteinander ab, um zu einem effektiven Kanalangebot zu kommen. Die Kanalstrategie wird dabei von mehreren Faktoren beeinflusst. Sie berücksichtigt das Verhalten der Kunden, das Kanalangebot der Wettbewerber, die Performance und Kosten der unterschiedlichen Kanäle, die internen Möglichkeiten und nicht zuletzt die Positionierung der eigenen Produkte und Dienstleistungen.

Die Aufgabenstellung der Kanalstrategie ist es, die Vielzahl der Kombinationen von Informationsaustausch und Transaktionsabwicklungen mit den Kunden zu strukturieren und zu optimieren. So soll z.B. die Auftragsannahme möglichst einheitlich mit einem Standardprozess abgewickelt werden, gleich ob der Kunde den Auftrag telefonisch im Call-Center, direkt dem Außendienstmitarbeiter oder elektronisch im Internet erteilt. Ziel ist es, den Auftrag möglichst schnell in die Standardabwicklung zu überführen, in der nicht mehr nach der Art der ursprünglichen Auftragserteilung unterschieden wird. Dafür müssen alle Möglichkeiten der Auftragsannahme strukturiert und entsprechend im Prozess berücksichtigt werden. Eine bewährte Struktur für die Definition von Kanälen ist die Aufteilung in Kontaktpunkt, Funktion und Medium wie in Abbildung 2-5 dargestellt.

Strukturelemente des Kanalmanagements

Die wesentlichen Strukturelemente eines Kanals sind der Kontaktpunkt, die Funktion und das Medium

Kontaktpunkt	Funktion	Medium
Kundenservice-Center	Allgemein: Informationsaustausch Transaktionsabwicklung	Persönliches Gespräch
Außendienst		Telefon
Account Management	Kundenindividuell Informationsaustausch Transaktionsabwicklung	Fax
Servicetechniker		Brief
Internet		Internet
etc.		etc.

Unternehmen — Kunde

Eine Interaktion zwischen Kunde und Unternehmen wird durch eine Kombination der Strukturelemente definiert

Abb. 2-5: Strukturelemente des Kanalmanagements

Zunächst legt man fest, welche internen Kontaktpunkte zu den Kunden bestehen. Sie lassen sich meistens durch organisatorische Einheiten festlegen wie z.B. das Kundenservice-Center, der Außendienst oder die Servicetechniker. Bei der Analyse der internen Kontaktpunkte wird man meistens feststellen, dass viele nicht integrierte Kontaktpunkte bestehen, die Kontakt zu denselben Kunden haben aber keine Informationen untereinander austauschen. Deshalb ist eine sorgfältige Analyse der bestehenden und die Definition der in Zukunft angestrebten Kontaktpunkte für die einzelnen Kundengruppen die Voraussetzung für ein integriertes Kanalmanagement und CRM.

Im zweiten Schritt wird definiert, welche Funktionen die einzelnen Kontaktpunkte anbieten. Diese Funktionen lassen sich in mehrere Gruppen einteilen. Zunächst gibt es den allgemeinen Informationsaustausch. Beispiele hierfür sind die Verteilung von Katalogen oder die Bereitstellung von Informationen über das eigene Unternehmen im Internet. Diese Gruppe verursacht den geringsten Aufwand und lässt sich somit relativ schnell und unkompliziert realisieren. Die nächste Gruppe ist die allgemeine Transaktionsabwicklung. Beispiele können die telefonische Auftragsannahme im Call-Center oder die Bestellung im Internet sein, bei denen keine kundenspezifischen Informationen bei der Auftragserfassung berücksichtig werden, das heißt, alle Aufträge mit den gleichen Konditionen abgewickelt werden. In der nächsten Stufe werden der Informationsaustausch und die Transaktionen kundenindividuell abgewickelt. Der Kunde bekommt z.B. nur die Informationen über-

Prinzipien der CRM-Strategieentwicklung

mittelt, die aufgrund seines Profils für ihn relevant sind. Das führt zu einer gezielteren Ansprache des Kunden und damit zu einer höheren Effektivität der Kundenansprache. Die kundenindividuelle Transaktionsabwicklung berücksichtigt z.B. individuelle Preise und Vertragskonditionen. Sie benötigt deshalb die größte Informationsmenge über den Kunden und stellt besondere Herausforderungen an die Datenintegration und technische Unterstützung des Kontaktpunktes.

Zuletzt ist noch festzulegen, welche Medien für die einzelnen Funktionen und Kontaktpunkte angeboten werden. Soll z.B. die Auftragsannahme in Kundenservice-Center nur über Telefon oder auch über Fax und E-Mail möglich sein? Wichtig ist, dass jedes angebotene Medium möglichst ohne manuelle Schnittstellen in die Prozesse integriert ist. Die Auftragsannahme im Internet bringt nur bedingt Nutzen, wenn der vom Kunden eingegebene Auftrag ausgedruckt und von Hand in das Abwicklungssystem eingegeben wird. Dieser Prozessablauf ist gegebenenfalls als Provisorium für eine schnelle Einführung eines neuen Kanals tauglich, sollte aber bei Ausbau des Kanals automatisiert werden.

Ein oft gebrauchtes Bild von CRM ist der globale Tante Emma Laden. Die Kunden erhalten eine persönliche Ansprache und Empfehlungen wie damals von Tante Emma. Dieses geschieht aber global und für eine hohe Anzahl von Kunden. Um dieses Bild erreichen zu können, ist die Personalisierung der Kontaktkanäle notwendige Voraussetzung. Kundenindividuelle Preise, Serviceleistungen, Produkte und Inhalte über mehrere Kanäle anzubieten ist somit das Ziel des Kanalmanagements.

Das Kanalmanagement bildet auch eine Brücke zum Unternehmenscontrolling. Wenn alle Kanäle definiert und implementiert sind, müssen kontinuierlich Kosten und Umsätze der Kanäle gegen vorgegebene Zielwerte überprüft werden um sicherzustellen, dass jeder Kanal profitabel arbeitet.

2.1.5 CRM Vision, Leitbild und Strategie

Die Umsetzung von CRM geht weit über die Implementierung eines CRM-Systems hinaus. Nachhaltigen Erfolg schafft nur die Berücksichtigung von CRM bereits in der Unternehmensstrategie. Die Strategieentwicklung wird dabei über die CRM Vision und das CRM Leitbild abgeleitet.

CRM Vision – Leitbild – Strategie

CRM Vision, Leitbild und Strategie eines Unternehmens beschreiben die zukünftigen CRM-Fähigkeiten und den Weg zu ihrer Umsetzung	**CRM Vision** Bild des Unternehmens in 5 - 10 Jahren Beschreibt die zukünftigen CRM-Fähigkeiten Ist die Basis für Strategieentwicklung Soll-Aktivitäten anstoßen, durch die das Bild **Realität** wird	**Leitbild** Werte des Unternehmens Kennzeichnet die Einstellung zu den Interessengruppen Kunden Mitarbeiter Anteilseigner Öffentlichkeit "Leitplanken" auf dem Weg	**Strategie** Führung des Unternehmens über längere Zeiträume Zielt auf fortwährende Schaffung von Wettbewerbsvorteilen Beschreibt den Weg zu den CRM-Fähigkeiten Ist logisch abgeleitet
	Künftige Positionierung des Unternehmens	Orientierung Kultur Klima	Was? Womit? Warum? Wieviel? Wo?

Abb. 2-6: CRM Vision – Leitbild – Strategie

Die CRM Vision ist das Bild des Unternehmens in 5-10 Jahren. Sie ist eine Beschreibung der zukünftigen CRM-Fähigkeiten und bezieht sich auf die in diesem Kapitel angesprochenen Grundprinzipien

- ❑ des Integrierten Kundeninformationsmanagements,
- ❑ der Maximierung des Kundenlebenswertes,
- ❑ der Steigerung der Kundenzufriedenheit und
- ❑ des Multi-Channel Managements.

Basis für die Visionsentwicklung ist ein klares Verständnis der heutigen Situation. Wie sind die CRM-Fähigkeiten ausgeprägt und wo liegen die größten Schwachstellen. Diese Analyse kann anhand von wenigen Interviews und Workshops kurzfristig durchgeführt werden. Der Vergleich mit Best-Practices in der eigenen und anderen Industrien ergibt ein hilfreiches Bild der eigenen Fähigkeiten. Im nächsten Schritt wird dann festgelegt, welche Fähigkeiten in Zukunft erworben werden sollen. Die einzelnen Fähigkeiten werden priorisiert anhand des Return on Investment, möglichen Umsatzsteigerungen, Kosteneinsparungen und Wettbewerbsvorteilen.

Das Leitbild beschreibt die Kultur im Unternehmen. Es kennzeichnet die Einstellung gegenüber den Kunden, aber auch gegenüber anderen Interessengruppen wie Mitarbeiter, Anteilseignern und der Öffentlichkeit. Die CRM-Prinzipien müssen in diesem Leitbild verankert sein, um eine Integration von

Prinzipien der CRM-Strategieentwicklung

CRM in das gesamte Unternehmen zu gewährleisten. Das Leitbild adressiert die konsequente Ausrichtung auf den Kunden und dient als "Leitplanke" auf dem Weg zu der definierten CRM Vision.

Konkrete Umsetzungsschritte werden in der Strategie festgelegt. Die Priorisierung der angestrebten CRM-Fähigkeiten ist die Grundlage für konkrete Umsetzungsprojekte, die die Dimensionen Organisation, Prozesse, IT und Mitarbeiter adressieren. Die Organisation wird nach den Bedürfnissen und Werten der Kundensegmente ausgerichtet. Häufig wird hier der Wandel von der produktorientierten zu der kundenorientierten Organisation vollzogen. Die kundenorientierte Organisation ermöglicht die schnelle Anpassung an wechselnde Kundenbedürfnisse. Die CRM Prozesse wie z.B. Marktsegmentierung, Kampagnenmanagement oder Opportunity Management werden einheitlich und unternehmensübergreifend definiert und durch integrierte Informationssysteme unterstützt. Diese Maßnahmen werden durch kontinuierliche Schulungen der Mitarbeiter flankiert, die wiederum in einem umfassenden Konzept für Change Management eingebunden sind.

2.1.6 Fazit

Der weltweite Wettbewerb nimmt weiter zu und wird auch für mittelständische Unternehmen immer härter. Im Gegensatz zu großen Konzernen verfügen diese aber im allgemeinen nicht über ausreichend Ressourcen, um sich teuere Investitionen in CRM-Projekte leisten zu können, die bei falscher Vorgehensweise nicht die gewünschte Ergebnisverbesserung bringen. Andererseits zeichnet sich der Mittelstand durch eine geringere Arbeitsteilung, niedrigere Hierarchisierung und eine größere Nähe zum Kunden aus. Gerade im Mittelstand ist es deshalb wichtig, CRM als Unternehmensstrategie zu sehen und höchste Aufmerksamkeit zukommen zu lassen.

Dieses Kapitel hat die grundlegenden Prinzipien aufgezeigt, die bei der Entwicklung einer CRM-Strategie berücksichtigt werden müssen. Es soll ein erster Anstoß für die Bestandsaufnahme in Ihrem Unternehmen sein und Ihnen helfen, bei aller notwendigen Detailarbeit nicht den letztlichen Zweck und den Nutzen von CRM aus den Augen zu verlieren.

2.2 Kundenteams - Kundenbetreuung im Team
(von Dr. Angelika Förster)

Warum ist Teamarbeit im Hinblick auf CRM erforderlich?

Ein Kunde nimmt den Kontakt mit einem Mitarbeiter auf, dessen Email-Adresse oder Telefonnummer er von vorigen Kontakten oder der Web-Präsenz des Unternehmens kennt. Auf seine Email erhält er eine automatisierte Abwesenheitsmeldung ohne Angabe einer Vertretung. Schlimmer noch - auf einen weiteren Kontakt oder Anruf hin, erhält er vom vertretenden Mitarbeiter die Information, dass er weder dafür zuständig ist, noch über den Vorgang informiert ist und sich leider auch nicht informieren kann, da er nicht auf die notwendigen elektronischen Dokumente zugreifen kann (z.B. hat sein Kollege versehentlich den E-Mail-Account nicht freigegeben oder es existiert keine Möglichkeit, die notwendigen Kundeninformationen automatisiert zu finden).

Was früher in überschaubaren Dimensionen funktionierte - die von Sekretariat bzw. Assistenz zentral gepflegte, hierarchische "Ablage", gestaltet sich in der vernetzten Wirtschaft oft als wenig kundenfreundlich. Wurden wichtige Vorgänge nach einigem Suchen wenigstens gefunden, pflegen Mitarbeiter, die zwar im Rahmen ihrer Ausbildung in IT-Fragen hohes Anwendungswissen erworben haben, jedoch Teamarbeit und Zusammenarbeit wenig gewohnt sind, zunächst ihren Bereichsegoismus und investieren wenig voraus schauende Bemühungen in die Frage, wie denn Kollegen im Falle ihrer Abwesenheit an die von ihnen zuletzt bearbeiteten Informationen kommen. Und dies, obwohl ausreichend IT-Lösungen im eigenen Hause und Kapazitäten zur Verfügung stehen ("wir haben tolle Kundeninformationssysteme, aber keiner nutzt sie").

Erst nach einiger Zeit beruflicher Erfahrung, schmerzlichen Prozessen der persönlichen Verhaltensänderung mit meist endlosen Diskussionen über die Bring- und Holschuld von Informationen werden solche Probleme schrittweise gelöst. In motivierten Arbeitsumgebungen und kleineren organisatorischen Einheiten werden solche Mängel durch die Mitarbeiter "ausgebügelt", oft unter Tolerierung sub-optimaler Abläufe und hoher Stressbelastung. Da die interne Kultur stimmt, verständigen sich die Mitarbeiter schnell und informell, der Stress wird (noch) toleriert. Aber wehe, die betrieblichen Dimensionen werden größer oder demotivierende Umstände treten ein (z.B. durch Merger, Rezessionsängste). Dann besteht keine Bereitschaft mehr, Information vorausschauend bereitzustellen und die zahlreichen organisatorischen Mängel durch persönliches, flexibles Verhalten auszugleichen.

Häufig ist zu beobachten, dass Unternehmen zwar kundenbasierte Informationssysteme einsetzen, die Informationsbasis, auf die sie zugreifen, jedoch nicht integriert ist und keine straffen Abläufe existieren. Die größten Ineffizienzen resultieren aber aus dem Umstand, dass Abteilungen sich voneinander abschotten und Mitarbeiter und Führungskräfte nicht im übergeordneten Unternehmensinteresse miteinander kooperieren. Wie können solche verhaltensbedingten, kundenfeindlichen "Pannen" vermieden und Lernprozesse bei den Mitarbeitern eingeleitet werden, die an der wichtigen Nahtstelle zum Kunden arbeiten? Ein Lösungsansatz besteht im Einsatz Internet-basierter Technologien bzw. CRM-Tools. Dabei erhöht sich aber meistens auch die Anzahl der Mitarbeiter mit direktem Kundenkontakt in einem Unternehmen. Kunden haben heute Kontakte zu mehreren Mitarbeitern aus verschiedenen Abteilungen, auch in bisher vor dem direkten Kundenzugriff geschützten Bereichen wie Entwicklung und Verwaltung.

Unter CRM wird die Entwicklung integrierter Konzepte für Optimierung von Kundenbeziehungen verstanden, die durch entsprechende IT-Tools (Software) unterstützt werden und hauptsächlich die klassischen Bereiche mit dem höchstem Kundenkontakt wie Vertrieb, Kundendienst/Service und Marketing einbinden.

In einem umfassenden Sinn sollte CRM jedoch eher als eine Philosophie zur optimalen Kundenbearbeitung bei komplexen Beziehungsgeflechten verstanden werden, die eine einheitliche Steuerung aller Austauschprozesse eines Unternehmens mit seinen Kunden beinhaltet und dabei moderne Informations- und Kommunikationstechnologien einsetzt. Dieser ganzheitliche Ansatz besteht aus drei Komponenten: der Management-Ebene, der Informationsebene und der IT-Systemebene.

In diesem Beitrag soll vor allem die Management-Ebene betrachtet werden. Sie umfasst eher die "soft-skill"-relevanten Fragen dieses Ansatzes und hierzu zählt u.a. die Implementierung von klaren Kundenverantwortlichkeiten im Unternehmen, die Erstellung von Abstimmungsregeln, die Entwicklung von Kundenbearbeitungsinstrumenten und die Organisation der Mitarbeiter.

Als sinnvoll hat sich dabei die Etablierung spezieller Kunden(bearbeitungs)teams, besonders in den kontaktintensiven Bereichen Vertrieb, Service, Marketing oder in Customer Care oder Customer Integration Centern erwiesen. Da CRM in dieser ganzheitlichen Sicht eine übergreifende Sichtweise auf den Kunden ermöglicht, der langfristig an das Unternehmen gebunden werden soll, müssen auch abteilungsübergreifende Kontakte zum Kunden abgestimmt bzw. organisiert werden, ohne dass eine mehr oder weniger formale Teambildung erfolgt.

2.2.1 Wie werden (erfolgreiche) Teams gebildet, entwickelt und geführt?

Wenn Mitarbeiter nicht vorausschauend kooperieren, Abteilungen sich abschotten und Informationen nicht geteilt werden, äußert sich dies im Kundenkontakt oft in einem "Nicht-zuständig-Syndrom" unmotivierter oder gereizter Mitarbeiter. Leider wird der Lösung solcher Einstellungs- bzw. verhaltensbedingter Fragen meist nicht ausreichend Zeit und Energie gewidmet – es sei denn, Leistungsverluste sind bereits in hohem Maße eingetreten.

Im folgenden sollen daher wichtige Aspekte für die Neubildung von Kundenteams erörtert werden. Dabei wird vorausgesetzt, dass die strukturellen und administrativen Rahmenbedingungen für Teamarbeit erfüllt sind: Das Team ist mit den erforderlichen Ressourcen, der notwendigen Verantwortung und angemessenen Entlohnungskriterien für Teamarbeit ausgestattet. In diesem Fall kann die Bildung von Teams unter dem Blickwinkel von "soft-skill"-Aspekten beantwortet werden.

Leider gibt es hierzu keine einfache Lösung, kein Motivations-"Tool" oder Führungsseminar, sondern jedes Team muss sich diesen Leistungsgrad und die dazugehörige Kultur in einem eigenen, manchmal auch mühsamen Teambildungsprozess selbst erarbeiten.

Antizipatives Verhalten ist im hohem Maße von der Leistungsmotivation jedes einzelnen Teammitglieds und der Teamkultur insgesamt abhängig. Ein Nachteil bei der Betrachtung von Leistungsmotivation ist, dass oft nur Teilaspekte einer komplexen Leistungssituation betrachtet werden, in der sich einzelne Teammitglieder (und nicht etwa das Team) befinden. Zum Beispiel wird völlig isoliert, facettenartig nur die Persönlichkeit oder Motivation des Teamleaders, einzelner Mitarbeiter oder von den aufgabenbezogenen Aspekten losgelöst nur die IT- bzw. Organisationsstruktur hinterfragt.

Kundenteams - Kundenbetreuung im Team

Erschwerend kommt hinzu, dass die Motivationsforschung eine Vielfalt von Ansätzen aufweist und sich die Personalentwicklung in vielen Unternehmen einseitig auf Aspekte der (bisher ergebnislosen) persönlichkeitspsychologischen Forschung und Individual-Pädagogik konzentriert. Diese Fragestellungen sind jedoch, was die Analyse von Teamleistungen anbetrifft, nicht zielführend. Ein Negativbeispiel sind die zahlreichen, standardisierten Audits bzw. Assessments, die selten praxisrelevante Teamsituationen abbilden.

Zielführender, wenngleich komplexer sind Betrachtungen, welche die Leistungssituation erfolgreicher Teams behandeln (handlungspsychologischer Ansatz). Beobachtungen aus der Unternehmenspraxis bzw. zahlreichen Team-Coaching-Projekten können zur Beantwortung dieser Frage ebenfalls hilfreich sein.

Anstatt zu fragen, wie ein Team bzw. einzelne Teammitglieder "zu motivieren" und damit zu führen sind, lautet die Frage: Was zeichnet Mitarbeiter-Teams aus, die im beruflichen Kontext langfristig und motiviert die erforderlichen Serviceleistungen für die Kunden erbringen und in diesem Zusammenhang geschäftsrelevante Informationen über Kunden vorausschauend teilen bzw. managen? Was lässt sich daraus für die Bildung von Kundenteams, z.B. im Rahmen von CRM, ableiten?

Teambildung erfordert Training

Antizipatives Verhalten bedeutet, sich mit den Kundenfragen und Problemen zu beschäftigen, bevor sie den Schreibtisch erreichen. Es ist um so wichtiger, je enger der Kundenkontakt und je schneller die Reaktionszeiten sind. Mitarbeiter, die sich nicht abstimmen, verprellen Kunden. Teams, Abteilungen und Bereiche im Unternehmen, die dieses Verhalten nicht gelernt haben, verharren in gegenseitigen Schuldzuweisungen, klagen Zuständigkeiten ein, die nicht eingehalten wurden und sind sehr stark auf innere Missstände konzentriert anstatt auf den Kunden. Dies ist oft beobachtbar, wenn Teams schnell und ohne Training aus unterschiedlichen Bereichen "zusammengewürfelt" wurden (z.B. bei Merger).

Obwohl die so entstandenen neuen Teams meist eine sehr gute IT- und Kommunikationsausstattung mitbekommen, fehlt intern das Verständnis und die Bereitschaft zur Zusammenarbeit. Genau an diesem, zugegebenermaßen schweren, weil auf den ersten Blick auf "weichen", nicht so eindeutig identifizierbaren Faktoren beruhenden Punkt enden viele Bemühungen zur Zusammenführung von Teams. Für die Bildung von Kundenteams ist daher wichtig, dass sie so früh wie möglich - nicht erst wenn sich ein destruktives

Verhalten bereits eingeschliffen hat - über diese Fragen in Team-Trainings reflektieren. Die täglichen Begegnungen im Arbeitsumfeld genügen in serviceintensiven Bereichen mit hohem Kundenkontakt (z.B. Customer Information Center) allenfalls für die Lösung außergewöhnlicher Anfragen und drängender Probleme. Um zu analysieren, was die Teamkollegen an geschäftsrelevanten Informationen benötigen, welche Prioritäten diese Informationen haben, wie der Austausch organisiert wird und welches destruktive Verhalten dabei abgelegt werden muss, braucht das Team zunächst etwas Distanz vom aktuellen Geschehen.

Ein Vorteil von intensiv trainierten Kundenteams ist, dass Belastungen durch Kundenanfragen (z.B. Beschwerden) im Team langfristig besser abgefangen werden können als durch andere Organisationsformen. Kunden neigen dazu, Mängel an Servicedienstleistungen nicht einem anonymen System (CRM-Software, Website) zuzuschreiben - selbst wenn ein technischer Defekt die offensichtliche Ursache wäre - sondern sie wollen ihren Ärger stets mit Personen verbinden. Bei trainierten Teams sorgen die Teammitglieder für ein partnerschaftliches "naives Coaching", wenn sich diese Belastungen intensivieren.

Umgekehrt gilt, dass wenn Kundenteams dauerhaft "überlastet" oder "verheizt" wurden, z.B. durch unrealistische Taktzeiten der Servicehotline gepaart mit Führungsfehlern, sie sich auch als Team in eine Verweigerungshaltung begeben ("durchklingeln lassen"), die nur schwer korrigiert werden kann. Auch Coaching kann dann nur bedingt helfen, allenfalls für eine klare Darstellung der Situation sorgen und die Auflösung sowie Neubildung des Teams effektiver gestalten.

Teams müssen sich aufgabenbezogen organisieren

Teamarbeit erfordert die Bereitschaft, alle wichtigen Informationen, Ressourcen und Entscheidungen innerhalb des Teams zu teilen. Es bedeutet jedoch nicht, alle Informationen zu teilen, alles gemeinsam zu beschließen oder zu besprechen und sich gegenüber anderen Bereichen des Unternehmens abzuschotten. Es ist in vielen Unternehmen nur wenig bekannt, wie uneffektiv Teamarbeit werden kann, wenn die spezifische Kommunikation bzw. Organisation nicht von vornherein berücksichtigt wird. Eine Teamstruktur zur Bearbeitung von Aufgaben kann intern durchaus heterogen sein (Delegation an Einzelne, Externe, Subteams). Wichtig ist, dass diese Teilstrukturen des Teams das notwendige Maß an Informationsweitergabe für das gesamte Team pflegen und eine vorausschauende Informationskultur etabliert wird.

Den Bemühungen, die geeigneten Informationsstrukturen, Besprechungen und unterstützende IT-Tools zu bestimmen, sollte daher von Anfang an bei der Teambildung eine hohe Priorität zuteil werden. Es ist sehr demotivierend für die Teammitglieder, wenn sie in der ersten Team-Euphorie zwar alles gemeinsam angehen, aber dann erfahren, dass sie mit ihren eigentlichen Aufgaben nicht und vor allem zu langsam weiterkommen.

Die interne und externe Teamorganisation und deren Verantwortlichkeit (z.B. die Betreuung der Nahtstellen) muss sich jedes Team bedarfsgerecht erarbeiten. Dazu sollten möglichst geschäftsrelevante Aufgaben im Team bearbeitet werden. Planspiele, Motivationsveranstaltungen oder dozentenzentrierte Seminare sind dafür weniger geeignet.

Mitarbeiter im Servicebereich sind neben der zumeist hohen zeitlichen Belastung auch einem spezifischen Stress unmittelbar ausgesetzt. Sie werden geradezu "sauer", wenn bei angesichts drängender Organisations- und Kommunikationsfragen die wertvolle Zeit einer Teamzusammenkunft mit unspezifischen Veranstaltungen oder oberflächlichen Maßnahmen zur Vertrauensbildung (z.B. Feuerlaufen, outdoor-Training) vergeudet wird.

Teams haben eine kompetitive Kultur

Gute Teams beziehen ihre Motivation aus der Tatsache, dass eine eigene berufliche Leistung erbracht und anerkannt wird und weniger aus der Marken- oder Firmenidentität, after-work parties, Betriebsausflügen und teuren Events. Dabei ist das Teamklima durchaus auf internen Wettbewerb eingestellt, es existieren Binnenkonflikte und es herrscht möglichst eine offene Gesprächs- bzw. Feedbackkultur, in der Konflikte ausgetragen und nicht verdrängt werden.

Dieser interne Wettbewerb wird durch eine starke Vertrauenskultur mit Teamregeln aufgefangen, auf die sich Teammitglieder und Teamleiter in entscheidenden Fragen verlassen können. Sie zeichnet sich u.a. dadurch aus, dass die negative Variante der Sozialkompetenz (Reden über Abwesende, Anschwärzen von Teammitgliedern, demotivierende Parolen) fehlt. Der Aufbau einer Vertrauenskultur, der von rein IT-getriebenen Ansätzen meist vernachlässigt wird, spart jedoch am Ende viel Zeit. Werden Teamregeln eingehalten, wird Zeit für Kontrolle eingespart (z.B. muss nicht jeder an Teammeetings teilnehmen, der Aufwand für Reporting sinkt). Gerade in Zeiten, in denen sich Märkte dynamisch entwickeln und die Kunden hohe Ansprüche an die Schnelligkeit und Qualität von Serviceleistungen stellen, ist dies wichtig.

Kompetitive Teams erfordern im normalen Umfeld (nicht in Krisen) keine "Harmoniekultur". Letztere entwickelt sich, wenn Teammitglieder lange Zeit zusammenarbeiten, in dieser Zeit keine neuen Mitglieder hinzugekommen sind oder wenn despotische Chefs die kulturelle Ausrichtung bestimmten (z.B. keine Widersprüche duldeten). Die Harmoniekultur birgt die Gefahr, die Aufmerksamkeit nach innen zu richten, weg von der Konkurrenz und dem Kunden. Teammitglieder, die sich nicht einordnen wollen, werden intensiv beobachtet und als "innere Feinde" bekämpft. Die eigene Leistung wird überschätzt, die Zugehörigkeit zum Unternehmen bzw. Team ähnelt einem "Kult" der kollektiven Selbstüberschätzung.

Die Einstellung, dass Teams etwas mit "Harmonie" oder "Gleichklang" zu tun haben, führt zu einer Konfliktvermeidungskultur und zu den erwähnten Ineffizienzen. Arbeiten und Besprechungen werden immer in zu großer Runde erledigt, es erfolgen viele und ausufernde Abstimmungen im Team, anstatt dass einzelne Teammitglieder ermächtigt werden, wichtige und zeitkritische Aufgabe auch einmal alleine oder in einer kleineren Gruppe "durchzuziehen".

Teams haben eine Zielorientierung

Einer der Erfolgsfaktoren von Teams ist die gemeinsame Zielorientierung. Motivierte Teams warten aber nicht passiv auf Zielvorgaben von der Teamleitung oder Geschäftsführung, sie erarbeiten sich diese im ständigen Abgleich mit der Teamführung und sind, da die Aufmerksamkeit auch nach außen gerichtet ist, dabei realitäts- bzw. und kundennah. Sie erwarten von der Teamleitung strategische Übersicht, Korrektive und jede mögliche Hilfestellung für ihre Entscheidungsfindung. Zielvorgaben sind daher eher als Grenzbedingungen und Zielkorridore formuliert, nicht aber in Form starrer Beschreibungen oder Verhaltenskataloge. Feste Vorgaben lassen sich allenfalls in Bereichen mit wenig Veränderungsdynamik erfüllen, jedoch nicht mit der kundenspezifischen Dynamik serviceintensiver Tätigkeitsfelder vereinbaren. Sehr aufschlussreich ist es, die seitenlangen formalisierten Anleitungen zur Durchführung von Zielvereinbarungsgesprächen in manchen Unternehmen mit der "hands-on" Vorgehensweise von am Markt wach agierenden und sehr kundenorientierten mittelständischen Unternehmen zu vergleichen.

Teams haben "dezente" Teamleiter

Je ausgebildeter und leistungsfähiger die Teammitglieder sind, je mehr Dienstleistungsorientierung im Tätigkeitsfeld notwendig ist, desto mehr führt ein Teamleiter individuell: Führung von Individuen im Teamkonsens ist heute eine große, manchmal auch äußerst paradoxe Herausforderung. Sie erfordert Know-how im Bereich Organisation und Coaching, wobei er oder sie in erster Linie immer führt und weniger, bzw. nur in Ausnahmen (selbst) coacht.

Je höher das skill-setting und die Leistung der Teammitglieder, desto eher ist der Teamleiter strategischer "leader" und professioneller Organisator für das Team - aber abgesehen von Ausnahmesituationen und spezifischen Krisen stellt er seine persönliche Rolle im Team zurück und ist weniger der auffallende "Motivator" und "Charismatiker". Er ermöglicht dem Team, die Leistung zu bringen und ist in dieser Rolle vom Team anerkannt. Dazu gehört umgekehrt auch, dass die Rolle des Teamleiters bei einem zeitweisen Leistungstief oder einer Fehlentscheidung nicht sofort in Frage gestellt wird.

Dem Teamleiter kommt in der Balance von Wettbewerb im Team und Vertrauenskultur eine wichtige Steuerungsfunktion zu. Wenn er einseitig die kompetitiven Elemente "schürt", ohne auf den Aufbau einer Vertrauenskultur mit dem entsprechenden Teamklima Wert zu legen, kommt es zu kannibalisierenden Effekten. Er sollte bereits bei einer Teambildung darauf achten, dass sich die Teammitglieder Feedback-Techniken und professionelles Konfliktmanagement aneignen, damit Auseinandersetzungen im Team nicht zu destruktiv, persönlich und unkontrolliert geführt werden. In diesem Zusammenhang hat es sich bewährt, in einem Team interne Mediatoren auszubilden.

Es ist sicherlich vorteilhaft, wenn ein Teamleiter Erfahrung in Führungsfragen besitzt und über ein gutes "standing" intern und extern verfügt. Das wertet Teams auf und ermöglicht vor allem bei internen und externen Konflikten einen hohen Durchsetzungsgrad. Teams können gute Leistungen zwar kaum mit einem schlechten Leiter, durchaus aber mit weniger erfahrenen oder herausragenden Teamleitern erreichen - sie müssen sich nur angemessen organisieren.

In vielen Servicebereichen bleibt heute gar keine andere Möglichkeit, als dass Teams ihren Entwicklungsprozess selbst vorantreiben - es stehen einfach zu wenig (erfahrene) Führungskräfte zur Verfügung. Ferner wird die Frage nach Teamleitern (die meistens fachliche Experten und Leistungsträger sein sollen) meist immer nur aus einem Blickwinkel gestellt ("wer soll Teamleader werden"?). Dabei zeigt sich zunehmend, dass gute Führungskräfte die Positionsfrage anders stellen, denn der Gehaltssprung und die Anerkennung, die sie in der neuen Position erhalten, stehen in keinem Verhältnis zu dem Arbeitspensum, Stress, zeitlichen Verplantheit und dem schlechten Teamzustand, den sie mit der neuen Aufgabe meist übernehmen. Sie suchen sich "ihr" Team, das sie führen wollen und für das sie sich zeitlich enorm einbringen aus und nicht umgekehrt ("was erwarte ich von meinem Team?"). Viele Teams in Unternehmen müssen ernsthaft an sich arbeiten, bevor sie für gute Leiter attraktiv sind. Zu vielfältig und zugänglich sind heute für Top-Leister die beruflichen Alternativen außerhalb von klassischen Karrierestationen in Unternehmen.

Teams müssen offen für Neues bleiben

Kompetitive Teams zeichnen sich dadurch aus, dass sie neue Ansätze und andersartige Talente offen aufnehmen, ja geradezu neugierig darauf sind. Sie haben gelernt unterschiedlichstes Know-how und die verschiedensten Kompetenzen der Teammitglieder für geschäftsrelevante Aufgaben zu bündeln. Sie versuchen auch nicht krampfhaft die "Neuen" in eine gleichmacherische "Teamdenke" einzuordnen. Hier kommt dem Teamleiter zum einen eine große Vorbildwirkung zu, außerdem muss er das Teamverhalten ggf. korrigieren und massiv eingreifen, da bereits etablierte Teams nach einiger Zeit ohne Verhaltenskorrektur oder Feedback zur "Ausgrenzung" neigen.

Gerade Serviceteams können es sich nicht leisten, rigide Verhaltensstandards und Verhaltensnormen für Teammitglieder zu pflegen. Weitere Möglichkeiten, eine solche Entwicklung zu korrigieren sind z.B. der Einsatz externer Coaches, die Konfrontation mit anderen Serviceteams aus einer anderen Branche und wenn alles nichts hilft, ein personeller Austausch einzelner Teammitglieder durch den Teamleiter.

Teams sind ein "Orchester"

Typisch für gute Teams ist, dass alle im Team ihre größtmögliche Leistung und einen speziellen Beitrag (Rolle, Spezialwissen) erbringen können. Gute Teams ermöglichen es allen im Team, ihre maximale Leistung einzubringen. Sie erreichen das durch eine optimale Gestaltung der Rollen, der internen Prozesse und Strukturen. Dies erfordert Training, emotionale Teamintelligenz und eine spezifische Teamdisziplin, auf deren Einhaltung der Teamleiter Wert legen muss.

Es ist ein weit verbreiteter Irrtum, dass gute Teams vor allem durch die Bündelung von Top-Talenten oder die Kraftakte einzelner Potenzialträger ("stars") entstehen. Sicherlich sind in jedem Team einige Leistungsträger notwendig, aber entscheidend für die Teamleistung ist nicht die Anzahl der Top-Leister bzw. Talente sondern die Organisation und Abstimmung des gesamten Systems (die "Team-Choreografie").

Gerade "hidden champions" im Mittelstand verstehen es im Vergleich zu Großunternehmen bei Mitarbeitern an den Nahtstellen zum Kunden durch eine gute Abstimmung der Teammitglieder eine vergleichsweise höhere Service- und Kundenorientierung aufzubauen, obwohl sie meist nicht die Gehälter für Top-Talente zahlen (können).

2.2.2 Empfehlungen

Sicherlich finden sich in jedem Unternehmen einzelne Mitarbeiter oder Mitarbeitergruppen, die kundenorientiert denken und handeln. Vergleichsweise selten und daher eine hohe Herausforderung für die Unternehmensführung ist es, ganze Abteilungen, Servicebereiche bzw. Teams für eine vorausschauende Kundenorientierung und Zusammenarbeit zu gewinnen bzw. zu entwickeln. Welche Aspekte dies umfasst, konnte in den vorigen Kapiteln erläutert werden. Diese Ausführungen sollen um einige Empfehlungen aus zahlreichen Team-Coaching-Projekten ergänzt werden.

Team-Trainings sollten anfangs alle drei Monate stattfinden, dann ist eine Verlängerung auf halbjährliche Trainings möglich. Damit sie effizient sind, müssen alle Teamarbeiten detailliert geplant werden. Die Durchführung erfordert hohe Organisations- und Moderationskompetenz. Coaches oder Trainer, die neben ihrer fachlichen Ausbildung auch Erfahrung in Teamorganisation haben, sind dazu sehr geeignet (z.B. in der Jugendarbeit oder im Sport tätig waren). Ansonsten resultieren endlose Besprechungen oder allenfalls ein interessanter Aufenthalt mit den Teamkollegen aus der Veranstaltung.

In Team-Trainings sollten immer erst die drängenden Themen bearbeitet werden. Das sind Themen zur internen Organisation / Kommunikation, zur (neuen) Positionierung im Unternehmen (Nahtstellen). Wenn diese Veranstaltungen für persönliche Begegnung und Austausch der Teammitglieder genutzt werden, wirken sie positiv auf das Teamklima. Jedoch sollte auch ein (informelles) Rahmenprogramm professionell organisiert sein, sonst tauschen sich meistens nur die Teammitglieder miteinander aus, die sich bereits kennen oder schon zusammenarbeiten.

Ein Kernteam, das personell aufgestockt wird, sollte vorab in den Entscheidungsprozess miteinbezogen werden. Denn spätere Schuldzuweisungen, warum die Zusammenarbeit im Team nicht klappen will, ergeben sich aus der vorigen mangelnden Beteiligung an diesen Entscheidungen. Eine Möglichkeit ist, eine Analyse der gesuchten Teamkompetenzen und Rollen im Team (das "Team-Design") mit dem Team durchzuführen und auf Basis der Ergebnisse und ergänzender Überlegungen neue Teammitglieder zu rekrutieren. Die "Neuen" werden dann geradezu in das Team "hineingezogen", es gibt kaum Integrationsbarrieren und die gemeinsame Leistungsentfaltung erfolgt sehr dynamisch.

In vielen Unternehmen interpretieren Teams es bereits als Merkmal einer Vertrauenskultur, wenn der Umgangston eher locker ist ("da hast Du aber Mist gebaut"). Jedoch gehen sie Probleme nicht nachdrücklich an, verharren beim Ausbruch von Konflikten in Schuldzuweisungen ("wer war verantwortlich?") anstatt Lösungen zu suchen ("was können wir tun?") - also eher ein Zeichen dafür, dass die Teams nicht entwickelt bzw. gut trainiert sind. Umgekehrt kann Vertrauenskultur keineswegs etwa aus "netten" Umgangsformen abgeleitet werden, sondern sollte daran gemessen werden, ob im Team Transparenz über Entscheidungen herrscht, Konflikte konstruktiv ausgetragen werden und sich die Teammitglieder verbindlich an vereinbarte Regeln und Absprachen halten. Der Ton ist dann vielleicht weniger herzlich, dafür weiß aber jedes Teammitglied, woran es ist und was gemeint ist.

Gute Teams zeichnen sich - unabhängig vom branchenspezifischen Umgangston - eher durch Integrität der Teammitglieder und Einhalten von Absprachen aus, anstatt durch persönliche Beziehungen und Nettigkeiten.

Gezielte Team-Coaching-Maßnahmen sind eine Möglichkeit, solche internen, jedoch ineffizienten Vorstellungen bzw. Selbstbilder von Teams durch ein wertvolles (externes) Feedback zu korrigieren.

2.3 Instrumente des Kundenmanagements
(von Prof. Dr. Wilhelm Dangelmaier, Dr. Stefan Helmke und Matthias F. Uebel)

Kundenmanagement bzw. Customer Relationship Management verfolgt das Ziel, die Kundenbearbeitung auf eine neue Qualitätsstufe zu stellen und dafür innovative Serviceleistungen zu schaffen.

Eine erhöhte Kundenzufriedenheit führt zu einer stärkeren Kundenbindung, die ihrerseits den Unternehmenswert positiv beeinflusst. Um dieses Ziel zu erreichen, sind die Ressourcen in Marketing, Vertrieb und Kundenservice fokussiert einzusetzen. Für den Instrumenteneinsatz im Rahmen des Kundenmanagements liefert CRM-Software die entsprechende technologische Unterstützung. Ziel ist es, die Aufgaben im Kundenmanagement schneller und besser zu bewältigen. Das bedeutet, Informationen über Kunden effizienter in der Unternehmensorganisation zu verteilen und sie im Rahmen der Bearbeitung der Kundenbeziehungen zielgerichtet zu nutzen. Dabei gliedert sich das Kundenmanagement in die drei Teilbereiche Kundenneugewinnungsmanagement, Kundenbindungsmanagement und Kundenrückgewinnungsmanagement.

Als Handlungsmaxime des Kundenmanagements lässt sich mit einem Satz zusammenfassen: Wir tun alles, damit ein langfristig profitabler Kunde wieder bei uns bestellt.

Wichtig für den systematischen Einsatz von Instrumenten des Kundenmanagements ist es, diese in einem ganzheitlichen Gesamtzusammenhang zu bringen und dabei die unterschiedlichen Einsatzzielrichtungen zu berücksichtigen (Kapitel 2.3.1.). Darauf aufbauend lassen sich Instrumentengruppen bilden (Kapitel 2.3.2.), die durch CRM-Software unterstützt werden (Kapitel 2.3.3.).

2.3.1 Einsatzziele

Die Einsatzzielrichtungen von Instrumenten des Kundenmanagements sind Effizienzsteigerungen ("die Dinge richtig tun") auf der einen Seite und Effektivitätssteigerungen ("die richtigen Dinge tun") auf der anderen Seite. Dies korrespondiert mit der Forderung nach Maß Customization im Kleinkundengeschäft und der Forderung nach einem One-to-One-Marketing im Großkundengeschäft.

Instrumente mit dem Fokus Effizienzsteigerungen setzen an der Kostenseite und damit an der Wirtschaftlichkeit der Kundenbearbeitung an. Ihr Ziel ist es, die Vertriebskostensituation im Verhältnis zu den erzielten Umsätzen zu verbessern und durch gezieltere Informationsverteilung mehr Kunden mit der zur Verfügung stehenden Kapazität bzw. den bestehenden Kundenstamm in kürzeren Zyklen zu bearbeiten.

Wesentliche Kernbereiche sind hierbei die Vereinfachung der "täglichen" administrativen Arbeit (Prozessoptimierung), die schnellere und umfangreichere Auswertung von Kundendaten sowie die systematische Datenintegration und Verteilung. Die Verbesserung der Informationsprozesse wird derzeit unter Anwendung von Workflow- und Groupwaretechnologie sowie verteilter Kundendatenbanken angegangen. Ziel ist es, Daten nach Möglichkeit automatisiert zwischen den Mitarbeitern zirkulieren zu lassen. Dabei steht im Vordergrund, wie Daten effizient weitergeleitet werden und weniger, welche Daten gezielt zu verteilen sind. Quantität geht bisher meist noch vor Qualität. Kundendatenbanken als Basisinstrument und Herzstück des Kundenmanagements müssen häufig als undifferenzierte Sammelbecken herhalten. Auch unsere Beratungserfahrungen zeigen, dass der Wert einer Kundendatenbank, auf der viele weitere CRM-Instrumente aufbauen, zur Effektivitätssteigerung von den drei folgenden Anforderungen abhängt:

- ❏ Konzentration auf wichtige Informationen und Aussieben der nichtrelevanten Daten
- ❏ Erfassung der Informationen auf Basis vordefinierter Ziele
- ❏ Aktualität der Daten

Werden die entscheidenden Kundendaten nicht herausgefiltert, resultiert daraus eine Informationsflut, die der Vertriebsmitarbeiter nicht mehr effizient verarbeiten kann. Die Effizienz und auch die Effektivität gehen gegen Null, da das System die Akzeptanz verliert und die Informationen keine Anwendung mehr finden. Zudem ist der effektive Nutzen für die Kundenbearbeitung gering, wenn alle Informationen gleich gewichtet sind und keine Priorisierung auf die besonders kaufentscheidenden Informationen erfolgt. Deshalb muss die Erfassung der Informationen auf Basis vordefinierter Ziele, wie z. B. die Kaufverhaltensrelevanz der Information oder die Bedeutung für die Kundenzufriedenheit, erfolgen. Hier besteht erheblicher Entwicklungsbedarf, da aufgrund der einfacheren Erfassung bisher hauptsächlich harte Faktoren, insbesondere demographische Merkmale oder Umsatzdaten der Vergangen-

Instrumente des Kundenmanagements

heit, abgebildet werden. Diese erklären Kaufverhalten und Kundenzufriedenheit aber nicht vollständig.

Eine höhere Effizienz in der Kundenbearbeitung ist zwar wünschenswert, eine Garantie für Mehrumsätze gibt sie aber nicht, da dadurch die inhaltliche Qualität der Kundenbearbeitung noch nicht verbessert ist. Es kann sogar kontraproduktiv wirken, wenn die Zielfunktion der Vertriebsmitarbeiter auf die Anzahl der abgearbeiteten Kundenkontakte ausgelegt wird, so dass die Quantität vor die Qualität der Bearbeitung in Form von Abschlüssen tritt. Deshalb muss in erster Linie die Qualität der Kundenbearbeitung erhöht werden, z. B. durch eine konsequente Ausrichtung an kundenorientierten Zielen wie eben die Kundenzufriedenheit oder durch gezielte Informationsversorgung der Vertriebsmitarbeiter. Kundenmanagement bedeutet damit Investieren in die Kundenbearbeitung, nicht Rationalisieren. Ein höherer Gewinn lässt sich durch aktives Kundenmanagement nur über höhere Umsätze und profitablere Geschäftsbeziehungen realisieren.

An dem Fokus der Erzielung von Mehrumsätzen setzen weitere vielfältige Konzepte zur Effektivitätssteigerung an. Diese sollen über eine differenzierte Betrachtung und Behandlung der Kundenbedürfnisse zu einer gesteigerten Kundenzufriedenheit und damit zu Mehrumsätzen führen.

Dabei ist zu berücksichtigen, dass die mit der Steigerung der Kundenzufriedenheit verursachten Kosten in einem wirtschaftlichen Verhältnis zu den Benefits stehen müssen, die das Unternehmen aus der Kundenbeziehung erwartet. Diese Benefits müssen nicht nur monetärer Art sein. So kann der Imagegewinn, der aus einer hohen Kundenzufriedenheit eines Kunden mit Meinungsführer- oder Multiplikatoreigenschaften resultiert, sogar einen negativen Deckungsbeitrag rechtfertigen. Eine entsprechende Optimierung ist erforderlich. In der rein monetären Perspektive ist zu berücksichtigen, dass hier nicht die aktuellen Kundendeckungsbeiträge, sondern der jeweilige Barwert der langfristig erzielbaren Deckungsbeiträge für die Optimierung der Intensität der Kundenbearbeitung entscheidend ist.

Als wesentliche Instrumentenbereiche für Effektivitätssteigerungen in der Kundenbearbeitung durch CRM sind die Einführung innovativer wertschöpfender Instrumente und Prozesse, die priorisierte Kundenbearbeitung sowie die zielorientierte Erfassung und Auswertung von Kundendaten zu nennen.

Zudem sind die beiden Aspekte, Effizienz- und Effektivitätssteigerungen, nicht vollständig getrennt voneinander zu betrachten, da sich die Erhöhung der Effektivität im Kundenmanagement in zusätzlichen Prozessverbesserungen niederschlagen kann. So können Kundenpotentialanalysen dazu eingesetzt werden, zum einen Angebote zielgerichteter gemäß des jeweiligen Kundenpotentials zu gestalten, zum anderen den jeweils effizientesten Bearbeitungsprozess auszuwählen.

Allgemein setzen die in jüngster Vergangenheit umgesetzten Instrumente im Kundenmanagement im wesentlichen an der Erhöhung der Prozesseffizienz an, weniger an der Verbesserung der Effektivität von Vertrieb und Marketing. Im Vordergrund steht also bisher bei den am Markt erhältlichen Systemen die Optimierung der Informationsverteilung, weniger die Steuerung der Kundenbeziehung auf Basis von Kundeninformationen.

Dieser bisherige Fokus mag historisch begründet sein, da sich die Konzepte des Business Process Reengineering einfacher auf die Kundenbearbeitung übertragen lassen, als völlig neue Instrumente zur Verbesserung der Effektivität zu entwickeln. Zudem führt dies häufig schneller zu meßbaren, unmittelbar ergebniswirksamen Erfolgen in Form von Kosteneinsparungen, während die Verbesserung der Umsatzlage langfristiger angelegt ist. Das führt zu dem Paradoxon, dass der Erfolg von CRM-Systemen bisher in schlechter organisierten Vertriebseinheiten deutlicher wird als in besser organisierten, da dort der Innovationscharakter geringer bewertet wird. Ein Trugschluss wäre es, daraufhin auf CRM-Systeme zu verzichten. Vielmehr sind CRM-Systeme weiterzuentwickeln, um auch die Kundenbearbeitung inhaltlich zu optimieren.

2.3.2 Instrumentengruppen

Instrumente bzw. Maßnahmen des Kundenmanagements ergeben sich für den konkreten Anwendungsfall aus der Kombination einer grundsätzlich zu unterstützenden Aktivität, einem Kanal zur Umsetzung eines Instruments und der Zuordnung zu einer Prozessstufe im Rahmen des Kundenmanagements. Dies verdeutlicht die folgende Abbildung:

Instrumente des Kundenmanagements

	Aktivitäten im CRM-Prozeß:		**Kundenkontaktkanäle/Medien:**
	• Kunden informieren • Kunden terminieren und beraten • Anfragen bearbeiten/Angebot erstellen • Transaktion abwickeln • Beschwerde bearbeiten • Wartung/Reparatur durchführen • Sonstige Serviceaktivitäten	**+**	• Vertriebsmitarbeiter • Internet • Telefon/Call Center • Brief, Fax • E-Mail/Internet

Kundendatenbank — CC-Management (CTI, SBR, ACD), Helpdesk

Maßnahmen im Kundenbearbeitungsprozeß:

Information	Beratung	Abwicklung	After-Sales-Service	prozeßbegleitend
• Personalisiertes Mailing • Web-Auftritt • Versenden von Informationsmaterialien	• Beratungsgespräch • Individualisierte Angebote • Web-Beratungsgenerator	• Lieferservice • E-Cash • Finanzierungsservice • Inbetriebnahme	• Beschwerde-Call Center • Update-Upgrade-Service • Reparaturservice über Partner	• Online Web-Forum • Kundenzeitschrift • Customer Interaction Center • Kundenclub

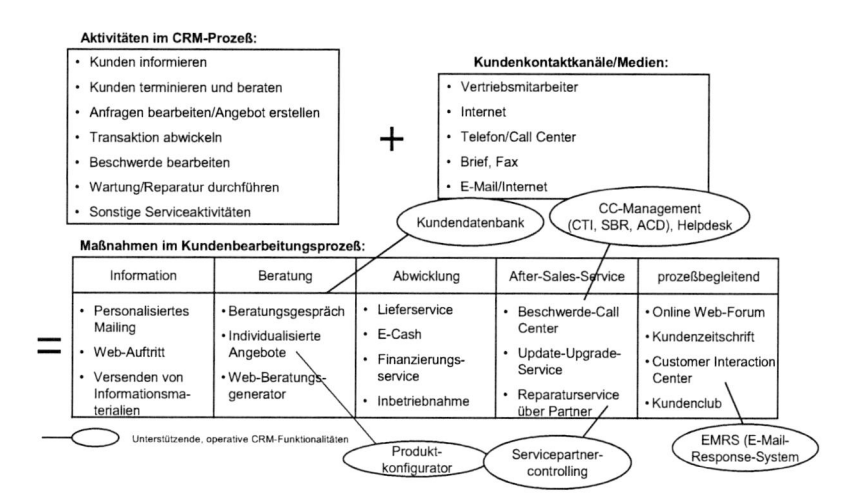

Unterstützende, operative CRM-Funktionalitäten: Produktkonfigurator, Servicepartnercontrolling, EMRS (E-Mail-Response-System)

Abb. 2-7: Exemplarische Zusammensetzung von Instrumenten des Kundenmanagements

Der Unterstützung, Analyse und Verbesserung der kreierten Instrumente dienen CRM-Softwareinstrumente, welche die informationstechnologische Unterstützung des Instrumenteneinsatzes darstellen. Dabei ist zwischen, operativen, kollaborativen und analytischen Komponenten zu unterscheiden.

Während die operativen Komponenten z. T. ein Abbild des Instrumentes selbst darstellen und den Client Facing-Prozess unterstützen, stellen die kollaborativen die Kanalunterstützung zur Umsetzung des Instruments dar. Dies wird auch als Multi-Channel-Management verstanden. Analytische Komponenten werden in Back-Office-Prozessen eingesetzt, um neue Erkenntnisse für das Kundenmanagement zu gewinnen und diese für den operativen Einsatz nutzbar zu machen.

Im Idealfall ist von den im Rahmen des Einsatzes analytischer CRM-Instrumente gewonnenen Erkenntnissen auszugehen, auf Basis dieser die einzusetzenden operativen Instrumente auszuwählen und sodann der Kanal auszuwählen, der den Bedürfnissen des Kunden am besten gerecht wird. Dies erfolgt unter Berücksichtigung der Kundenbedürfnisse und der ökonomischen Unternehmensziele.

Deutlich wird dies an folgendem Beispiel. Eine Bank plant die Ausdehnung des Volumens im Wertpapieranlagenbereich für Privatkunden. In einem ersten analytischen Schritt des Kundenmanagements ist zu analysieren, welche Bedeutung den Kunden derzeit für den Geschäftserfolg beizumessen ist.

Würde rein diese Basis für den weiteren Komponenteneinsatz gewählt, ergäbe sich eine rein prozyklische Steuerung. Deshalb ist auch das Potential der Kunden aufzunehmen. Dies lässt im Falle der Bank über die Eingänge auf dem Konto abbilden. Wird jeweils eine ABC-Gruppierung vorgenommen, so ergeben sich neun Kombinationen aus den vorgenommenen Ist- und Potentialklassifizierungen. Interessant sind für das Neugeschäft im wesentlichen die Klassifizierungen, bei denen Ist- und Potentialklassifizierung auseinander fallen. Hauptfokus sollte in diesem Beispiel auf Kunden gelegt werden, die eine C-Klassifizierung im Ist und eine A-Klassifizierung hinsichtlich ihres Potentials aufweisen. Für die Kanalauswahl ergibt sich, dass das qualitativ hochwertigste Instrument, das Face-to-Face-Beratungsgespräch, einzusetzen ist. Bei der Kombination C im Ist- und B im Potentialwert ist in der Regel aufgrund Kapazitäten auf ein anderes Instrument, z. B. die Bearbeitung durch ein Call Center, auszuweichen.

Einen Überblick zu aktuellen Instrumenten auf Basis der vorgestellten Unterscheidung in operativ, kollaborativ und analytisch liefert die folgende Tabelle:

Operative Instrumente	Kollaborative Instrumente	Analytische Instrumente
After-Sales Service	Brief	Bedeutungs- / Servicegestaltungsanalysen
Beratung	Communication Center Management (Kanal: Telefon)	Budgetoptimierung
Beschwerdemanagement	ACD (Automatic Call Distribution)	Kampagnenoptimierung
Finanzierungsservice	SBR (Skill Based Routing)	Kaufwahrscheinlichkeitsprognosen
Kampagnenmanagement (E-Mail-, M-Mail-Kampagnen)	IVR/SDS (Interactive Voice Response / Spoken Dialogue System) etc.	Kunden- / Vertriebserfolgsrechnung
Kontakt- / Adressmanagement	E-Mail	Kundensegmentierung / Kundenprofiling

Instrumente des Kundenmanagements

Operative Instrumente	Kollaborative Instrumente	Analytische Instrumente
Kundendatenmanagement	Newsletter	Kundenzufriedenheitsanalyse
Kundenseminare	EMRS (E-Mail-Management-Response-System)	Logfile-Analyzer / Clickstream-Analyzer
Kundenkarten / Kundenclub / Kundenzeitschrift	Face-to-Face-Gespräch	Simulation von Marktreaktionen
Lead Management	Fax	Sortimentsoptimierung / Category Management
Produktkonfigurator	Internet	Stornoanalyse
Reparatur- / Wartungsdienst	Online-Beratung	Warenkorbanalyse
Service Level Agreements	Kundenforum	
Tracking und Tracing von Aufträgen	Lingobot	
	Call-Back-Button etc.	

Entscheidend für den Erfolg von Instrumenten ist es damit letztendlich, die Kundenbearbeitung intensiv an der Erfüllung der Kundenbedürfnisse – und damit an Kundenzufriedenheit und Kundenbindung – sowie an der Bedeutung des Kunden für das Unternehmen auszurichten. Dazu bedarf es einer differenzierten Kundenbearbeitung, um die hier liegenden Potentiale voll auszuschöpfen. So hat ein Schüler sicher eine andere Erwartungshaltung an eine Bank als ein Rentnerehepaar. In der Vollendung führt dies zu einer atomaren Betrachtung des Kunden, um darauf eine One-to-One-Kundenbearbeitung aufzusetzen. Dies ist sicher richtig für die meist wenigen Kunden, mit denen man 85 Prozent des Umsatzes macht. Hier muss eine persönliche Beziehung über den Key Account-Manager aufgebaut werden. Auf keinen Fall dürfen diese Kunden alleine dem Computer überlassen werden. Diese Differenzierung kostet aber auch Geld. Dazu sind mit Hilfe des Instruments der Kundensegmentierung die Kunden in Segmente zu unterteilen, die in sich möglichst homogen, aber untereinander möglichst heterogen sind. Kleinkunden sind beispielsweise individuelle Angebote mit Hilfe eines Produktkonfigurators im Sinne eines Mass Customization zu liefern, während bei

Großkunden und Kunden mit dem Potential zum Großkunden ein intensiverer Instrumenteneinsatz auszugestalten ist.

2.3.3 Softwareunterstützung

Erst nachdem im Unternehmen klar wird, welche Instrumente auf konzeptioneller Ebene einzusetzen sind, ist die Softwareauswahl anzugehen.

Für einzelne Funktionalitäten haben sich bisher kaum Marktstandards herausgebildet. Zudem sind viele der angepriesenen Funktionalitäten in den tatsächlichen Release-Ständen der Anbieter noch nicht oder nur rudimentär umgesetzt. Dies führt teilweise dazu, dass der Anspruch dem tatsächlichen Ist vorauseilt. So ist es derzeit durchaus nicht unwahrscheinlich, dass ein Kunde zum prototypischen Referenzkunden für die Vollversion eines Anbieters wird.

Unterscheiden lassen sich Anbieter, die den Anspruch erheben, ein vollständiges CRM-Instrumentarium anzubieten, und Anbieter, die sich auf Teilfunktionalitäten spezialisiert haben, wie z. B. Anbieter aus dem Bereich Computer Telephony Integration (CTI). Zudem werden in CRM-Softwaresystemen teilweise Komponenten anderer Softwaresysteme, deren Ursprung nicht im CRM-Umfeld liegt, zur Bewältigung von CRM-Aufgaben genutzt, wie z. B. SAS und SPSS zur Unterstützung von Data-Mining-Funktionalitäten.

Als eindeutiger Trend lässt sich der zunehmende Einsatz analytischer CRM-Instrumente festhalten. Entscheidender Erfolgsfaktor ist, die den multivariaten Verfahren innewohnende Komplexität für die Anwendung in den Fachbereichen transparent zu machen.

Die heute im Rahmen analytischer Komponenten eingesetzten Verfahren konzentrieren sich im wesentlichen auf die Analyse monetärer Zielgrößen wie Umsätze und Kosten, weniger auf die auch für den Unternehmenserfolg bedeutenden Größen wie die Kundenzufriedenheit und -bindung. Zudem sollen mit Kaufwahrscheinlichkeitsmodellen Cross- und Up-Selling-Potentiale aufgedeckt werden. Es werden also insbesondere Ergebnisgrößen der Marktbearbeitung betrachtet, die als vergangenheitsorientierte Größen keine Garantie für zukünftige Erfolge darstellen.

Für die Umsetzung der analytischen Instrumente der Datenanalyse werden derzeit Verfahren des Data Mining, der Business Intelligence und des Knowledge Management aktuell diskutiert. Data Mining ist dabei der Sammelbegriff für ausgewählte Verfahren der Datenanalyse, die auf den Daten-

Instrumente des Kundenmanagements

beständen eines Data Warehouses aufsetzen und darauf abzielen, in einem mehrdimensionalen Datenbestand bisher unbekannte Zusammenhänge aufzudecken oder etwaige Annahmen zu bestätigen. Die effiziente Anwendung des Data Mining wird technologisch durch die OLAP (Online Analytical Processing)-Funktionalität unterstützt. Diese bietet mehreren Nutzern gleichzeitig die Möglichkeit, Daten online mehrdimensional auszuwerten. Eng verwandt ist der Begriff des Data Mining mit den aktuell diskutierten Begriffen Business Intelligence und Data Knowledge Management, die sich im Kern auf das gleiche Ziel konzentrieren. Sie erheben jedoch den Anspruch, über das Data Warehouse hinausgehende Daten in die Analyse zu integrieren.

Auffällig ist, dass Simulationsverfahren, wie z. B. die Monte-Carlo-Simulation, und Verfahren aus dem naheliegenden Bereich der Marktforschung, wie z. B. multivariate Analyseverfahren (Kausal-, Cluster- oder Faktorenanalyse), bisher relativ wenig Beachtung finden. Zudem ist das weite Feld maschineller Lernverfahren für den Einsatz im Bereich CRM bisher erst rudimentär erschlossen.

Die eingesetzten Verfahren konzentrieren sich im wesentlichen auf die Analyse monetärer Zielgrößen wie Umsätze und Kosten, weniger auf die auch für den Unternehmenserfolg bedeutenden Größen wie die Kundenzufriedenheit und -bindung. Zudem sollen mit Kaufwahrscheinlichkeitsmodellen Cross- und Up-Selling-Potentiale aufgedeckt werden. Es werden also insbesondere Ergebnisgrößen der Marktbearbeitung betrachtet, die als vergangenheitsorientierte Größen keine Garantie für zukünftige Erfolge darstellen.

Hier besteht technischer, aber vor allem auch konzeptioneller Bedarf. Dieser konzeptionelle Bedarf bezieht sich neben der Neugestaltung bzw. verbesserten inhaltlichen Ausgestaltung von Instrumenten, wie z. B. Instrumente, die auf Data Mining-Verfahren basieren, auf die benutzerfreundliche Darbietungsform. Das bedeutet, dass der Nutzer durch entsprechende Oberflächengestaltung und intuitiv einsichtige Bedienungsformen auch inhaltlich komplexe Instrumente ohne tiefgehende Detailkenntnisse effizient und effektiv einsetzen kann.

Aus den oben dargestellten Gründen stellen sich die in CRM-Software realisierten Instrumente notwendigerweise ebenso vielfältig dar wie die Realität, die sie unterstützen sollen, nämlich das Kundenmanagement mit seiner Vielzahl unterschiedlichster Kundenbeziehungen und daraus erwachsender Aufgabenbereiche. So verwundert es nicht, dass Nischenanbieter unterschiedlichste Spezialfunktionen am Markt anbieten.

CRM-Software ist ein relativ junges Software-"Genre". Allerdings ist zu berücksichtigen, dass Teile von CRM, wie z. B. Tourenplanung oder mobile Verkaufshilfen, schon vor der Einführung des Begriffs CRM am Markt erhältlich waren.

Dem Anspruch der ganzheitlichen Pflege der Kundenbeziehungen werden die bisher am Markt erhältlichen Systeme nur teilweise gerecht. Dies liegt zum Teil auch daran, dass bei einigen Kunden das Thema nicht in einem adäquaten Maß strategisch-konzeptionell angegangen wird. Das führt dazu, dass, gemessen an den potentiellen Hebeln zur Erfolgsverbesserung durch CRM, das Thema eine zu geringe Management Attention erfährt. Letztendlich entsprechen aus den genannten Gründen teilweise die Erwartungen an CRM nicht den Ergebnissen, obwohl sie durchaus erzielbar wären.

Im wesentlichen sind CRM-Systeme bisher in Großunternehmen eingeführt worden. Zweifelsohne bieten sie auch Erfolgspotentiale für kleine und mittelständische Unternehmen. Im letztgenannten Unternehmensbereich ist insbesondere abzuwägen, ob der zu erwartende Nutzen aus einem Instrument nicht nur die entstehenden Kosten rechtfertigt, sondern auch entsprechende qualitative und quantitative Mitarbeiterressourcen für den effizienten und effektiven Einsatz zur Verfügung stehen. Deshalb sind hier detaillierte Kosten- und Nutzenanalysen durchzuführen, die auch die zur Verfügung stehenden Mitarbeiterkapazitäten beachten.

Häufig werden bereits seit Jahren CRM-Funktionalitäten in Unternehmen eingesetzt, ohne dass sie unter dem Begriff CRM zusammengefasst sind, wie z. B. Kundendatenbanken. Bei der Einführung neuer CRM-Komponenten ist zu berücksichtigen, dass die bereits existierenden Instrumente so weitestgehend wie möglich integriert werden. Dies führt neben der Einsparung von Entwicklungs- und Einführungskosten zu einer gesteigerten Akzeptanz des Systems bei den späteren Nutzern. Denn ansonsten fallen nicht nur zusätzliche Einarbeitungszeiten und -kosten an, sondern stößt das CRM-System eventuell sogar auf Ablehnung, wenn ein bewährtes Instrument durch ein neues Instrument ohne nennenswerte Verbesserungen ersetzt wird.

Insgesamt ist zu vermerken, dass die Entwicklung von CRM-Systemen noch am Anfang steht. Die Möglichkeiten und das Marktpotential sind noch lange nicht voll ausgeschöpft. So ist damit zu rechnen, dass der Funktionalitätsumfang und der Anwendungskomfort in Zukunft erweitert bzw. verbessert wird. Studien gehen zudem von einer Verfünffachung der Umsätze am Markt für CRM-Systeme in den nächsten fünf Jahren aufgrund des großen Nachholbedarfs der Unternehmen aus. Zudem ist in nächster Zeit am Markt eine erhebliche Konsolidierung und Konzentration zu erwarten, worauf schon erste Insolvenzen von CRM-Software-Anbietern als Frühwarnindikatoren hindeuten.

2.3.4 Zusammenfassung

Zusammenfassend ist festzuhalten, dass die Instrumente des Kundenmanagements sich als sehr facettenreich darstellen. Für die Planung des Instrumentseinsatzes ist es dabei notwendig, eine ganzheitliche, Kundengruppen differenzierende Perspektive einzunehmen. Für die Umsetzung der Instrumente sind aufgrund der sehr unterschiedlichen Schwerpunkte Spezialisten sowohl aus dem informationstechnologischen Bereich als auch insbesondere aus den Fachbereichen Marketing, Vertrieb und Kundenmanagement hinzuzuziehen. Dabei ist darauf zu achten, dass der informationstechnologische Einsatz nicht zum Selbstzweck avanciert, sondern zielgerichtet an den Kundenbedürfnissen auszurichten ist und somit die Funktion eines Technology Enablers einnimmt.

2.4 Potenziale des Internet im Kundenmanagement (von Christine Stumpf)

Das Internet bietet bereits heute enormes Potenzial, um

- ❏ den Kundenkontakt zu beschleunigen und zu intensivieren,
- ❏ die Vertriebs- und Servicekosten zu senken und
- ❏ mehr Information über Kunden und ihr Verhalten zu gewinnen.

Neben den klassischen Kommunikationskanälen eröffnen webbasierte Tools völlig neue Möglichkeiten, um Umsatzpotenziale auszuschöpfen und durch kundenorientierten Service die Customer-Life-Time zu verlängern. Nachdem das Internet schwerpunktmäßig als Self-Service Medium genutzt wurde, das E-Mail Marketing optimiert ist, wird in den kommenden Jahren Interaktivität und Echtzeit-Kommunikation im Vordergrund stehen.

Interaktivität und Echtzeit - die neuen Paradigmen

Das Internet ist im Gegensatz zu Fernsehen und Rundfunk, die bisher lediglich senden, ein interaktives Medium. Das heißt die Benutzer sind nicht nur Zuschauer oder Empfänger, sondern können auch selbst aktiv werden. Mit dem wachsendem Grad an Interaktivität wächst die Intensität der Auseinandersetzung mit dem Internetauftritt des Unternehmens bzw. der Produktpräsentation. Das gilt für interaktive Kommunikation in Customer Care Centern genauso wie für das gemeinsame Surfen (Co-Browsing) und das gemeinsame bearbeiten von Formularen (Joined Form Filling).

Das Internet ist nicht ein billiger Verkaufskanal, der die klassischen, kostenintensiven Vertriebswege ersetzt. Der elektronische Handel ist vielmehr eine ergänzende Vertriebschance, die ähnliche Anstrengungen und Kundenbindungsmaßnahmen erfordert, wie der Verkauf über den Tresen. Das Web bietet sich als idealer Ort für den Kundendienst geradezu an, denn genau hier suchen Kunden nach Antworten. Und zwar möglichst sofort und umfassend. Die persönliche Online-Beratung bietet hier die größten Geschäftspotenziale. Viele Kunden benötigen bei der Kaufentscheidung aktive Unterstützung. Online-Beratung stellt in diesem Zusammenhang eine wesentliche Hilfe dar.

Potenziale des Internet im Kundenmanagement

Dem Kunden eine persönliche Online-Beratung ohne Zeitverzögerungen und Medienbruch zu bieten, wird für Internet-Anbieter in den kommenden Jahren zu den wichtigsten eCRM-Lektionen gehören.

Insbesondere gilt dies für beratungsintensive Branchen. Hier agieren Callcenter, und in Zukunft sogenannte "Customer Care Center" als Interaktionsknoten und Kommunikationsschnittstellen.

2.4.1 Die Kunden dort abholen, wo sie im Moment stehen: auf der Webseite. Web Callcenter – Customer Care Center

Als Kommunikationskanal zu Unternehmen reicht das Telefon nicht mehr aus. Mit inzwischen 25 Mio. Internetnutzern in Deutschland (Quelle: ARD/ZDF Online-Studien Nov. 2001) haben sich heute vereinzelt Web Callcenter etabliert, die Kunden dort abholen, wo sie im Moment stehen: auf der Webseite.

Der Kunde muss nicht lange auf einen freiwerdenden Agenten warten, die Telefonverbindungen ziehen sich nicht in die Länge, er muss nicht das Medium wechseln. Den Unternehmen spart der Web Kontakt kostspielige Verbindungsgebühren und verspricht zufriedene Kunden durch schnelle Bearbeitungszeiten.

US-amerikanische Markterhebungen gehen davon aus, dass die Mitarbeiter im Web Callcenter bis zu dreimal so viele Kunden bedienen können wie reine Telefon-Callcenter. Auch die Service-Qualität der Beratung wird durch die gleichzeitige visuelle Kommunikation über die Webseite weitaus höher eingestuft.

Online Beratung ist eine Notwendigkeit, bestätigt eine Untersuchung der Boston Consulting Group: ein Drittel der Surfer beklagt sich über mangelnde Unterstützung und fehlende Beratung im Internet. Analysten erwarten deshalb im Jahr 2005 doppelt so viele Callcenter wie heute. Es werden im wesentlichen Web Contact Center sein.

Mit wachsendem Grad an Interaktivität und Real-Time Kommunikation wird das Web Callcenter einen zentralen Platz im Internetservice einnehmen. In Zukunft wird Standort unabhängig beraten und damit in bestehenden Kundenbeziehungen Reisekosten und Reisezeiten eingespart. Durch WebCallcenter reduzieren sich außerdem die Nachbearbeitungskosten für die Unternehmen und Callcenter, da der Agent gemeinsam mit dem Kunden direkt auf der Webseite Bestellformulare ausfüllen, Fragen beantworten und zusätzliche Informationen als Webseite direkt zusenden kann.

2.4.2 Co-Browsing

Aktuelle Untersuchungen deuten an, welche Anforderung die Marktteilnehmer heute bereits an ein interaktives Kundenmanagement über das Internet haben: Online Präsentationen von Produkten und Dienstleistungen werden durch das gemeinsame Surfen von Berater und User (Co-Browsing) sowie das gemeinsame Bearbeiten von Formularen (Joined Form Filling) optimiert.

Co-Browsing wird heute in der Bedeutung einer Führung durchs Web gebraucht. Ein Reiseleiter führt andere Websitebesucher durch das Internet. Sie besuchen zusammen Websites. Dabei sind die Browser von Kunde und Agent, von Reiseleiter und Reisenden über eine Software miteinander gekoppelt.

Co-Browsing existiert in Fachkreisen darüber hinaus, sogar in einer weit allgemeineren Form. Ein Websurfer trifft dabei zufällig auf andere Leute, die zur selben Zeit am selben Ort, nämlich derselben Website, sind. Hier liegt dasselbe Prinzip wie auf der Strasse und in realen Shops zugrunde: Wer zur selben Zeit am selben Ort oder in einer sichtbaren Umgebung ist, kann sich sehen und miteinander kommunizieren. Man kann sich also vorstellen, den Nachbarn in Zukunft nicht nur im Treppenhaus zu treffen, sondern auch beim online Einkauf oder beim online Zeitung lesen. Dieses Prinzip heißt virtuelle Präsenz. Präsenz und Begegnung sind die Vorraussetzungen, um Kontakt aufzunehmen damit Kommunikation und Interaktion erst ermöglicht wird.

Die Mehrzahl der bekannten Co-Browsing Lösungen basiert auf dem Einverständnis des Surfers, dass auf dessen PC eine Software installiert wird. Doch kann man Co-Browsing bereits rein browserbasiert implementieren, nur mit HTML und JavaScript, ohne dass der Kunde Software installieren muss. Diese Implementierung ist plattformunabhängig, weitgehend browserunabhängig und firewalltauglich. Diese Technologie wird in Zukunft vermehrt angewendet werden, da sie auf Seiten der Surfer, also der potenziellen Kunden, mit weniger Sicherheitsbedenken belastet ist.

2.4.3 Erweiterter Serviceumfang mit Joined Form Filling

Jeder, der schon mal ein mehrseitiges Behördenformular, beispielsweise die Einkommensteuererklärung ausgefüllt hat, kennt die Leiden: was genau wird

Potenziale des Internet im Kundenmanagement

abgefragt, in welche Zeile schreibt man die Angaben, einige Felder müssen frei bleiben, denn diese werden vom Amt ausgefüllt u.v.m. Mit dem Papierformular sitzt man alleine und gelegentlich verzweifelt vor einer Liste von geheimnisvollen Fragen.

Das gemeinsame Bearbeiten von elektronischen Formularen heißt Joined Form Filling. Es ist ein spezielle Anwendung des webbasierten Application Sharing und soll bei den beschriebenen Problemen Abhilfe schaffen.

Betrachten wir zunächst das elektronische Formular. Der wesentliche Vorteil gegenüber einem Papier-Dokument besteht darin, dass ein elektronisches Formular bereits durch gegebene Antworten dynamisch gesteuert werden kann. Das heißt, dass Felder gar nicht mehr angezeigt werden, wenn diese bereits durch die Beantwortung einer vorhergehenden Frage überflüssig sind. Beispielsweise haben Sie auf eine Frage "Nein" angekreuzt und dann steht auf dem Formular: "Wenn ja, welche?" Wenn also bereits "Nein" angekreuzt wurde, sollte ein elektronisches Formular diesen Satz gar nicht mehr anzeigen.

Ein weiterer Vorteil der gemeinsamen elektronischen Formularbearbeitung ist, dass die Gesprächspartner zeitgleich und ortsunabhängig an demselben Dokument arbeiten. Mit webbasiertem Application Sharing können viele Gesprächsinhalte unmittelbar illustriert werden, man kann auf ein Objekt zeigen, anstatt es umständlich zu umschreiben und man kann beispielsweise einen Satz mit einem virtuellen Stift markieren.

Um auf ein Objekt zu zeigen, führen Application Sharing Anwendungen sogenannte Telepointer. Beim Verwenden dieser Funktion wird der Mauszeiger in einen Pfeil verwandelt, mit dem der Berater beim Kundendialog im Internet auf Objekte zeigen kann. Der Telepointer hat sich als ein beliebtes Hilfsmittel zur Veranschaulichung verbaler Kommentare erwiesen.

Neben dem Telepointer ist der Markierstift die wichtigste Funktionalität im internetbasierten Application Sharing. Kritische Textpassagen, und aktuelle Felder können damit farbig unterlegt werden. So macht der Berater den Kunden aufmerksam und unterstützt den Dialog optisch und ohne Medienbruch.

2.4.4 Internet-Telefonie

Die Sprachkommunikation übers Internet ist heute noch nicht für die Mehrzahl der Anwender in befriedigender Qualität nutzbar. Das zentrale Problem ist die Verfügbarkeit von entsprechenden Bandbreiten auch im privaten Anwenderbereich. Sprachübertragung übers Internet hat viele Namen, die bekanntesten sind wohl Internet-Telefonie und Voice-over-IP (VoIP).

Die Lösung der meisten VoIP Probleme ist lediglich eine Frage der Zeit, so die einhellige Expertenmeinung. In wenigen Jahren ist die Sprachkommunikation eine Standardanwendung, integriert in Konferenzsysteme und Customer Care Center.

Weit weniger bekannt sind Internetanwendungen wie Shared Browsing auch Co-Browsing genannt und webbasiertes Application Sharing.

Potenziale im analytischen CRM

Informationen aus den Data-Warehouses werden bisher nur unzureichend genutzt. Sie sollen die Erkennung von Markttrends und Kundenmustern ermöglichen. Das Ziel ist die Verwertung der Information um die qualitativen Marktbearbeitung zu intensivieren und die Kundenkontakte quantitativ zu erhöhen.

Internetbasierte Zahlungssysteme und Echtzeit Tracking von Websitebesuchern stellen bisher unausgeschöpfte Datenquellen dar. Sie werden in den kommenden Jahren eine zentrale Position im elektronischen Kundenmanagement und Kundenservice einnehmen.

2.4.5 Servicefaktor Zahlungssysteme: Electronic Bill Presentment & Payment (EBPP)

EBPP steht für das Präsentieren und Bezahlen einer Rechnung auf elektronischem Weg über das Internet.

Laut einer Studie des unabhängigen Beratungsunternehmens Ovum kann die internetgestützte Rechnungsabwicklung Geschäftsabläufe erheblich verbessern, da viele manuelle Bearbeitungsschritte überflüssig werden. Geringere Transaktionskosten für die Rechnungsabwicklung, eine verbesserte Liquiditätsplanung, vereinfachte Zahlungs-, Abrechnungs- und Abstimmungsprozesse und eine Verringerung der Außenstände, sind die Hauptvorteile auf Seiten der implementierenden Unternehmen, die EBPP integrieren. Die Anbieter versprechen darüber hinaus Marketingeffekte wie Möglichkeiten für Cross- und Up-Selling (Generierung von Zusatzgeschäften) sowie ein verbessertes Kundenmanagement, denn Rechnungen enthalten wertvolle Informationen, die für Marketingzwecke genutzt werden können. Mit Hilfe von

Potenziale des Internet im Kundenmanagement

elektronischen Billing Systemen kann ein Unternehmen im Vergleich zum Versand gedruckter Rechnungen zwischen 20 und 70 Prozent einsparen.

Es haben sich 2 Abrechnungsmodelle für die elektronische Präsentation und Bezahlung von Rechnungen etabliert. Sie unterscheiden sich hinsichtlich der Beziehungen zwischen Rechnungssteller - Service Provider - Endkunde:

- Das Direktabrechnungsmodell ("direct biller model"), hier schickt der Lieferant die Rechnungen direkt an den Kunden.
- Beim Sammelmodell ("consolidator model") konsolidiert ein drittes Unternehmen die Rechnungen verschiedener Rechnungssteller. Dieses dritte Unternehmen kann ein spezieller Dienstleister oder eine Bank sein, die die Rechnungen in Form eines E-Mails oder als Hyperlink an den Kunden verschicken.

Nach 2001 prognostiziert die Gartner Group für EBPP eine positive Entwicklung durch kontinuierlich steigende Kundenakzeptanz. Unternehmen, die vor allem den sofortigen ökonomischen Nutzen im Auge haben, sollten mit der Integration von EBPP warten, bis die entsprechenden Anwenderzahlen einen klaren Return on Investment erkennen lassen. Diesen Zeitpunkt stellt Gartner prophetisch für 2004 in Aussicht.

2.4.6 Customer Tracking

Der Besuch eines potenziellen Kunden auf einer Website generiert Daten über Userverhalten. Beispielsweise kann man verfolgen welche Webseite sich der Besucher wie lange ansieht, ob dieser schon einmal im Shop war, welche Produkte er sich bei früheren Besuchen angesehen hat, ob er schon mal hier eingekauft hat, ob es Notizen über den Kunden gibt und welche Themen die Kernpunkte des letzten Kontakts waren. Das Anzeigen dieses Kunden-Records in Echtzeit während des Website-Aufenthaltes des Kunden heißt Customer Tracking.

Dabei spielt der Begriff Site Monitor eine wichtige Rolle. Der Site Monitor ist ein Übersichtsfenster auf dem Bildschirm des Online Beraters, auf dem die Kundendaten angezeigt werden. Bestehende Kunden können gleich mit Namen begrüßt werden und die relevanten Kundeninformationen liegen dem Berater direkt vor.

Ein Kunde der erstmalig auf der Website erscheint, wird mit IP Adresse und ggf. der Hostnamen für den Berater angezeigt. Der Berater sieht alle

Kunden und ihre Wege und kann jedem Einzelnen zu gegebener Zeit aktiv die Kommunikation eröffnen. Dazu wird im Browser des Shop Besuchers ein entsprechendes Chat Fenster geöffnet. Durch das Customer Tracking kann der Berater den Zeitpunkt zur Kundenansprache und das konkrete Thema besser einschätzen. Er generiert individuelles Kundenwissen und kann frühzeitig darauf reagieren.

Der Kunde im eShop ist während er "nur beobachtet" wird, völlig ungestört in seinen Bewegungen. Das Tracking wird auf dem Server aufgezeichnet und damit der Weg des Kunden kurzfristig gespeichert und in Echtzeit an den Online-Berater in dessen Site Monitor gesendet. Über entsprechende Schnittstellen können die gewonnenen Daten ins Data-Warehouse übernommen werden um mit verschiedenen Auswertungsmethoden, wie Data-Mining Zusammenhänge zu erkennen und Prognosen abzuleiten.

Die gesammelten Kundendaten werden transformiert, für die interne Kundenkommunikation ausgewertet und schließlich über anonymisierte Informationspools auch für die Marktforschung zur Verfügung gestellt werden. So können die unternehmenseigenen Kundendaten in zweifacher Hinsicht genutzt werden. Sowohl mit Detail und Echtzeitinformation über den einzelnen Kunden als auch im Pool mit anderen Unternehmen als Branchendaten und Trendbarometer.

Integration in das Gesamtsystem

Nach wie vor ist die Integration der technischen Möglichkeiten und organisatorischen Maßnahmen in die gesamte Prozesskette das A und O eines erfolgreichen Kundenmanagement. Das ändert sich durch den intensiveren Einsatz des Internet entgegen mancher Hoffnung nicht.

Eine aktuelle IDC Studie sagt aus, der dramatischste Trend der kommenden Jahre sei die Integration von Online und Offline Business, die Verschmelzung der unterschiedlichsten Lösungen in die gesamte Supply Chain. Das zukunftsfähige Kundenmanagement wird als stark verzahntes Räderwerk in seiner Gesamtheit die angestrebten Ziele verfolgen und den möglichen Nutzen freisetzen. Die Mitarbeiter auf jeder Unternehmensebene sind dabei die Key-Enabler.

An jeder Stelle, wo Zahnräder ineinander greifen, muss für das nötige Schmiermittel gesorgt werden. Dazu gehört ein kundenzentriertes Geschäftsmodell und auf strategischer Ebene und ein weitsichtiger Entwurf der CRM-Architektur. Dazu gehört weiter eine nachhaltige Mitarbeiterschulung, eine schrittweise Planung und eine dynamische Umsetzung auf operativer Ebene.

3 Die Entscheidungsfindung

3.1 Anforderungen an ein CRM-System
(von Michael Grass)

3.1.1 Einführung

Customer Relationship Management als Management-Ansatz, der die vorhandenen und potentielle Kunden in den Mittelpunkt des Unternehmens stellt, bedarf integrierter Informations- und Kommunikationssysteme, welche dem Unternehmen helfen, die Kundenbeziehung über den gesamten Kundenlebenszyklus hindurch zu unterstützen und daraus Wertschöpfung zu generieren. Dieser ganzheitliche Ansatz beschränkt sich nicht nur auf die Vertriebsprozesse, sondern beinhaltet im Idealfall die komplette Unternehmensorganisation.

Ein CRM-System sollte daher idealerweise nicht nur den operativen Vertriebsprozess unterstützen, sondern eine umfassende Integration aller kundenrelevanter Prozesse bis hinein in die Produktions- und Fertigungssysteme (Backend) sowie eine optimale Nutzung der Daten aus analytische Systemen (Informationssysteme, Data Warehouses) bieten.

Aus diesen Gegebenheiten folgen eine Reihe von Anforderungen an ein CRM-System. Im folgenden wird zunächst ein Modell aus betriebswirtschaftlicher Sicht entwickelt, das aus einer prozessorientierten Sicht den Rahmen für ein solches System vorgibt. Dann werden die zur Abbildung dieses Systems notwendigen Funktionalitäten aus betriebswirtschaftlicher Sicht beschrieben, um im Anschluss daran die systemtechnischen Anforderungen aus IT-Sicht aufzulisten. Eine Zusammenfassung schließlich gibt noch einmal einen kurzen Überblick.

3.1.2 Ein CRM-Prozess-Modell

Der Kunde und seine Beziehungen zum Unternehmen stehen im Fokus eines CRM-Systems. Die Beziehungen unterliegen hierbei im Rahmen eines Lebenszyklus (customer life cycle) verschiedenen ineinander greifenden Phasen. Über die verschiedenen Phasen hinweg gibt es im Unternehmen Prozesse in Vertrieb, Marketing und Service, die an den Touch-Points mit dem Kunden unterstützt werden müssen. Die hierzu notwendigen Funktionalitäten bilden den Kern eines CRM-Systems und müssen im Unternehmen Unterstützung von der operativen bis hin zur strategischen bzw. analytischen Ebene bieten.

Der Customer Life Cycle

CRM Software unterstützt den gesamten Kundenlebenszyklus, der sich unterteilen lässt in:

- Kundenakquisition (Engage)
- Vertriebsprozesse (Transact)
- Auftragsabwicklung (Fulfill)
- Kundenservice (Service)

Als Beispiele für die Unterstützung der Akquisition stehen die aktive Erschließung von potentiellen Kunden (Interessenten) sowie die Bereitstellung von Interaktionspunkten (Touch-Points) für informations- und nach einer Lösung suchenden Kunden. Ziel ist aus Vertriebssicht der Abschuss von Aufträgen oder Kontrakten, dies kann durch Einschluss von Funktionalitäten wie Konfiguration oder Verfügbarkeitsprüfungen unterstützt werden. Die abgeschlossenen Aufträge werden dann im Rahmen des Fulfillments an die Produktion oder Unterauftragsnehmer weitergereicht, die die Lieferung des Produktes oder der Serviceleistung durchführen. Im Online-Zeitalter muss hierbei dem Kunden die Möglichkeit geboten werden, den Status des Auftrages bzw. der Lieferung anzufragen. After-Sales Aktivitäten wie Hot Lines oder die Bereitstellung von Customer Self Services über das Internet sind Beispiele für eine aktive Kundenbetreuung, die die Kundenzufriedenheit steigern und somit die Wahrscheinlichkeit eines Folgeabschlusses erhöhen.

Anforderungen an ein CRM-System

CRM Kernprozesse

Über diesen Lebenszyklus hinweg müssen in den kundennahen Bereichen Prozesse und daraus abgeleitete Funktionalitäten vollständig und integrativ unterstützt werden. Zu den CRM Kernprozessen gehören:

- Marketing
  Auf Basis vorhandener Daten geht es in der Analyse um Fragestellungen nach den profitabelsten Kunden, ihr Kaufverhalten, ihre Anforderungen aber auch um Marktsegmentierungen Leads zu generieren. Aus diesen Auswertungen folgen dann konkrete Marketingaktionen und –kampagnen.
- Vertrieb
  Hierbei geht es um den aktiven Kundenkontakt rund um den Kundenlebenszyklus, angefangen von Lead- und Opportunitymanagement bis zum Vertrags- oder Auftragsabschluss. Dies kann über die verschiedensten Kanäle erfolgen, z.B. über den klassischen In- und Außendienst, ein Call-Center, das Internet usw.
- Service
  Nach dem Auftragsabschluss wird der Kunde umfassend weiterbetreut, sei es im Rahmen einer Servicevereinbarung oder aber bei Reklamationen. Diese Betreuung kann erfolgen durch klassische Call-Center oder Servicetechniker im Außendienst, aber auch durch Serviceangebote im Internet wie z.B. FAQ-Listen oder Lösungsdatenbanken im Internet.

Alle genannten Prozesse können durch eine Vielzahl von Funktionalitäten in einer CRM-Applikation unterstützt werden, die im folgenden näher beschrieben werden. Neben der Bereitstellung von operativer Funktionalität für das Doing ist es gerade im CRM-Umfeld besonders wichtig, umfassende Analysetools zur Verfügung zu haben, die eine Planung und ein Controlling der operativen Vorgänge erst ermöglichen.

Unterstützte Aktionsebenen

Für ein umfassendes CRM-System oder eine DV-Landschaft, die CRM in der ganzen Bandbreite unterstützen soll, müssen besagte Prozesse und Funktionalitäten auf mehreren Ebenen bereitgestellt werden. Die Aktionsschichten stellen nicht eigenständige Funktionen dar, sondern dienen der Unterscheidung der CRM-Funktionalität im Spannungsbogen zwischen Feld, Management und Interaktion mit Kunden/Lieferanten. Weiterhin legen sie bestimmte Technologien (Laptop im Feld, Vertriebsinnendienst, Data Warehouse, EAI-Funktionalität usw.) fest. Im einzelnen sind die Schichten:

- ❑ Die operative Schicht für das Tagesgeschäft (operational CRM)
- ❑ Die analytische Schicht für das Management (analytical CRM)
- ❑ Eine unternehmensübergreifende Schicht für die integrierte Zusammenarbeit mit anderen Unternehmen wie z.B. im Beschaffungsprozess (collaborative CRM)

Die folgende Abbildung veranschaulicht das Zusammenspiel der verschiedenen Komponenten.

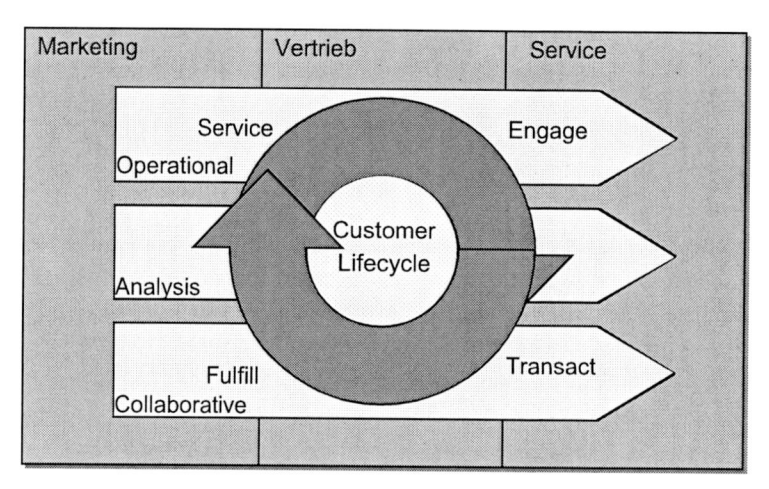

Abb. 3-1: Kundenlebenszyklus, eingebettet in CRM-Kernprozesse und Aktionsebenen

3.1.3 Die Komponenten eines CRM-Systems (funktionale Sicht)

Im folgenden werden die Kernprozesse Marketing, Vertrieb und Service beleuchtet. Dabei sind die einzelnen Komponenten nicht immer eindeutig voneinander trennbar, vielmehr interagieren sie in einigen Prozessen wie z.B. dem Marketing eng miteinander und ermöglichen es oft erst in diesem Zusammenspiel, den betriebswirtschaftlichen Prozess vollständig abzubilden. Im Mittelpunkt des Systems stehen dabei alle Informationen über den Kunden (die sogenannte Kundenakte). Diese beinhaltet neben Adressinformatio-

Anforderungen an ein CRM-System

nen auch Auftrags- und Kontakthistorie. Zu jedem der Kernprozesse werden die Anforderungen an die Funktionalität exemplarisch genannt, die sozusagen eine Kann-Ausprägung eines CRM-Systems darstellen. Auf eine allzu umfangreiche Darstellung wurde verzichtet, insbesondere wurde auf branchenspezifische Funktionalitäten nicht eingegangen, da dies zum einen den Rahmen dieses Artikels sprengen würde und es zum anderen jeder Organisation in ihrem individuellen Blueprint-Prozess obliegt, notwendige Detailfunktionalitäten zu identifizieren. Dazu kann der folgende Funktionskatalog einen ersten Anhaltspunkt darstellen, ohne hierbei den Anspruch auf Vollständigkeit zu erheben. Im Einzelfall muss sich jedes Unternehmen fragen, welche Funktionalitäten wirklich für die individuellen Prozesse notwendig sind, um eine adäquate Software-Auswahl zu treffen. Dies gilt insbesondere für mittelständische Firmen, in denen Ressourcenüberlegungen eine wichtige Rolle spielen.

Marketing

Die Marketingfunktionalität sollte umfangreiche Analysetools zur Auswertung eigener und fremder Daten (z.B. von Nielsen) bieten, um auf der Basis der daraus generierten Zielgruppen Marketingkampagnen planen, durchführen und steuern zu können. Funktionalitäten hierzu sind:

- ❏ Kundenanalysen und Zielgruppenselektion
  Für umfangreiche Auswertungen sollte das CRM System über Data Mining bzw. Data Warehousing Funktionalitäten verfügen bzw. über an eine Anbindung an ein Data Warehouse. Damit lassen sich dann Kundenpotentialanalysen, -klassifizierungen (wie z.B. ABC-Analysen) und –segmentierungen durchführen. Des weiteren geben Responseanalysen Aufschluss über das bisherige Feedback des Kunden und Abwanderungsanalysen über drohende oder tatsächlich schon eingetretene Abwanderungen des Kunden.
- ❏ Kampagnenplanung und –controlling
  Hier sind Funktionen zur Planung, Analyse, Budgetierung und Kontrolle von Kampagnen erforderlich. Die vorher selektierte Zielgruppe wird einer oder mehreren Kampagnen zugeordnet und die einzelnen Aktivitäten unter Berücksichtigung des individuellen Kundenkontaktkanal generiert, dies sollte mit Negativlisten (Robinson) abgeglichen werden. Über die Einbindung von Marketingenzyklopädien

kann auf wichtige Fremddaten zugegriffen werden, die Einbindung von Wettbewerberdaten ermöglicht eine genauere Segmentierung.
- ❏ Durchführung der Kampagne
  Danach wird die generierte Kampagne durchgeführt. Dies kann, je nach Kundenkontaktkanal aus dem Kundenstamm per E-Mail, Post, Telefon, Internet oder durch einen Außendienstbesuch geschehen. Bei Kontaktaufnahme durch den Außendienst z.B. werden automatisch Aktivitäten in den Kalender des Außendienstmitarbeiters generiert, bei einer Telefonaktion werden Call-Listen für den Call-Center Agenten oder bei Bedarf ein Scripting für den Anrufverlauf generiert.
- ❏ Marketinganalyse
  Nach der Durchführung der Kampagne kann das Feedback des Kunden erfasst und ausgewertet werden. Ebenso können z.B. Besuchsberichte der Außendienstmitarbeiter zur Auswertung der Besuche herangezogen werden. In der Analyse können die Kampagnenkosten den Erlösen gegenübergestellt und so der Nutzen (ROI) der Kampagne ermittelt werden.

Vertrieb

Die Vertriebsfunktionen unterstützen die Vertriebsmitarbeiter im Außen- und Innendienst insbesondere beim Auftragsabschluss durch geeignete Planungs-, Aufgabensteuerungs- und Berichtserfassungstools, einfache und intuitive Belegerfassung, bei Bedarf (z.B. im High-Tech-Bereich) bei der Konfiguration und der Unterstützung flexibler Preisfindungsregeln. Zu den Funktionalitäten gehören:

- ❏ Kundenakte
  An jedem Touch-Point (Telefon, E-Mail, usw.) müssen die Vertriebsmitarbeiter über alle relevanten Informationen über den Kunden verfügen. Dazu gehören z.B. eine Beleg- und Kontakthistorie, Ansprechpartner beim Kunden, Beziehungen, Rollen (Auftraggeber, Rechnungs- und Warenempfänger usw.), Kundenhierarchien usw. Diese werden übersichtlich zusammengefasst in einer Kundenakte, welche, mit dem übrigen CRM-Komponenten oder anderen Systemen (z.B. dem Backend) so verbunden ist, dass aus einem Click auf z.B. einen Beleg das entsprechende Dokument auch aus dem Nicht-CRM-System geladen wird. Als zentrale Informationsquelle steht sie dabei

Anforderungen an ein CRM-System

ebenso allen anderen Anwendungen des CRM-Systems zur Verfügung.
- ❏ Vertriebsplanung und –controlling
Das Management kann über Umsatz-, Budget- und sonstigen Vorgaben, am besten mit einer Anbindung an Warenwirtschaftssysteme (Enterprise Resource Planning, ERP), Vertriebstätigkeiten und Planzahlen vorgeben und diese mit den Ist-Zahlen laufend abgleichen. Spezielle Analysetools zu Lost-Order-Analysen, die Ermittlung von Cross- oder Upselling-Potential sowie zur Sales-Cylcle-Analyse helfen, die Ursachen verlorener Aufträge zu erkennen, weiteres Abschlusspotential bei bestehenden Kunden zu erkennen sowie Verkaufszyklen zu identifizieren, um so optimale Wiederbeschaffungszeitpunkte zu ermitteln.
- ❏ Termin- und Zeitmanagement
Die Planung und Steuerung der Vertriebsmitarbeiter erfolgt durch Aktivitäten und Kalendereinträge für Aufgaben, Kundenbesuche, Kundenanrufe und sonstige Kontaktaufnahmen. Hierfür sind Kalenderfunktionalitäten, E-Mail- und Workflowintegration, auch in evt. bestehende Groupware, notwendig. Im Rahmen des Teamselling ist es dabei möglich, dass ein ganzes Vertriebsteam koordiniert einen Kunden betreut und durch den Kundenlebenszyklus begleitet.
- ❏ Lead- und Opportunity Management
Neue Kundenkontakte müssen erfasst und bewertet werden können, um so die Opportunity und Sales Pipeline zu pflegen und um aus Interessenten Kunden zu gewinnen. Aussagen über Abschlusswahrscheinlichkeiten, erwartetes Umsatzvolumen und eine Segmentierung der Leads helfen, Vertriebsressourcen optimal einzusetzen.
- ❏ Belegerfassung (Aufträge, Angebote, Kontrakte, usw.)
An jedem Touch-Point mit dem Kunden erfolgt die Erfassung von Aufträgen und sonstigen Vertriebsbelegen und leitet diese weiter an ein Supply-Chain Management oder ERP-System (bzw. an Warenwirtschafts- und weitere Backend-Module wie die Buchhaltung). Dabei ist es entscheidend, dass an jedem dieser Punkte eine identische Preisfindung und gegebenenfalls Verfügbarkeitsprüfung (ATP-Check) und Konfiguration abläuft.
- ❏ Unterstützung des Außendienstes durch mobile Geräte
Mobile Anwender im Vertriebsaußendienst werden durch lokal verfügbare Applikationen auf Notebooks, Handhelds, Mobiltelefonen usw. unterstützt. Je nach Anwendungsgebiet und Hardwareprofil

können dabei entweder ein ganzes Spektrum an Vertriebsfunktionalität (Fat Client) oder speziell angepasste kleine Applikationen zum Einsatz gelangen. In jedem Falle sollen die jeweils betriebsspezifischen Prozesse für die Vorbereitung, Durchführung und Nachbereitung von Besuchen wie z.B. auch Besuchsberichte oder Reisekostenabrechnung unterstützt werden.

❏ Internet-Shop-Lösung
Über das Internet als zusätzlicher Vertriebskanal lassen sich einerseits neue Kundenkreise erschließen und andererseits bei der Durchführung von Einkauf- und Verkaufsaktivitäten Transaktionskosten senken. Zu dazu notwendigen Funktionen gehören hierbei: Ein elektronischer Produktkatalog, Bestellabwicklung mit der Integration ins Backend-System (Verfügbarkeitsprüfung, Pricing, Konfiguration usw.), Integration der E-Mails und Kundendaten in die Kundenbasis sowie Auswertung des Kundenbestell- und Clickverhaltens zur Profilgenerierung und daraus Erstellung individueller Angebote (Web Mining).

Service

Eine umfassende Betreuung des Kunden nach dem Verkaufsprozess über alle Kommunikationskanäle hinweg erfordert umfangreiche Servicefunktionalitäten einschließlich eines Self-Service über das Internet. Dazu zählen:

❏ Service Planung- und Steuerung
Ähnlich wie bei der Vertriebsplanung und –steuerung können auch hier auf der Basis historischer Daten die Serviceangebote und Serviceaktivitäten zu einem einzelnen Kunden wie auch des gesamten Serviceportfolios und damit auch der Servicemitarbeiter gesteuert werden. Eine hohe Integration der einzelnen Servicekomponenten dient hierfür als Voraussetzung. Für Probleme, die durch das Contact Center nicht gelöst werden konnten, können z.B. durch Serviceaufträge festgehalten werden und dienen als Ausgangsbasis für die Einsatzplanung der Servicetechniker.

❏ Internet-Self-Service
Um zum einen dem Kunden eine schnelle und immer und überall über das Internet verfügbare Hilfe zu gewährleisten, aber auch um zum anderen im Unternehmen teures Service-Personal einzusparen, ist das Ziel der Funktionalitäten eines Kunden-Self-Service. Über den

Anforderungen an ein CRM-System

Zugriff auf eine Lösungsdatenbank mit "intelligenter" Suchfunktionalität kann der Kunde nach Lösungen auf seine Fragen suchen, aber auch bei Bedarf telefonischen Rückruf oder einen Servicetechniker anfordern.

❑ Call Center
Dieses muss eine Reihe von Inbound- und Outbound-Funktionalitäten den Call Center Agenten zur Verfügung stellen. Zu den wichtigsten Funktionalitäten gehören: Integration mit der Telefonanlage (CTI, Computer-Telephony-Integration), automatische Anruferkennung und damit Anzeige des Kunden und seiner Historie (alle bisherigen Aufträge, mit ihm verbundene Aktivitäten, Anrufe, usw.), automatische Anrufweiterleitung, Unterstützung von verschiedenen Interaktionskanälen neben dem Telefon (E-Mail, Fax, Voice over IP, Co-Browsing, Chat, usw.), Interaktive Gesprächsleitfäden (Scripting) sowie die automatische Abarbeitung einer Call-Liste.

❑ Installed Base Management
Die beim Kunden installierten Komponenten (z.B. Software oder Komponenten eines Druckers mit Seriennummer) sind dem Kunden zugeordnet und geben darüber hinaus über eine Historie Auskunft darüber, welche Komponenten durch welche ausgetauscht oder welche Software-Upgrades durchgeführt wurden. Auswertungen hierüber können als Basis für Marketingaktionen wie z.B. Upgrade-Angebote dienen.

❑ Einsatzplanung
Nach der Identifikation der notwendigen Serviceaktionen werden den Servicemitarbeitern über eine ressourcen- und skillorientierte Planung ihre Einsätze zugewiesen.

❑ Unterstützung der Servicemitarbeitern durch mobile Geräte
Ähnlich wie den Mitarbeitern des Vertriebsaußendienstes können auch den Servicemitarbeitern beim Kunden vor Ort je nach Einsatzgebiet über eine Fat-Client Lösung auf dem Laptop oder per PDA oder Mobiltelefon Applikationen zur Verfügung gestellt werden. Hiermit können vor Ort weitere Problembeschreibungen und Rückmeldungen eingegeben werden. So können z.B. evtl. eingebaute Verschleißteile und durchgeführte Reparaturarbeiten erfasst werden.

❑ Beschwerdemanagement
Hierfür müssen folgende Funktionalitäten zur Verfügung stehen: Einheitliche Erfassung der Beschwerden auch über verschiedene Kontaktkanäle hinweg, Planung und Steuerung durch die Abbildung von

Workflowprozessen und Eskalationspfaden und Möglichkeiten zur Analyse und Controlling der Beschwerden und zur Verfolgung der eingeleiteten Maßnahmen usw.

3.1.4 Ein IT-Framework zur Beschreibung eines CRM-Systems (technische Sicht)

Um die zuvor beschriebenen Anforderungen erfüllen zu können, wird ein grundlegendes IT-Framework benötigt, welches die zuvor genannten Komponenten mit Infrastruktur- und Basisdiensten wie Netzwerk- und Middlewarekomponenten unterstützt und vor allem in die bisherige und zukünftige IT-Landschaft des Unternehmens passt. Die Applikationsschicht als Herzstück bildet die zuvor genannten Funktionalitäten ab, während die Darstellung der Information im Front-End erfolgt. Ein sehr wichtiger Punkt stellt die Frage nach der Anpassbarkeit der Software für die unternehmensspezifischen Anforderungen dar. Eine mögliche Gliederung des CRM-Systems sieht wie folgt aus:

- IT-Infrastruktur und Basisdienste
- Integrationsschicht
- Applikationsschicht
- Front-End
- Customizing/Entwicklungsumgebung

Im Folgenden werden die einzelnen Punkte und ihre Zusammenhänge beleuchtet.

IT-Infrastruktur und Basisdienste

Üblicherweise sind heutige IT-Systeme Client-Server-Systeme mit einer Drei-Schichten-Architektur (Datenbank, Applikations- und Präsentationskomponente) und auf der Grundlage einer relationalen Datenbank (RDBS) aufgebaut. Ein CRM-System sollte neben diesen Merkmalen auch den unternehmensspezifischen Anforderungen bezüglich Skalierbarkeit, Verfügbarkeit und auch Sicherheit genügen. Hier muss das System für spätere Ausbaustufen gerüstet, eine hohe Verfügbarkeit und auch Support gewährleistet und Standardsicherheitsmechanismen wie Berechtigungen, Zertifikate usw. in-

Anforderungen an ein CRM-System

tegriert sein. Ein Monitoring- und Backupkonzept sollte vorhanden und insbesondere den Ressourcenrestriktionen eines mittelständischen Unternehmens z.B. durch geeignete Outsorcing-Konzepten genügen. Ferner sollte die Hardware- und Softwarepolitik des Hauses unterstützt und hierbei insbesondere die kostenseitigen Rahmenbedingungen von kleinen und mittleren Unternehmen gerade im Bereich der Hardware- und Softwareanforderungen (Betriebssystem, Datenbank, Netzwerk- und Internetprotokolle und Standards) berücksichtigt werden. Als Softwarekomponenten sind zum einen der CRM-Server und zum anderen die Clients zu berücksichtigen. Für Analysezwecke beinhaltet ferner entweder das CRM-System selbst Data-Warehouse-Funktionalität oder hat eine Integration zu einem Data-Warehouse.

Integrationsschicht (Middleware)

Ein CRM-System als Insellösung nutzt gerade einem mittelständischen Unternehmen wenig; vielmehr muss die Integration in bestehende Back-End-Systeme wie ERP- oder einfache Warenwirtschaftssysteme gewährleistet sein, wenn durchgängige Prozesse wie z.B. die Auftragsbearbeitung (Erfassung im CRM, Belieferung und Faktura im ERP-System) oder eine Verfügbarkeitsprüfung erreicht und Datenredundanzen vermieden werden sollen. Je nach Anwendungsszenarien müssen auch Drittsysteme wie Marketingdatenbanken oder Kunden selbst an das System angeschlossen werden. Daher sollte das CRM-System Middleware bzw. EAI-Funktionalität (Enterprise Integration Application) beinhalten oder Software von Drittanbietern unterstützen. Als Quasi-Standard für den Austausch von Dokumenten hat sich dabei XML etabliert. Besonders im IT-Umfeld mittelständischer Unternehmen existiert oft eine aus mehreren kleinen Insellösungen gewachsene IT-Landschaft, die es durch geeignete Standards insbesondere im Microsoft Windows- Umfeld anzubinden gilt.

Applikationsschicht

Die Applikationsschicht stellt die eigentliche Kernkomponente des CRM-Systems dar. Sie sollte je nach unternehmensspezifischer Anforderung neben den im vorigen Kapitel genannten Funktionalitäten übergreifende Funktionen unterstützten wie

- ❏ die Integration mit Groupware wie Lotus Notes oder Microsoft Outlook

- ❑ Workflow-Funktionalitäten wie automatisches Weiterleiten von Aktivitäten an die zuständigen Mitarbeiter oder Freigabemechanismen
- ❑ Dokumentenablage
- ❑ Berechtigungsprüfungen und Sicherheitsmechanismen
- ❑ Mehrwährungsfähigkeit / Mehrländerfähigkeit bei multinationalen Unternehmen
- ❑ eine Abbildung der Organisationsstrukturen

Die Applikationsschicht speichert alle Daten des Systems in der zugrundeliegenden relationalen Datenbank. Als Stammdaten sind dies normalerweise Kunden, Produkte und Preise. Diese werden meist nicht alle im CRM-System erfasst sondern entweder aus einem Altsystem übernommen oder per dauerhafter Schnittstelle z.B. aus einem ERP-System ausgetauscht werden sollen. Bei Bewegungsdaten wie z.B. Aufträge ist es ebenfalls oft notwendig, diese an die Back-End-Systeme weiterzuleiten. Die operativen Daten können zu Auswertungen an ein Data Warehouse weitergeleitet und die Analysen daraus in operative Aktivitäten wie z.B. Marketingkampagnen umgesetzt werden.

Front-End

Das Front-End stellt die Benutzeroberfläche des CRM-Systems dar und sollte heutigen Maßstäben an Oberflächengestaltung, Handling aber auch Wartbarkeit genügen. Als Quasi-Standard hat sich hier eine webbasierte Umgebung etabliert, was den zusätzlichen Vorteil hat, dass keine weitere Client-Software installiert werden muss. Da oftmals mehrere Front-Ends wie z.B. ein Office-Client für den Innendienst bzw. das Call-Center und ein mobiler Client für den Außendienst zum Einsatz kommen, sollte dabei im Sinne des Handlings, falls Mitarbeiter beide Clients benötigen, und der Wartbarkeit Wert auf ein einheitliches Look-and-Feel gelegt werden. State-of-the-Art sind heute ferner Integration mit einem Office-Paket, Internet-Integration sowie rollenbasierte Benutzerrechte. Letzteres ist insbesondere für die Wartbarkeit von ungeheurer Wichtigkeit und sollte auf den einen Seite einem neuen Mitarbeiter einen schnellen und einfachen Zugang ermöglichen, auf der anderen Seite aber unternehmenskritische Daten durch ausreichende Sicherheitsmechanismen schützen. Auch die Client-Software muss den Ressourcenrestriktionen mittelständischer Unternehmen genügen.

Customizing/Entwicklungsumgebung

Spezifische Anpassungen der CRM-Software an die Bedürfnisse des Unternehmens sind ein sehr wichtiges Auswahlkriterium, denn gerade mittelständische Unternehmen ziehen ihren Wettbewerbsvorteil durch sehr speziell an den Markt angepasste Prozesse, die das System natürlich unterstützen muss. Prinzipiell gibt es hierfür seitens der CRM-Systemanbieter zwei Möglichkeiten:

1. Anpassungen durch sog. Customizing
2. Anpassungen durch Individualentwicklungen

Anbieter von Standardsoftware offerieren den ersten Weg. Durch Einstellen einer Vielzahl von Systemparametern (Customizing) lassen sich die meisten Prozesse auf die individuellen Bedürfnisse anpassen. Dies hat den Vorteil, das zum einen teure Entwicklungen obsolet sind und zum anderen die Software upgradefähig ist, d.h. die Einstellungen bei einem neuen Release erhalten bleiben. Die Vorteile der Anbieter des zweiten Weges liegen darin, dass hier die Software viel individueller an die Bedürfnisse der Unternehmen angepasst werden kann. Dieses "Einzelstück" hat allerdings den Nachteil, dass hier entweder überhaupt keine Upgrades oder nur mit großem Aufwand unter Nachziehen der gemachten Änderungen möglich sind.

In beiden Fällen sollte das CRM-System jedoch entweder eine integrierte Anpassungs-/Entwicklungsumgebung mitbringen oder die Integration einer Entwicklungsumgebung von Drittanbietern ermöglichen. Diese Umgebung sollte alle getätigten Änderungen aufzeichnen und dokumentieren, um diese nachvollziehbar zu machen. Ferner sollte ein ausgereiftes Testkonzept/-umgebung integriert sein, die es ermöglicht, nachträgliche Änderungen am produktiven System zunächst einmal in Ruhe zu testen und erst bei Freigabe die Änderungen wirksam werden zu lassen. Schließlich müssen die genannten Tools wiederum bzgl. Handling und Wartbarkeit den Ressourcenrestriktionen mittelständischer Unternehmen genügen bzw. nach unten entsprechend skalierbar sein.

Die folgende Abbildung zeigt die beschriebenen Komponenten eines CRM-Systems und ihre Schnittstellen nach außen.

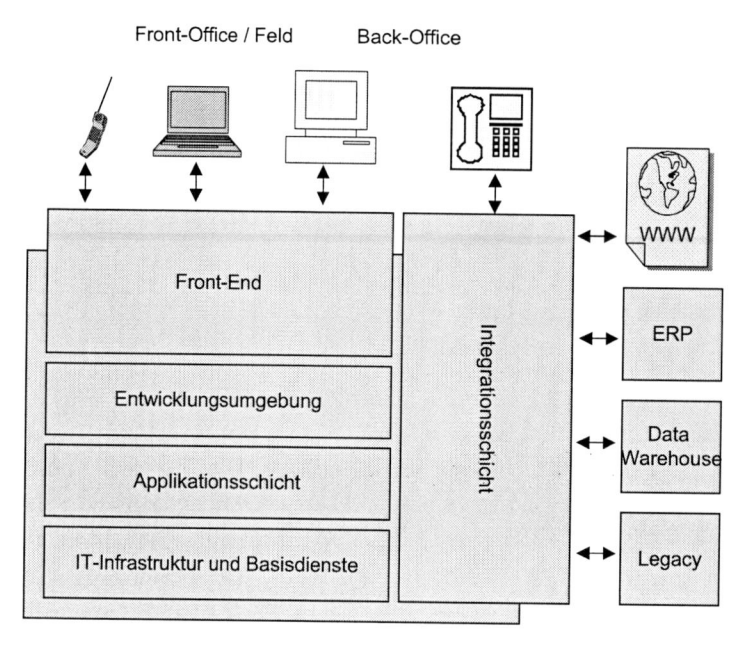

Abb. 3-2: CRM-IT-Framework

3.1.5 Zusammenfassung

Im Mittelpunkt von CRM steht der Kundenlebenszyklus (Customer Lifecycle) mit seinen vier Phasen Akquisition (Engage), Vertriebsprozesse bzw. Auftragsabschluss (Transact), Auftragsabwicklung (Fulfill) und der Kundenservice (Service). In jeder dieser Phase müssen die kundennahe Bereiche Vertrieb, Marketing und Service durch geeignete Funktionalitäten unterstützt werden. Die Unterstützung muss dabei die operative Ebene im Feld und die analytisch/strategische in der Planung im Unternehmen selbst wie gegebenenfalls die kollaborative Ebene in der Zusammenarbeit mit anderen Unternehmen umfassen.

Daraus lassen sich Funktionalitäten für ein CRM-System ableiten, die Prozesse in den Bereichen Vertrieb, Marketing und Service unterstützen. Im Vertrieb bedeutet dies insbesondere Unterstützung des Außen- und Innen-

Anforderungen an ein CRM-System

dienstes beim Auftragsabwicklungsprozess oder aber die Integration einer Web-Shop-Lösung. Im Marketing heißt dies z.B. Unterstützung bei der Planung, Durchführung und Steuerung von Marketingkampagnen. Im Service umfasst dies u.a. die Einsatzplanung und Abwicklung von Servicevorgängen wie Reparaturen vor Ort oder Beschwerden, Self-Service-Funktionalität über das Internet und die Integration eines Call-Centers. Darüber hinaus werden ein Fülle von Funktionalitäten beschrieben, die alle zusammen genommen einen Funktionskatalog darstellen, der als Anhaltspunkt zu einer Auswahl von unternehmensspezifischen Funktionen dienen kann.

Neben den betriebswirtschaftlichen Anforderungen bestehen eine Reihe von Anforderungen an das IT-Framework eines CRM- Systems. Hier muss die IT-Infrastruktur und die Basisdienste eines solchen Systems in die vorhandene Systemlandschaft passen und die Applikationsschicht sollte gewisse Basisfunktionalitäten wie z.B. Groupware-Integration beinhalten. Die Integrationsschicht bildet die Schnittstelle zum vorhandenen ERP- bzw. Warenwirtschaftssystem, um übergreifende Prozesse zu unterstützen oder aber um weitere Drittsysteme anzubinden. Das Front-End stellt die Schnittstelle zum Anwender dar und muss heutigen Maßstäben bzgl. Oberflächengestaltung, Handling und auch Wartbarkeit genügen. Die Anpassbarkeit der Software muss schließlich durch geeignete Customizing- oder Entwicklungswerkzeuge gewährleistet sein.

In der Praxis gilt es, aus dem vorliegenden Katalog die Funktionalitäten herauszufinden, die die unternehmensspezifischen Prozesse am besten unterstützten. Die Software sollte ferner in die vorhandene Systemlandschaft und –politik des Unternehmens passen. Gerade als mittelständisches Unternehmen gilt es hier, im Spannungsfeld zwischen unbedingt notwendigem Abdeckungsgrad an betriebswirtschaftlicher und IT-technischer Funktionalität einerseits und Wirtschaftlichkeitserwägungen andererseits einen preiswerten Kompromiss zu finden.

3.2 Systematische Auswahl von CRM-Systemen Vorgehensweise und Auswahlkriterien

(von Wolfgang Schwetz)

3.2.1 Der Auswahlprozess als Ursache für Probleme bei der Einführung von CRM-Systemen

Eine der Hauptursachen für das Scheitern von CRM-Projekten liegt im Auswahlprozess der CRM-Software. Dies bestätigen aktuelle praktische Erfahrungen ebenso wie eine 1999 durchgeführte Befragung von über 120 Vertriebsleitern. Nach den Problemen in der Einführungsphase befragt, erklärten 83 Prozent, mit der Akzeptanz und der Software die größten Schwierigkeiten gehabt zu haben, gefolgt von der korrekten Nutzung der Programme und dem Datenaustausch (79 Prozent). An siebter Stelle rangierten fehlende Funktionen der Software mit 55 Prozent. Wenn man zusätzlich erfährt, dass 56 Prozent ihre Probleme auf fehlende Schulung zurückführen, dann überraschen die oben genannten Hauptursachen - Akzeptanz und Software - nicht mehr. Woher sollen die Anwender eine zufriedenstellende Akzeptanz nehmen, wenn der Software Funktionen fehlen und sie nicht ausreichend in der Handhabung dieses Programms geschult wurden? Ebenso wenig sind sie dann in der Lage, ein solches Programm korrekt zu nutzen.

Sehen wir uns ein Beispiel aus der Praxis an: Ein mittelständischer Industriebetrieb hatte vor einem Jahr einen Vertrag mit einem renommierten CRM-Softwarelieferanten abgeschlossen. Nun forderte er neutrale Unterstützung in einem ins Stocken geratenen Dialog mit dem Programmhersteller an. Der Hersteller weigerte sich, zugesagte Programmfunktionen zum vereinbarten Pauschalpreis zu liefern und aufgedeckte Programmfehler zu beheben. Das Programm wurde darüber hinaus in einer anderen Version (16 bit) geliefert und installiert als auf einer der Messen vorgeführt (32 bit). Bei der täglichen Datenreplikation erhielt überraschend Außendienstmitarbeiter A die Daten des Kollegen B und umgekehrt. Ein gemeinsames Gespräch offenbarte eine Reihe von Missverständnissen und Versäumnissen im Vorfeld. Auf einer Messe führte der Programmhersteller offenbar seine noch nicht ganz fertig gestellte neue Version als Prototyp vor. Er wollte ja schließlich seine

Systematische Auswahl von CRM-Systemen

Kompetenz in moderner Technologie zum Ausdruck bringen. Es kommt in der Folge nicht selten vor, dass die Mitarbeiter, die nach dem Vertragsabschluss mit der Implementierung beauftragt werden, das Projektteam des Anwenders auf den Boden der Tatsachen zurückholen müssen, wenn von ihnen die Einhaltung der vollmundigen Versprechungen der Marketingkollegen gefordert wird. Vor dem Vertragsabschluss ist das alles kein Problem - der nächste bitte -, aber hinterher wird es oft zur teueren Aufgabe von Anwälten. Das lässt sich durch ein systematisches Auswahlverfahren weitestgehend umgehen und ausschließen.

An dieser Stelle sei ein Vergleich mit einer anderen Branche, dem Automobilmarkt, gestattet, der diese Problematik vielleicht besser verdeutlicht. Auf der jährlichen stattfindenden Internationalen Automobilausstellung (IAA) versuchen die Automobilhersteller ihre Innovationsfähigkeit durch futuristische Studien zu belegen. Diese locken das Anwenderpublikum ebenso wie die Fachpresse an. Kein Mensch würde sich auf dieser Messe ein Auto ansehen, wie es hundertfach draußen auf den Parkplätzen herumsteht. Und trotzdem akzeptieren wir alle selbstverständlich, dass der vom Autohändler tags darauf übergebene Neuwagen bereits vor fünf oder mehr Jahren entwickelt wurde. Genauso verhält es sich mit dem Marketing der Softwareindustrie. Auf den Messen soll den potentiellen Kunden Innovationsfähigkeit und die Beherrschung modernster Technologie vermittelt werden. Gerade in einer Branche, die ausschließlich von einer raschlebigen Technologie und einem harten Verdrängungswettbewerb lebt, ist das eine grundlegende Bedingung. Wer auf einer Messe veraltete Technologie präsentiert, kann damit kein Publikum an seinen Messestand locken. Der Glaube und das Vertrauen an die Zukunftsfähigkeit des Herstellers sollen die Kaufentscheidung herbeiführen. Dabei versuchen sich die Softwareanbieter mit allen Mitteln gegenseitig zu übertrumpfen. Wer diesen Illusionen erliegt, also den Unterschied zwischen Wunsch und Wirklichkeit bewusst oder unbewusst ignoriert, findet sich nach der Vertragsunterzeichnung ernüchtert auf dem Boden der Tatsachen wieder.

Im eingangs geschilderten Fall wurden mehrere, durchaus vermeidbare Fehler begangen. Die Gespräche ergaben, dass beide Parteien sowohl über den Funktionsumfang als auch die eingesetzte Technologie der Software unterschiedlicher Meinungen waren. Das hätte sich durch mehrere Maßnahmen im Vorfeld des Entscheidungsprozesses vermeiden lassen. Zum einen sollte man vor dem Vertragsabschluss Einigkeit über den Vertragsgegenstand erzielen, wozu einige Workshops zwischen dem Anbieter und dem Projektteam des Anwenders erforderlich sind. Dabei werden anhand der präsentierten Softwarelösung und des vorhandenen Pflichtenhefts die Unterschiede beider Seiten ebenso festgestellt wie die erforderlichen Anpassungen und Ergänzungen - einvernehmlich, auch im juristischen Sinn - festgelegt. Diese werden dann nach Kalkulation des Aufwands mit Kosten und Terminen zum Vertragsgegenstand erklärt. Der Funktionsumfang einer Software einschließlich der Datenreplikation kann bzw. muss vor dem Vertragsabschluss ausgiebigen Tests unterworfen werden, bevor eine Freigabe für die Einführung erfolgen kann. Die Problematik der Softwarefehler im praktischen Betrieb ist zum Großteil auch das Ergebnis der Qualität des Abnahmeverfahrens. Hier stellen wir immer wieder fest, dass Anwender oft kein abschließendes Abnahmeverfahren haben, keine abschließenden Tests betreiben und die Software durch Überschreiten des Zeitlimits des Anbieters als abgenommen betrachtet wird - freilich nur einseitig aus Anbietersicht. Damit beginnt der Leidensweg für beide Seiten. Hier soll aber beileibe nicht der Eindruck vermittelt werden, dass nur die Anwender schuld an der Misere haben. Aber als verantwortungsbewusster Vertragspartner ist es die Pflicht des Anwenders, die Ordnungsmäßigkeit der Softwarelieferung genau so sorgfältig wie bei anderen Einkäufen zu überprüfen und Mängel rechtzeitig aufzudecken.

Offenbar sind dem Anwender im genannten Fall vor der Vertragsunterzeichnung zwei weitere Defizite anzukreiden. Wer eine Software erwirbt, ohne sie zu testen und Referenzkunden zu kontaktieren, kauft die Katze im Sack. Beim Autokauf machen Sie doch auch mehrere Probefahrten, oder etwa nicht?

Umgekehrt wäre es ebenso falsch und ungerecht, die Ursachen für die Fehler immer einseitig beim Softwarehersteller zu suchen. Die Wahrheit liegt wie so oft in der Mitte. Zur Umschiffung der Unwägbarkeiten bei der Softwareauswahl sollen diese Ausführungen dienen.

3.2.2 Die Qual der Wahl

Da es im CRM-Markt heute unüberschaubar viele verschiedene Lösungen und ein sehr unterschiedlicher Stand der technologischen Entwicklung gibt, fällt die Entscheidung für einen der über 120 Anbieter sicherlich nicht leicht. Nachdem die Unterschiede nicht sofort transparent werden, da auf allen Messen und Ausstellungen immer mehr Prototypen, Modelle und Studien als Fakten gezeigt werden, muss nach Rückkehr von einer solchen Messe oft die Spreu vom Weizen getrennt werden. Nur ein systematisch geplantes Aus-

Systematische Auswahl von CRM-Systemen

wahlverfahren kann die notwendige Sicherheit bei der Entscheidungsfindung bringen.

Der Softwaremarkt für CRM

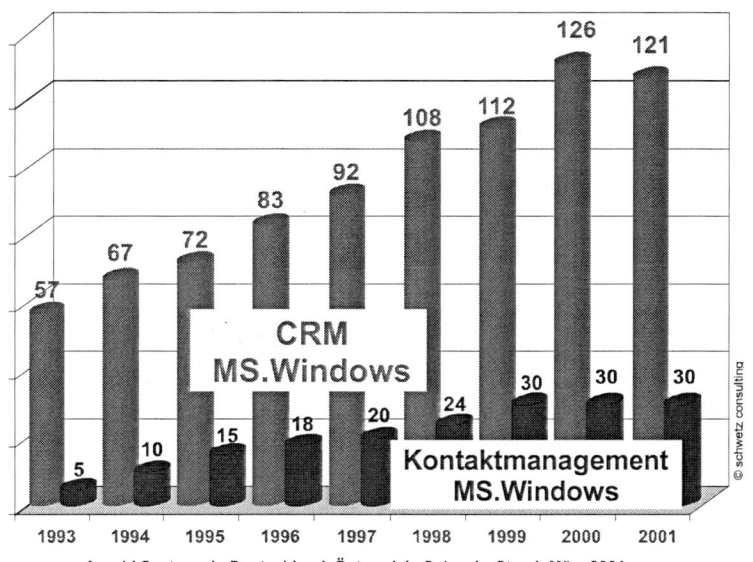

Abb. 3-3: CRM Softwaremarkt

Erfahrungen mit negativen Beispielen belegen immer wieder, wie gefährlich es sein kann, die Auswahl des richtigen Softwarepartners dem Zufall zu überlassen. Vor allem muss dringend davor gewarnt werden, in den Softwareauswahlprozess einzusteigen, bevor man die Ziele und Anforderungen an die künftige Software selbst definiert hat. Der Anwender macht sich damit zum Spielball der Anbieter nach dem Motto "wir haben genau die richtige Lösung für Sie". Ohne Anforderungskatalog und Pflichtenheft ist eine systematische und sichere Auswahl nicht möglich. Im folgenden soll ein Versuch unternommen werden, die wesentlichen Unterscheidungsmerkmale der CRM-Systeme heraus zu arbeiten.

Brancheneignung

Ein wesentlicher Unterschied zwischen allen Paketen liegt in der Brancheneignung und der Branchenkompetenz des Softwareanbieters. Diese resultiert meist aus der Erfahrung des Softwareanbieters und einer mehrjährigen Tätigkeit für Unternehmen einer bestimmten Branche. Die Brancheneignung spielt eine um so größere Rolle, je tiefer man in Prozesse wie die Angebotserstellung und Auftragserfassung im Rahmen eines CRM-Systems vordringt. Denn dort liegen oft die gravierenden Unterschiede. Zum Beispiel stellt die Angebotserstellung im Konsumgüterbereich mit vielen Massengütern ganz andere Anforderungen an die Computerunterstützung im Vertrieb als in der Versicherungswirtschaft, in der Pharmaindustrie oder im Maschinenbau. Entscheidend ist, ob der Anbieter die Sprache der Branche spricht. Fehlende Branchenerfahrung eines Anbieters kann viel Geld und Zeit kosten.

Funktionen und Prozesse

Natürlich hängen die Funktionen und Prozesse direkt von der Branche des Anwenders ab, wie an den Beispielen oben dargestellt wurde. Auch hinsichtlich der unterstützten Prozesse unterscheiden sich die Programmpakete teilweise gravierend. Nicht alle am Markt angebotenen CRM-Systeme verfügen über die Integration von Marketing, Vertrieb und Service. Manche Anbieter haben ihre Stärken im Vertrieb, andere im Service oder Marketing. Einige Anbieter haben fehlende Funktionalitäten durch Kooperation mit anderen Anbietern oder Übernahmen ganzer Softwarehäuser ergänzt, um ein geschlossenes Paket anbieten zu können. Realistisch betrachtet, benötigt wahrscheinlich kein Anwender alle Funktionen eines integrierten CRM-Systems ("Eierlegende Wollmilchsau"). Ebenso wenig darf es enttäuschen, dass es dieses eierlegende Monster gar nicht gibt. Die Softwareanbieter konzentrieren sich in der Regel auf jene Kernaufgaben, die ihre Kunden von ihnen fordern und das ist meist eben nicht ein CRM-System mit allen Facetten.

Technologie und Qualität

Die systemtechnischen Leistungsmerkmale sind ein weiteres wesentliches Unterscheidungsmerkmal. Hier geht es unter anderem um unterstützte Betriebssysteme, Netzwerkkomponenten, Datenbanksysteme, Internet-Funktionalitäten und Schnittstellen zu ERP-Systemen. Aber auch hinsichtlich der

Systematische Auswahl von CRM-Systemen

verwendeten Programmierwerkzeuge, der Softwarequalität und der Methoden der Softwarewartung, Fehlerbehebung und Projektabwicklung ergeben sich große Unterschiede, die sich auch in den Folgekosten niederschlagen.

Standard oder Individualsoftware

Nach wie vor gibt es Programme, die vom Systemanbieter individuell auf Kundenbedürfnisse zugeschnitten werden. Dabei wird auf Kundenwunsch ein System "maßgeschneidert" erstellt, oft auf Basis von Standardmodulen, die durch kundenindividuelle Programmierung angepasst werden. Aus Gründen der Folgekosten bevorzugt man heute allerdings Standard-Systeme. Dabei sollte man darauf achten, dass etwa 80 Prozent des geforderten Funktionsumfangs erfüllt werden. Hierbei sollte man bewusst Einbußen des Funktionsumfangs in Kauf nehmen ("Starten Sie lieber morgen mit einer 80-prozentigen Lösung als nie mit einer 100-Prozentigen!"). Standardlösungen sind wartungsfähig und releasefähig. Das bedeutet, dass Standardsysteme vom Systemadministrator mit Hilfe eines Customizing-Werkzeugs an individuelle Verhältnisse angepasst werden können, jedoch nicht durch Veränderung des Programmcodes, sondern mit Hilfe von Parametern, die außerhalb des eigentlichen Programms liegen. Dabei kann der Systemadministrator nach entsprechender Schulung durch den Programmhersteller selbst Datenfelder hinzufügen sowie individuelle Oberflächen und Datenbankverknüpfungen gestalten. Bei einem Releasewechsel entstehen dann nur minimaler Aufwand und entsprechend geringe Kosten. Reine Individuallösungen erfüllen zwar in einem sehr hohen Maß die Anforderungen einer Vertriebsorganisation, erweisen sich aber bezüglich der Release-Fähigkeit und Wartbarkeit langfristig oft als Sackgassen oder Sparbüchsen.

Kosten

Der Preis für die Softwarelizenzen und andere Einführungskosten spielt sicher eine wesentliche Rolle bei der Auswahl des Systems. Für kleine Vertriebsorganisationen finden sich passable Standardlösungen im Bereich des Kontaktmanagements bereits deutlich unter 500 € pro Anwender. Die Kosten für Softwarelizenzen liegen bei professionellen CRM-Systemen für mittelständische Unternehmen zwischen 1.500 € und 2.500 € pro User. Bei integrierten Systemen für internationale Vertriebsorganisationen und Konzerne rechnet man in Projektkosten einschließlich der Implementierung von einigen Millionen €.

Service

Ein nicht zu vernachlässigender Unterschied der CRM-Software ist auch in den Zusatzleistungen des Softwareanbieters zu sehen. Je nach Bedarf sollte das Serviceangebot des Anbieters unbedingt auch in die Auswahlentscheidung mit einbezogen werden. Wer bei der Konzeption des Systems sowie in der Einführungsphase bei der Datenübernahme oder Installation des Systems Unterstützung braucht, sollte auch diese Leistungen in das Pflichtenheft aufnehmen. Hier ist in der Regel mit Tagessätzen von 750 € und 1.500 € je nach Spezialisierungsgrad des angeforderten Mitarbeiters zu rechnen.

3.2.3 Anbieterkategorien

Die Entwicklung auf dem deutschen CRM-Softwaremarkt hat zu einer Segmentierung des Angebots geführt. Nach unserer Einschätzung aus der laufenden Beobachtung des CRM-Marktes wird man künftig bereits bei der Vorauswahl stärker differenzieren müssen hinsichtlich folgender Merkmale:

- Einsatzgebiete / Anwenderzielgruppen / B2B - B2C
- Branchenorientierung
- Integration Marketing - Vertrieb - Service - ERP

Danach lassen sich die CRM-Anbieter folgenden strategischen Gruppen zuordnen:

- Globale High-End Produktanbieter, die flexibel anpassbare Standard-Lösungen für Unternehmen aller Branchen und Größenklassen erstellen und den Anspruch erheben, alle wesentlichen Funktionen in ihren CRM-Lösungen bis hin zum E-Business auch für internationale Märkte abzudecken. Zu diesen Anbietern gehören u.a. die ERP-Anbieter SAP, Peoplesoft (nach Übernahme von Vantive) und Oracle, aber auch Marktführer Siebel, Pivotal und update.com.
- Branchenorientierte Nischenanbieter, die vertikale Standardlösungen für bestimmte Marktsegmente anbieten, in denen ähnliche Geschäftsprozesse in den Bereichen Marketing, Vertrieb und Service vorliegen. Für diese Branchen bieten sie alle erforderlichen Funktionen selbst an oder gewährleisten eine nahtlose Integration in einem Gesamtsystem. Auf dem deutschen Markt haben sich als Branchenspe-

Systematische Auswahl von CRM-Systemen

zialisten unter anderem CAS in Pirmasens (Konsumgüter), FJA (Versicherungen) und UniQuare (Banken) etabliert.

❏ Funktionale Nischenanbieter, die sich entweder auf einen der Bereiche Marketing, Vertrieb oder Service oder sogar nur auf einen Teilbereich beschränken, wie z. B. auf die Komponente Angebotskonfiguration im Vertriebsbereich oder Call Center-Lösungen. Diese Komponenten bieten sie dann i.d.R. branchenunabhängig an. Vertreter dieser Kategorie sind u.a. Anbieter von Produktkonfiguratoren wie camos, Cincom und Trilogy, die Call Center-Lösung von Aspect oder das Mittelstandspaket genesisWorld der CAS Software AG.

❏ Globale Low-End Produkthersteller mit einfachen bis teilweise sehr komfortablen Kontaktmanagementprogrammen, die als Einzelplatzlösungen konzipiert, aber auch in kleinen Netzwerken einsatzfähig sind. Zu dieser Gruppe gehören Maximizer, Office Komfort oder Team Brendel mit der preiswerten Einstiegslösung WinCard Pro.

❏ Anbieter von Individualsoftware, die für jeden Kunden eine spezifische CRM-Lösung entwickeln wie etwa der Anbieter Ackerschott.

3.2.4 Technologische Trends

Der Trend geht eindeutig in Richtung skalierbare und mit Customizing-Tools an individuelle Bedürfnisse anpassbare Standardsoftware. Dies wird angesichts immer kürzerer Release-Intervalle notwendig, um den zeitlichen wie finanziellen Aufwand für die in der Vergangenheit bemängelte immer wieder anfallende teure Anpassungsprogrammierung einzusparen. Releasefähigkeit und Wartbarkeit heißt das Gebot der Stunde. Weitere Trends liegen in der Internet-Fähigkeit und als Voraussetzung für einen flexiblen Einsatz mit unterschiedlichen Oberflächen die mehrschichtige Systemarchitektur. Alle führenden Anbieter haben inzwischen Web-fähige bzw. Web-basierte CRM-Lösungen mit n-tier-Architektur im Angebot. Neben den technologischen Anforderungen gehören aber auch folgende Faktoren zu den Voraussetzungen für eine erfolgreiche Zukunftsbewältigung in diesem hart umkämpften Markt:

❏ technologisch moderne Softwaretools in der Entwicklung
❏ ein in der Praxis bei der Softwareentwicklung, Projektabwicklung und laufenden Kundenbetreuung angewendetes Qualitätsmanagement

- ❏ gut ausgebildetes und CRM-erfahrenes Personal mit branchenspezifischem Know-How für eine rasche Einführung
- ❏ eine internationale, zumindest europäische Ausrichtung
- ❏ eine Personalstärke von rund 100 Mitarbeitern oder vergleichbare Partnerschaften für Vertrieb und Implementierung
- ❏ ein visionäres Management
- ❏ solide Finanzen

Diese Voraussetzungen erfüllen die Softwareanbieter nicht immer, wie wir bei unseren Marktrecherchen laufend in Erfahrung bringen.

3.2.5 Anwenderkategorien

Eine andere Unterscheidung der Systemanbieter ordnet sie potenziellen Anwendergruppen zu. So eignen sich für die Gruppe der Konzerne und internationalen Großunternehmen mit mehr als hundert Usern maximal zwanzig Anbieter, die für sich auch in Anspruch nehmen können, eine integrierte CRM-Lösung für Vertrieb, Marketing und Service anzubieten.

Die Zielgruppe Mittelstand bis Großunternehmen bis zu rund hundert Anwendern kann unter etwa hundert Softwareanbietern mit unterschiedlicher Brancheneignung wählen. Diese Anbieter werden strenggenommen vom Stand ihrer Entwicklung her eher der Bezeichnung CAS (Computer Aided Selling) oder SFA (Sales Force Automation) gerecht, da sie schwerpunktmäßig den Vertrieb unterstützen, nicht aber integrierte Lösungen für Marketing, Vertrieb und Service anbieten bzw. diese Integration noch nicht voll unterstützen können.

Die dritte Anwendergruppe sind kleine bis mittelständische Unternehmen zwischen einem und zehn Usern, für die sich der Markt von rund fünfzig Kontaktmanagementsoftware-Anbietern eignet. Es gibt also, um eine oft gestellte Frage auf zu greifen, keine Untergrenze, ab der sich CRM erst lohnen würde. Man muss nur das für die eigenen Bedürfnisse geeignete Softwarepaket auswählen.

3.2.6 Alles Banane, oder?

Der unter IT-Leuten oft zitierte Vergleich der Software mit Bananen, die beim Kunden reifen, ist durchaus Realität. Auf den Punkt gebracht bedeutet

Systematische Auswahl von CRM-Systemen

dies, dass Anwender die Wahl haben, entweder eine ausgereifte und weitgehend fehlerfreie Software zu kaufen, die dann aber sicher noch nicht über die modernste Technologie verfügt, oder sie entscheiden sich für neuesten Technologiestandard, der dann mit an Sicherheit grenzender Wahrscheinlichkeit noch nicht ausgereift ist. Darüber hinaus ist es eine altbekannte Tatsache, dass Software niemals frei von Fehlern ist. Es liegt auf der Hand, dass das Fehlerrisiko natürlich bei einer bereits tausendfach eingesetzten Software geringer ist als bei einem gerade im Labor entwickelten Prototypen.

3.2.7 Welches ist das beste Auto?

Die Frage nach dem besten CRM-System ist falsch. Meist wird mit der Gegenfrage "Welches ist das beste Auto?" erkannt, wo der Fehler liegt. Denn spätestens dann hat der Interessent begriffen, dass die Frage in dieser Form nicht gestellt werden kann. Die Frage muss nämlich lauten: Welches System erfüllt meine Anforderungen am besten? Und dazu ist es notwendig, dass zuerst die Anforderungen definiert werden, bevor man sich an den Auswahlprozess wagt. Von Zufallstreffern auf dem Messerundgang oder beim Durchblättern von Fachzeitschriften sollte man Abstand nehmen. Deshalb sollte zunächst eine systematische Marktanalyse durchgeführt werden. Dabei stellen Marktübersichten wie der seit 1992 jährlich aktualisierte "CRM-Marktspiegel" oder die Internet-Softwareauswahlplattform www.it-matchmaker.com eine wertvolle Hilfe dar. Projektleiter, die ohne eine solche Marktübersicht einen Auswahlprozesse hinter sich gebracht haben, bestätigen immer wieder, wie sehr ihnen eine Marktübersicht dabei geholfen hätte. Wer in diesem so intransparenten Markt den Auswahlprozess mit System betreibt, erreicht sein Ziel nicht nur schneller, sondern auch mit geringerem Aufwand und mit wesentlich höherer Sicherheit.

3.2.8 Kritische Fragen

Im gesamten Auswahlprozess geht es um die Erarbeitung der erforderlichen Sicherheit für die Entscheidungsfindung. Dabei spielen Fragen der Zukunftssicherheit der einzelne Anbieterfirmen einerseits eine ebenso bedeutende Rolle wie der Zukunftsfähigkeit der Software andererseits. Nachstehend sind die wesentlichen kritischen Fragen aus diesen beiden Blickwinkeln zusammengefasst. Im Laufe des Auswahlverfahrens müssen sie zufriedenstellend zumindest für den Kandidaten beantwortet werden können, mit dem man anschließend den Vertrag abschließt.

Kritische Fragen bei der CRM-Softwareauswahl

A. Software-Anbieter

- ❏ Existiert der Anbieter schon einige Jahre (mindestens drei bis fünf) am Markt?
- ❏ Wie viele festangestellte Mitarbeiter beschäftigte der Anbieter ...
  - ❏ in den letzten 3 Jahren?
  - ❏ in Marketing und Vertrieb? (Durchschnitt ca. 20-30 Prozent)
  - ❏ in der Systementwicklung? (Durchschnitt ca. 30-40 Prozent)
  - ❏ in der Projektabwicklung? (Durchschnitt ca. 20-30 Prozent)
  - ❏ im Support? (Durchschnitt ca. 20-25 Prozent)
  - ❏ in der Administration? (Durchschnitt ca. 5-10 Prozent)
- ❏ Verfügt der Anbieter über ausreichende Branchenerfahrung und Referenzen in seiner Branche? (Welche?)
- ❏ Liegt eine ausschließliche Spezialisierung auf CRM vor?
- ❏ Weist die Umsatzentwicklung der letzten drei Jahre ein deutliches Wachstum (jeweils > 20 Prozent) auf?
- ❏ Verfügt der verantwortliche Projektleiter über ausreichende Erfahrung? (Branchenprozesse, Technologien, Projektmanagement)

B. CRM-Software

- ❏ Software-Qualität: Entspricht die Software den Kriterien moderner CRM-Systeme?
- ❏ Handelt es sich um Standardsoftware, die vom Systemadministrator angepasst werden kann?
- ❏ Wo liegen eventuell Grenzen des Customizing?
- ❏ Wie viele CRM-Systeme (Kunden, User) sind bereits produktiv im Einsatz?
- ❏ Ist der derzeitige (echte) Releasestand der CRM-Software größer 1?
- ❏ Läuft die CRM-Software auf verschiedenen Plattformen (Netzwerk, Außendienst, Internet)?
- ❏ Gibt es eine lauffähige Test-/Demo-Version?

Systematische Auswahl von CRM-Systemen

❏ Erfüllt die CRM-Standardsoftware mindestens 80 Prozent Ihrer Anforderungen?
❏ Sind alle kritischen Funktionen wie Mehrsprachigkeit, Schnittstellen zu MS Office etc. erfüllt?
❏ Ist die Dokumentation auf dem aktuellen Stand? Entspricht sie Ihren Anforderungen?

Es erweist sich immer wieder als entscheidend, im Auswahlprozess nicht nur die Funktionalität der Software zu prüfen, sondern auch, inwieweit der Softwareanbieter zum eigenen Unternehmen passt.

Manche Anbieter sind auf mittelständische Unternehmen spezialisiert und eignen sich eben nicht für Konzerne. Umgekehrt sind Anbieter, die üblicherweise in internationalen Konzernen arbeiten, für den Mittelständler meist eine Nummer zu groß.

Ein Anbieter mit zwölf Mitarbeitern wird ebenfalls kaum in der Lage sein, ein Projekt in einer Größenordnung von mehreren hundert Anwendern erfolgreich realisieren zu können. Die Brancheneignung der Software muss auch durch entsprechende Branchenerfahrung und Referenzen des Anbieters nachgewiesen werden. Eine ganz wesentliche Voraussetzung für eine erfolgreiche Zusammenarbeit mit einem CRM-Lieferanten ist dabei die Frage, ob sich der Software-Anbieter ausschließlich auf das Thema CRM konzentriert und hier seine Kernkompetenz hat. Wenn er dann in diesem Marktsegment über einige Jahre Erfahrung und eine Vielzahl guter Referenzen verfügt und andererseits seine Umsatzentwicklung deutlich über dem üblichen Marktwachstum liegt, stehen die Chancen gut, dass es diesen Softwareanbietern auch in fünf Jahren noch geben wird. Und dies ist letztendlich entscheidend.

Schließlich ist auch die Frage nach der Erfahrung des Projektleiters in der Realisierungsphase von großer Bedeutung. Erfahrungsberichte bestätigen dies eindeutig. Daher sollte im Rahmen der Auswahl auch diese Frage mit dem Anbieter diskutiert werden. Im Idealfall wird der Projektleiter namentlich in den Vertrag aufgenommen, damit nicht nach der Vertragsunterzeichnung unerfahrene Universitätsabsolventen ihr "learning by doing" auf Kosten des Anwenders betreiben.

Wesentliche Unterscheidungsmerkmale der Anbieter

Das CRM-Softwareangebot lässt sich nach mehreren, für den Anwender wichtigen Gesichtspunkten unterscheiden:

❏ Brancheneignung (grobe Gliederung: Investitionsgüter, Konsum-

güter, Dienstleister)
- ❏ Größe und Einsatzgebiet des Anwenderunternehmens (Konzerne, Mittelstand, KuM)
- ❏ Funktionsumfang und Grad der Integration (Marketing, Vertrieb, Service)
- ❏ Systemplattformen und Systemdesign (Betriebssystem, Netzwerk, Hardware, Internet)
- ❏ Preis
- ❏ Serviceangebot des Herstellers (Prozessanalyse und Prozessberatung, Customizing, Softwareentwicklung, Datenübernahme, Einführungsunterstützung, Schulung)

Fragen zur Software

Ganz wichtig ist auch die Frage nach der Praxiserprobung der Software. Daher sollte der aktuelle Releasestand größer als 1.0 sein. Aber Achtung: Mit den Nummern der Releasestände wird aus verkaufstaktischen Gründen viel jongliert.

Auch das Verhältnis der Anzahl bisheriger Installationen zum Alter des Anbieters und dessen Größe sind Indizien für den Erfolg der Software. Kleine Softwareanbieter mit zehn Mitarbeitern können in der Regel pro Jahr mehrere kleinere Projekte und / oder nur wenige große realisieren. Von einem großen Anbieter mit hundert Mitarbeitern kann man hier deutlich mehr erwarten. Liegen die Installationszahlen deutlich darunter, kann dies ein Indiz für aufwändige Individualsoftware oder nicht ausgereifte Standardsoftware sein, die einen hohen Personaleinsatz erfordert.

Auch die Frage nach den Qualitätskriterien moderner Standardsoftware beinhaltet einige K.O.-Kriterien: So sollte es sich immer um Standardsoftware handeln, die mit modernen Softwaretools entwickelt wurde und außerdem von dem Systemadministrator mit Hilfe eines Customizing-Tools flexibel an individuelle Bedürfnisse angepasst werden kann. Bei diesen Anpassungen geht es um die Gestaltung der Oberflächen der einzelnen Masken, das Hinzufügen, Entfernen oder auch Verändern einzelner Felder und deren Bezeichnung sowie deren Positionierung auf der Maske.

Andererseits wäre es wünschenswert, auch neue Relationen, also Verknüpfungen zwischen den einzelnen Tabellen der Datenbank herstellen zu können. Die Frage der Skalierbarkeit der Software gibt Aufschluss über die Flexibilität bezüglich verschiedener Systemplattformen, um zum Beispiel unterschiedliche Betriebssysteme und Datenbank-Systeme im Netzwerk und

Systematische Auswahl von CRM-Systemen

auf den Notebooks einsetzen zu können. Das ist insbesondere dann wichtig, wenn absehbar ist, dass durch entsprechendes Unternehmenswachstum auch das Datenvolumen wächst.

Vergleichbar mit der Probefahrt bei einem Auto sollte auch bei der Software die Möglichkeit geboten werden, im Rahmen einer Testinstallation das Programm einer eingehenden Prüfung zu unterziehen. Dabei wird mit Hilfe einer Checkliste sichergestellt, dass ein in Frage kommendes CRM-System mindestens 80 Prozent der gestellten Anforderungen erfüllen kann. Im Zuge dieses Tests ist dann zu prüfen, ob kritische Anforderungen wie zum Beispiel eine Fremdsprachenfähigkeit oder Schnittstellen zu bestimmten ERP-Systemen zufriedenstellend abgedeckt werden.

Technologische Merkmale moderner CRM-Systeme

- 32 Bit-Version unter Windows 2000 bzw. Windows NT
- Maskenoberfläche im Windows- oder Internet-Standard (Browser)
- n-tier Architektur, Client-Server-Technologie im Netzwerk
- Skalierbarkeit
- Modular aufgebaute Standardsoftware
- Offene Datenbank-Schnittstellen (ODBC)
- Tools für ein individuelles Customizing
- Integrierte Schnittstellen zu ERP-Systemen
- Kommunikationstool mit Datenreplikation auf Feldebene
- Telefonwahlmodul /CTI-Integration
- Schnittstellen zu Data Warehouse, OLAP-Tools, Email
- Internet-Fähigkeit

3.2.9 Die Phasen der Softwareauswahl

Aufgrund der fehlenden Transparenz und der offensichtlich sehr großen Unterschiede zwischen den einzelnen Programmen hat es sich in der Praxis als sinnvoll erwiesen, beim Auswahlprozess in drei Stufen vorzugehen. Auf diese Weise kann der Kreis der in Frage kommenden Anbieter systematisch eingeengt werden, bis man sicher ist, den richtigen Anbieter gefunden zu haben.

Phasen der Softwareauswahl

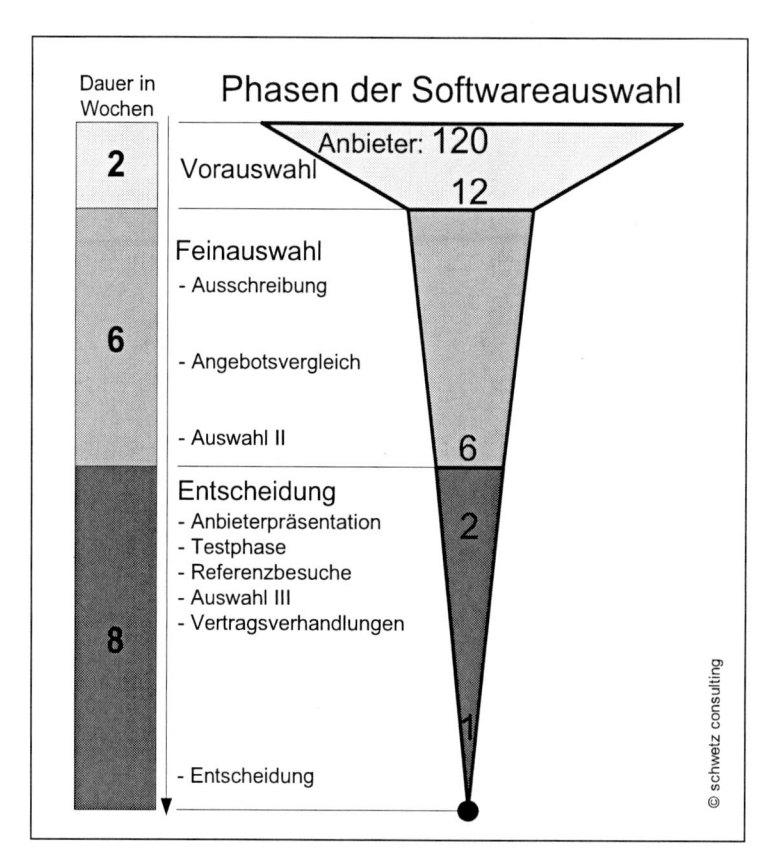

Dauer in Wochen	Phase	Anzahl
2	Vorauswahl	Anbieter: 120 → 12
6	Feinauswahl - Ausschreibung - Angebotsvergleich - Auswahl II	12 → 6
8	Entscheidung - Anbieterpräsentation - Testphase - Referenzbesuche - Auswahl III - Vertragsverhandlungen - Entscheidung	6 → 2 → 1

© schwetz consulting

Abb. 3-4: Auswahlphasen

Die Dauer des Auswahlprozesses liegt erfahrungsgemäß zwischen drei und sechs Monaten. Dabei muss berücksichtigt werden, dass für Terminvereinbarungen zu Testinstallationen und Referenzkundenbesuchen durchaus Leerläufe von mehreren Wochen eintreten können. Trotzdem sollte man in dieser Phase keinen zu großen Zeitdruck auf das Projektteam ausüben, denn sonst leidet die Qualität der Entscheidung. Und meist verliert man mehr Zeit hinterher durch lästige Fehlerklärungen als man vor dem Kauf gewinnt. Es rächt sich meist sehr bitter, wenn allzu rasche Entscheidungen bei der Auswahl gefordert werden. Die Methode "Augen zu und durch" ist also nicht zu empfehlen.

Systematische Auswahl von CRM-Systemen

Die 3 Auswahlphasen sind:

❏ Vorauswahl
❏ Feinauswahl
❏ Entscheidungsphase

In der ersten Stufe, der Vorauswahl, geht es darum, den Anbieterkreis von rund 120 auf etwa zwölf einzugrenzen. In der zweiten Stufe, der Feinauswahl, wird im Rahmen einer Ausschreibung und dem anschließenden Angebotsvergleich der Anbieterkreis halbiert. Die dritte Stufe schließlich, die Entscheidungsphase, dient dazu, auch wieder in mehreren Schritten den besten unter den letzten sechs Anbietern herauszufiltern.

Während die Vorauswahl unter Zuhilfenahme vorhandener Marktübersichten in wenigen Tagen bewältigt werden kann, benötigt die Feinauswahl durch die notwendige Zeit der Angeboteinholung bei den Softwareanbietern rund sechs Wochen. Die abschließende Entscheidungsphase dauert erfahrungsgemäß zwischen acht und zwölf Wochen.

Wer den Softwaremarkt nicht kennt, dem können externe Berater durch ihre speziellen Marktkenntnisse wertvolle Informationen liefern und dabei helfen, Zeit für eigene Marktrecherchen zu sparen. Auch kann der externe Berater aus seiner Sicht und Erfahrung auf Vor- und Nachteile einzelner Anbieter hinweisen und den Auswahlprozess durch Moderation und praxiserprobte Checklisten unterstützen.

Die Vorauswahl

Ziel der Vorauswahl ist es, sich einen Überblick über die Vielfalt der am Markt angebotenen CRM-Lösungen zu verschaffen und daraus geeignet scheinende Systeme für eine tiefergehende Auswahl zu qualifizieren. In dieser Phase sind direkte Anbieterkontakte noch nicht notwendig. Voraussetzung für die gezielte und systematische Auswahl von jeder Art von Software ist ein vorhandenes Anforderungsprofil, zumindest in Form eines Grobpflichtenhefts, welches die Geschäftsprozesse, Funktionen und benötigten Datenfelder im Soll-Zustand strukturiert beschreibt. In dem bewährten Stufenkonzept unseres 10-Stufenplans für derartige Projekte wird dieses Anforderungsprofil in der Stufe 4 nach der Analysephase und dem Rahmenkonzept vom Projektteam als Grundlage für den Auswahlprozess definiert. Wie bereits erwähnt, können bei der Vorauswahl eines geeigneten Anbieterkreises herstellerneutrale Marktübersichten wie der "CRM-Marktspiegel" oder die seit Herbst 2001 verfügbare Internet-Plattform des "www.it-matchmaker.com" für den notwendigen Überblick über das Marktangebot sorgen. Beide Medien basieren auf der gleichen Informationsbasis, dem Ergebnis einer von uns regelmäßig durchgeführten Marktbeobachtung und Recherche.

In der Vorauswahl werden nun die Anforderungen des Anwenderunternehmens mit den Leistungen und Funktionen von rund 120 CRM-Softwareanbietern verglichen. Wenn man die vorhandenen Marktübersichten hier zu Rate zieht, greift man bereits auf rund 80 Prozent der üblicherweise benötigten Funktionen von CRM-Pflichtenheften zurück. Das heißt, der Anwender kann diese Marktübersichten auch zur Definition seines eigenen Anforderungsprofils nutzen. Er kann aus dem dort vorhandenen Standardumfang von CRM-Systemen die von ihm benötigten auswählen und weitere firmenspezifische Anforderungen ergänzend hinzufügen. Beim systemgestützten Abgleich über die ständig aktualisierte Internetplattform des IT-Matchmaker erhält der künftige CRM-Anwender anschließend eine Hitparade der Anbieter nach fallender Funktionserfüllung, wobei besonders kritische Anforderungen als KO-Kriterien berücksichtigt werden.

Aus diesem Ranking muss der Anwender anschließend jene rund 12 Anbieter für die zweite Auswahlstufe, die Feinauswahl, auswählen. Die wichtigsten Kriterien für die Vorauswahl sind in der Regel die Branchenerfahrung des Anbieters und der Grad der Funktionserfüllung, vor allem hinsichtlich kritischer Funktionalitäten. Ein wesentliches, aber leider nicht aus Marktübersichten zu gewinnendes Auswahlkriterium ist die Antwort auf die Frage, welche Anbieter passen mit großer Wahrscheinlichkeit zu dem Anwenderunternehmen. Damit sind außer der Brancheneignung und Funktionserfüllung liegende, aber sehr wesentliche Eignungskriterien wie die Branchenerfahrung und die Erfahrung mit vergleichbaren Unternehmensgrößen gemeint. Bei diesen Fragen kann der neutrale und erfahrene CRM-Berater wertvolle Unterstützung in Form aktueller Marktinformationen geben und so die Qualität der Auswahl des Anbieterkreises deutlich erhöhen. Ebenso können in diesem Vorstadium bereits Informationen aus externen Quellen wie den Homepages der Anbieter oder auch gezielte Anfragen genutzt werden, um einen möglichst hochqualifizierten Anbieterkreis zusammen zu stellen.

Die Gründe, warum unsere Empfehlung lautet, mit rund 12 Anbietern in einen Auswahlprozess zu gehen und nicht bereits auf vielleicht fünf Anbieter zu reduzieren, liegen in unserer praktischen Erfahrung mit zahlreichen einschlägigen Projekten. Der Anwender erhält bei 12 Anbietern einen wesent-

Systematische Auswahl von CRM-Systemen

lich größeren Überblick über das CRM-Marktangebot als nur bei einem deutlich eingeschränkten Anbieterkreis. Die Angebote über die Kosten für derartige Projekte differieren nicht selten um mehrere 100 Prozent. Beispielsweise erhielten wir für eine Ausschreibung trotz sehr sorgfältiger Vorauswahl Angebote zwischen 100 T€ und einer halben Million €. Dabei lässt sich aus einem größeren Kreis von Anbietern sehr viel mehr Orientierung über den Markt und die augenblickliche Situation der Anbieter gewinnen als bei einer zu klein gewählten Anbieterauswahl. Außerdem ist bei derartigen Projekten auch mit Absagen zu rechnen, wodurch sich der in Frage kommende Anbieterkreis weiter reduziert.

Das Projektteam wählt in der Vorauswahl nach den Kriterien der Brancheneignung und weiterer kritischer Merkmale wie Technologie und Erfahrung mit vergleichbaren Lösungen also den Anbieterkreis für die Ausschreibung aus.

Feinauswahl

Die zweite Stufe der Softwareauswahl besteht im wesentlichen aus folgenden Einzelschritten: Ausschreibung, Angebotsvergleich und Auswahl der sechs besten Anbieter.

Mit der Ausschreibung werden die ausgewählten Anbieter in die Lage versetzt, die Aufgabenstellung zu verstehen und darauf aufbauend ein möglichst verbindliches Angebot zu unterbreiten. Dazu erhalten sie neben dem Anforderungsprofil in Form eines Grobpflichtenhefts und der Dokumentation der Soll-Geschäftsprozesse auch eine Beschreibung des Unternehmens, seiner spezifischen Merkmale wie Vertriebsstruktur, Sortiment, Marktverhältnisse, der IT-Infrastruktur, das zu bewältigende Mengengerüst und weitere Highlights des CRM-Projekts.

Die Anbieter werden in der Ausschreibung aufgefordert, im Detail das Anforderungsprofil hinsichtlich Erfüllung und ggf. des Aufwands für erforderliche Anpassungen zu beantworten und die Kosten für die angebotene Lösung, unterteilt nach Lizenzgebühren, Anpassungen, Beratung, Einführungsunterstützung und Schulungen darzulegen. Außerdem ist es sinnvoll, in dieser Phase auch detaillierte Informationen zum Anbieterunternehmen anzufordern, wie Gründungsjahr, Entwicklung der Zahlen von Umsatz, Mitarbeitern und Referenzkunden sowie die einzelnen Verträge für die Softwarelieferung, Dienstleistungen und Wartung.

Zwischen dem Versand der Ausschreibung und dem Abgabetermin für die Angebote hat sich die Veranstaltung eines eintägigen Anbieterbriefing bewährt. Dabei werden alle zur Angebotsabgabe aufgeforderten Anbieter zu einem Besuch des ausschreibenden Unternehmens eingeladen, um vor Ort den künftigen Anwender und die Aufgabenstellung kennen lernen und Fragen stellen zu können. Die meisten Anbieter nutzen diese Möglichkeit sehr intensiv, um an weitere Informationen für die Angebotserstellung zu kommen.

Der Angebotsvergleich besteht im wesentlichen in der Gegenüberstellung der Angebotsdaten in einer übersichtlichen Form als Grundlage für die weitere Eingrenzung des Anbieterkreises. Mit dieser Gegenüberstellung ist das Projektteam anschließend in der Lage, die unterschiedlichen Alternativen zu diskutieren und den Kreis der infrage kommenden Anbieter auf fünf bis sechs zu reduzieren.

Entscheidungsphase

In der Entscheidungsphase geht es um folgende Aufgaben: Präsentation der besten fünf oder sechs Anbieter, Referenzkundenbesuche, Testinstallation und Vertragsverhandlungen sowie Vertragsabschluss mit einem Anbieter.

Es hat sich bewährt, die nach den oben beschriebenen Kriterien ausgewählten fünf bis sechs besten Anbieter anschließend zu einer Präsentation ihres Unternehmens und ihres angebotenen Systems vor dem gesamten Projektteam einzuladen. Diese erhalten zur Vorbereitung eine Tagesordnung mit den Schwerpunkten der Präsentation. Über die Dauer einer solchen Präsentation mag man diskutieren – erfahrungsgemäß stehen Projektteams wegen ihrer Inanspruchnahme im Tagesgeschäft nicht uneingeschränkt zur Verfügung. So hat sich ein Zeitraum von rund zwei bis drei Stunden pro Anbieter als praktikabel erwiesen, um einen Einblick in die Firma des Anbieters und die Highlights der Software zu gewinnen.

Am Ende einer solchen zweitägigen Präsentationsrunde ist das Projektteam in der Lage, die zwei besten Anbieter zu definieren. Dabei bewertet jedes Mitglied im Projektteam seine Eindrücke subjektiv und individuell und erstellt eine Bewertung nach der Notenskala. Die von allen Teammitgliedern addierten Werte ergeben dann eine Rangfolge der Anbieter.

Natürlich sollten die Eindrücke der Präsentationen davor auch ausgiebig diskutiert werden, um Fehleinschätzungen und Fehlinterpretationen auszuschließen. Es ist klar, dass die Bewertung einen sehr stark emotionalen Charakter trägt, jedoch zeigt sich sehr oft, dass fast alle Teilnehmer der Präsentationen der gleichen Meinung über die Rangfolge sind. Schließlich steht den verbliebenen Anbietern noch eine genaue Prüfung im Rahmen einer Test-

Systematische Auswahl von CRM-Systemen

phase der Software und der anschließend anstehenden Referenzkundenbesuche bevor. Aufgrund der zahlreichen negativen Erfahrungen sollte man dringend davon absehen, die Software bereits nach einer solchen Präsentationsrunde zu kaufen, ehe nicht eine eingehende Prüfung der Programme im Rahmen einer Testphase durchgeführt wurde.

Dazu benennt das Projektteam für jedes der zu testenden Softwarepakete PC-erfahrene Anwender, die nach einem Tag Schulung beim Software-Anbieter und erfolgreichem Import echter Kundenstamm- und eventuell auch Artikelstammdaten eine Standard-Version für den Zeitraum von vier Wochen einem Test unterziehen und dabei vorher definierte Testaufgaben absolvieren. Neben der Software wird dabei auch das Unternehmen des Softwareanbieters, seine Hotline und sein Service getestet und bewertet.

Eine andere Gruppe aus dem Projektteam, bestehend aus Vertretern der Fachbereiche und der IT, muss sich parallel zu den Tests zu den von den Anbietern vorgeschlagenen Referenzkunden begeben, um dort eine Bestätigung für die Leistungsfähigkeit des Softwareanbieters und die Zufriedenheit des Kunden während der Projektrealisierung und danach zu erhalten.

Nach Abschluss dieser Prüfungen trifft sich das Projektteam zu einer weiteren Entscheidungsrunde, bei der die Testteams und die Referenzkundenbesucher ihre Ergebnisse dem Projektteam vorstellen und diskutieren. Es kann nicht deutlich genug betont werden, wie wichtig es ist, diese Testphase vor dem Vertragsabschluß mit zwei Anbietern durchzuführen. Auch wenn sich das Projektteam nach der Präsentationsrunde bereits über einen Favoriten einig ist, muss ein Vergleich mit einem zweiten Anbieter durchgeführt werden, um so auch die spezifischen Unterschiede kennen zu lernen. So mancher euphorische Eindruck einer Präsentation weicht während der Testphase der Ernüchterung! Zum Vergleich: Auch bei einem Autokauf kommt man erst nach mehreren Probefahrten zu einer sicheren Bewertung von Vor- und Nachteilen einzelner Fabrikate. Denn auch beim ursprünglich favorisierten Anbieter ergeben sich oft während dieser Prüfungen durchaus deutliche Defizite.

Im nächsten Schritt müssen dann - mit nach wie vor zwei Anbietern - Vertragsverhandlungen geführt werden, wobei nach fachlichen und kaufmännischen Inhalten zu unterscheiden ist. Da erfahrungsgemäß zu diesem Zeitpunkt immer noch ein verbindliches Angebot des Systemlieferanten fehlt, sollte nun der genaue Vertragsgegenstand, also die Software mit all ihren Funktionen im Rahmen eines Workshops mit dem Projektteam und dem Softwarelieferanten diskutiert und das Anforderungsprofil interpretiert und abschließend definiert werden. Im Anschluss an diese Definitionsphase ist der Softwareanbieter in der Lage, einerseits den Softwareumfang und anderseits notwendige Anpassungsmaßnahmen verbindlich zu kalkulieren und einen detaillierten Zeitplan für die Einführung des Systems aufzustellen.

Im Zuge dieser mit mehreren Anbietern durchgeführten Arbeitsschritte gewinnt das Projektteam und die Projektleitung immer mehr Sicherheit für seine Entscheidungsfindung, bis am Ende Gewissheit herrscht, den richtigen Softwarehersteller gefunden zu haben.

3.2.10 Schlussbetrachtung

Hat man früher bei der Beurteilung eines Anbieters verstärkt auf vorhandene Funktionalitäten und Technologien der Software geachtet, stehen heute immer häufiger Fragen nach dem finanziellen Umfeld im Vordergrund. Wer in diesem Wettbewerb mittelfristig bestehen will, muss eine gesunde finanzielle Basis vorweisen können, um in der Lage zu sein, die technologischen Anforderungen auf Dauer bewältigen zu können.

Die Risiken von Fehlentscheidungen lassen sich nur dann mit einer angemessenen Sicherheit vermeiden, wenn die hier beschriebenen Aufgaben vor und während des Auswahlprozesses sorgfältig und konzentriert durchgeführt werden. Hier lohnt sich der Rat des erfahrenen CRM-Beraters, der den Markt und die neuesten Entwicklungen laufend verfolgt und daher objektiv einschätzen kann. Denn eines scheint sicher: Der CRM-Markt wird in den nächsten Jahren ebenso attraktiv wie turbulent und daher unübersichtlich bleiben.

3.3 Einführungsprozess eines CRM-Systems (von Dr. Dieter Hertweck)

War und ist Customer Relationship Management eines der großen neuen Paradigmen zur Innovation von Unternehmensorganisationen in unserer Zeit, so hat sich zwischenzeitlich bei vielen Unternehmen eine gewisse Skepsis breitgemacht.

In Zeiten wirtschaftlicher Stagnation rückt zunehmend die Frage nach dem Kosten/Nutzen-Verhältnis von CRM-Anwendungen ins Zentrum des Interesses [Computer Zeitung, 30.08.2001, S. 1] . Blieben solche Systeme in der "dot.com-Euphorie" unhinterfragter Bestandteil der System- und Servicelandschaft des Unternehmens, so wachen heute die Argusaugen des IV-Controllings über deren Anschaffungsnotwendigkeit. Dabei sind die Lehren, die aus dem Hinterfragen von CRM-Systemen gezogen werden können, die gleichen wie bei anderen Unternehmensanwendungen und stützen sich auf eine Beobachtung der MIT-Forscher Bryniolfson und Hitt [Brynjolfson / Hitt, 1995, S. 183-199]. In Anlehnung an das von ihm vertretene und empirisch belegte Produktivitätsparadoxon (die Anschaffung von mehr IT im Servicebereich korreliert in keinster Weise mit einem Anstieg der Produktivität) können Informationssysteme nur dann wirklich produktiv und wertschöpfend sein, wenn sie in der Lage sind, **zuvor aus Strategien abgeleitete Geschäftsprozesse und Kooperationsszenarien so zu unterstützen, dass ein echter Mehrwert bei den Produkten bzw. der angebotenen Dienstleistung dauerhaft erreicht werden kann.**

Für eine CRM-Strategie bedeutet dies, dass sie nicht mit der Installation und dem Betrieb eines Call Centers enden sollte. Bei ihrer Formulierung sollte deutlich werden, welchen Mehrwert die im Call Center erhobenen Kundendaten für weitere Geschäftsprozesse im Unternehmen liefern und wie sie – logistisch betrachtet – zum Ort ihrer Verwendung gelangen.

Auf diesen Überlegungen baut die im folgenden beschriebene CRM-Einführungsstrategie auf. Da es sich bei CRM-Systemen um Anwendungen handelt, die im Vergleich zu bspw. Einzelplatz-Office-Anwendungen tief in etablierte Geschäftsprozesse und Arbeitsweisen im Unternehmen eingreifen, kommt einer umfassenden Planung von Einführungsprojekten eine hohe Bedeutung zu. Die erste Frage die sich der CRM-Einführer zu stellen hat ist folgende:

1. Soll das CRM-System in ein bereits etabliertes Unternehmen eingeführt werden, oder ist es auf der "grünen Wiese" zusammen mit einer Unternehmensneugründung zu implementieren?

Diese Frage ist deshalb interessant, weil man bei einer Unternehmensneugründung nicht bereits etablierte Geschäftsprozesse und Arbeitsweisen zu berücksichtigen braucht. Es besteht eher das Problem, geeignete CRM-Prozesse für den geplanten Unternehmenstypus zu finden. Da es noch wenig Literatur zum Thema "Wie plane ich CRM-Prozesse und deren Einführung für neuzugründende Unternehmen" gibt, sei auf einen Artikel von Weißbach [Weißbach, 2001, S. 450] verwiesen, der diese Herausforderung trefflich beschreibt.

Soll ein CRM-System in ein bestehendes Unternehmen eingeführt werden, stellt sich die zweite Frage:

2. Welche strategischen Ziele des Unternehmens sollen mit einem CRM-System erreicht werden?

Antworten auf diese Frage zu finden ist wichtig für die Konzeption und Einführung eines CRM-Systems, da sie den Umfang und Integrationsgrad der zu implementierenden Geschäftsprozesse steuert. Die Spannweite strategischer Ziele in Abhängigkeit vom Umfang der zu unterstützenden Prozesse reicht vom Ziel, das Beschwerde- und Kundenmanagement im Call Center zu verbessern, bis hin zur permanenten Produkt- und Organisationsoptimierung. Das erstgenannte Ziel kann erreicht sein, wenn Kunden nach einem Jahr wesentlich schneller qualitativ hochwertigere Antworten erhalten. Mit der Zielvorgabe "permanente Organisationsoptimierung" sollten die erhobenen Kundeninformationen das Markenimage, die Produktpalette und die dafür zuständigen Organisationseinheiten so verändern, dass sich neben den Altkunden auch viele Neukunden für Produkte des Unternehmens entscheiden.

Mit der Frage nach dem Umfang der umzusetzenden CRM-Strategie und des angestrebten Organisationstypus beschäftigt sich die dritte Frage:

3. Welche Geschäftsprozesse müssen neu entwickelt, verändert und optimiert werden, um die anvisierte CRM-Strategie umzusetzen, und wer soll Manager dieser Prozesse sein?

Hierbei gilt es jene Geschäftsprozesse zu identifizieren, die für die Kunden-Unternehmensbeziehung von vorrangiger Bedeutung sind. Dies können bspw. sein:

- Der Beschwerdeannahme und –bearbeitungsprozess
- Der User-Help-Desk-Prozess
- Der Prozess der regelmäßigen Kundeninformation über verschiedenste Kanäle (Prospekt, E-Mail-Newsletter, ...)
- Der Prozess der In- und Outbound-Logistik (Annahme und Auslieferung defekter Ware, Auslieferung von Treueprämien an den Kunden, ...)
- Der Reporting-Prozess über das Kaufverhalten des Kunden zum Vertriebsmanagement und Controlling
- Der Reporting-Prozess vom User-Help-Desk an die Entwicklungsabteilung des Unternehmens

Mit der Identifikation und Optimierung zentraler Prozesse stellt sich die Frage nach den zu benennenden Prozesskoordinatoren bzw. Prozessverantwortlichen.

Sind die Fragen nach den beteiligten Organisationseinheiten, den notwendigen Aktivitäten und den Prozessverantwortlichen geklärt, geht es in Frage vier um die Vorraussetzungen für einen erfolgreichen Betrieb der CRM-Prozesse.

4. Welche Technologien, Servicelevels und Qualifikationen sind notwendig, um die CRM-Prozesse zu implementieren und zu betreiben?

Dabei ist für das mittelständische Unternehmen von Interesse, ob es das zum Betrieb der Prozesse notwendige Know-how besitzt, ob es dieses aufzubauen bereit ist, oder ob es Prozesse, die für die Umsetzung der Strategie nicht von zentraler Bedeutung sind, an Spezialisten (Outsourcer) vergibt. Von dieser Entscheidung hängt im Folgenden die Spezifikation von Hard-/Software sowie die angestrebten Service-Level-Agreements ab. Im Einzelnen stellen sich folgende strategisch wichtige Fragen:

- Bezieht mein Kunde das Produkt ausschließlich über den Vertrieb/Außendienst oder bereits über das Internet? Handelt es sich um eine eher komplexe Dienstleistung oder nicht? Im ersten Fall kann die Einrichtung eines Call Centers, im zweiten die eines E-Mail Contact Centers sinnvoll sein.

❏ Lohnt es sich, ein eigenes Call Center bzw. E-Mail Contact Center aufzubauen, oder stehen dazu weder Personal noch Räumlichkeiten zur Verfügung? Davon hängt es ab, ob man ein Call Center selbst betreibt, es an einen Dienstleister vergibt, bzw. ob man ein zentrales oder verteiltes E-Mail Contact Center installiert.

❏ Ist es für meine Strategie zentral, dass der Kunde rund um die Uhr wochentags und Wochenende, Antworten auf seine Fragen erhält? Diese Frage beeinflusst wesentlich den Umfang der Service-Level-Agreements und die Höhe der anfallenden Kosten.

❏ Mit welchen Messgrößen und Kennzahlen, können Service-Levels kontrolliert und überwacht werden? Wie muss ein Bonus-Malus-System aussehen, das die Einhaltung der Service-Levels garantiert? Die Frage der Messbarkeit von CRM-Service-Levels trägt wesentlich zur Sicherung des Strategiefits der verwendeten CRM-Methoden, und somit zur Akzeptanz der Systeme bei allen Beteiligten bei.

❏ Welcher Qualifizierungsbedarf ist für meine Mitarbeiter notwendig, um die vorgegebenen Service-Levels zu erfüllen? Diese Frage zielt auf die Fähigkeiten des Systemanbieters, den Unternehmenskunden durch Consulting und maßgeschneiderte Schulungskonzepte zu unterstützen.

Abbildung 3-5 zeigt zusammengefasst den ungefähren Aufwand und Ertrag, mit dem Sie bei der Einführung eines CRM-Systems zu rechnen können.

Einführungsprozess eines CRM-Systems

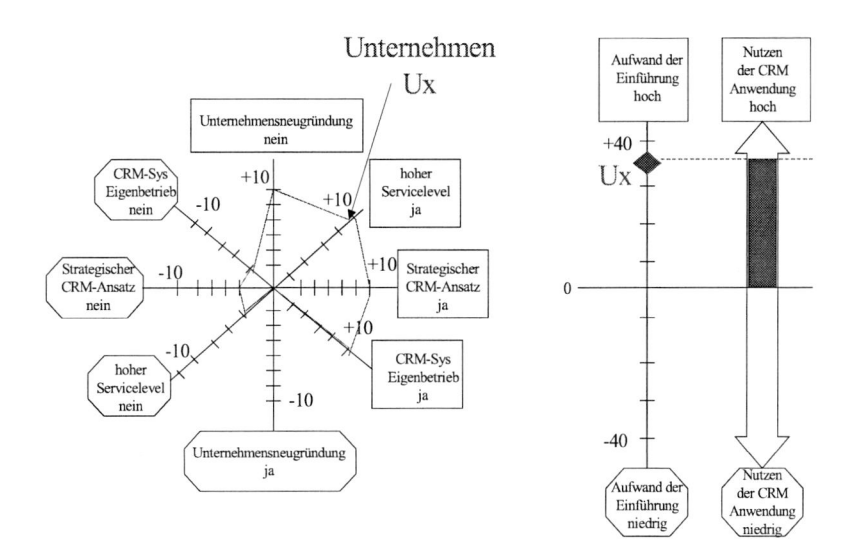

Abb. 3-5: Aufwand und Nutzen von Einführungsmaßnahmen in Abhängigkeit der Situation und den Entscheidungen des mittelständischen Unternehmens

Dabei ermöglicht die Spinne auf der linken Seite der Abbildung die Einordnung Ihres Unternehmens; die Skala auf der rechte Seite den zu betreibenden Aufwand und erwartbaren Ertrag bei der Einführung, skaliert von –40 (niedriger Aufwand/Ertrag) bis +40 (hoher Aufwand/Ertrag).

Doch gleich welchen Aufwand man zu betreiben hat, eine erfolgreiche CRM-Einführung vollzieht sich fast immer durch das Abarbeiten folgender zehn Schritte:

1. Festlegung der Einbindung der CRM-Strategie in die Gesamtstrategie des Unternehmens

2. Modellierung bestehender Customer Service Prozesse

3. Bestimmung der Zusammensetzung des Projektteams

4. Modellierung optimaler CRM-Prozesse mit den Nutzern, Festlegen der Service-Levels

5. System- / Diensteanbieterauswahl

6. Konfiguration des Systems

7. Rollout

8. Schulung, Coaching der Benutzer

9. Controlling, Breakdown-Analyse

10. Kontinuierliche Verbesserung

Diese zehn Schritte sollen im folgenden am Beispiel der Implementierung eines eCRM-Systems bei einem der größten deutschen Internetspieleanbieter beschrieben werden. Dieser bietet digitale Spiele an, die von derzeit ca. 150.000 Menschen täglich gespielt werden. Die Spiele mit Gewinnmöglichkeit können kostenlos gespielt werden; im Gegenzug erhalten die Spieler zur Mitte und am Ende der Spielrunden Werbung in Form von Flash4-animierten Spots eingespielt. Bei Messungen erwiesen sich diese Spots (E-Mercials genannt) als wesentlich effektiver als bspw. Bannerwerbung, was sie bei Werbekunden in kurzer Zeit zur interessanten Alternative werden ließ. Das Unternehmen hat somit zwei Arten von Kunden, nämlich die Spieler, die auf der Web-Plattform spielen, und die Unternehmen, die für die messbare Aufmerksamkeit der Spieler Gelder bezahlen.

3.3.1 Schritt 1: Festlegung der CRM-Strategie des Unternehmens

Bei der Festlegung der CRM-Strategie des Unternehmens wurde darauf geachtet, dass sie kongruent zur Unternehmensstrategie war. Die Unternehmensstrategie lautete, in kurzer Zeit zu einem der führenden Spieleanbieter im Web zu werden, und viele bisher nicht erreichbare Zielgruppen, wie von zu Hause spielende Frauen, für die Spieleseite zu begeistern. Die Spiele sollten in Anlehnung an Quiz-Shows im Fernsehen, Spaß bereiten, unkompliziert und spannend sein. Deshalb wurde für den Customer Service das Motto "production of total customer happyness" ausgegeben. Dies bezog folgende Forderungen für Produkt und die Service-Mitarbeiter mit ein:

- ❑ Ein Spieleangebot, welches auf die breite Masse auch der weiblichen Internetnutzerinnen (deshalb gewaltfrei) zugeschnitten ist, sich mit zunehmendem Kundenwissen auch auf spezifischere Kundengruppen hin optimieren lässt.
- ❑ Ein Customer Service, der bei Kundenanfragen immer, schnell, kompetent und fröhlich antwortet.

❑ Eine zunehmende Personalisierung der Nachrichten und Kampagnen über die angebotenen Spiele zum Kunden.

Mit dieser Strategie wurde 12 Monate nach Start des Projekts eine Spielerzahl von ca. 120.000 eingeschriebenen Spielern angestrebt. Analog zur Unterstützung des ambitionierten strategischen Ziels der Unternehmens musste die CRM-Strategie sämtliche Elemente beinhalten, die es vom kollaborativen (Gestaltung des Antwortstils der E-Mails) über das operative CRM (strukturiertes und kompetentes Abarbeiten von täglich ca. 1000 Spieler E-Mails) bis hin zum analytischen (Analyse von Spieler- und Zielgruppenprofile) ermöglichte, eine nachhaltige Kundenzufriedenheit zu erzeugen.

3.3.2 Schritt 2: Modellierung bestehender Customer Service Prozesse

Bei der Modellierung bestehender CRM Prozesse müssen zuerst jene identifiziert und modelliert werden, die als zentral bei der Versorgung des Kunden mit Informationen, Services oder Produkten anzusehen sind. Auch hier kann getrost das Pareto-Prinzip geltend gemacht werden, welches besagt, dass man mit 80 Prozent der Lösungen nahezu 100 Prozent des Erfolges erzielt. Im Fallbeispiel waren die Prozesse mit hoher Auswirkung auf die Kundenzufriedenheit:

❑ der Customer-Service-Prozess
❑ der Newsletter-Prozess
❑ die Preislogistik
❑ die Reports der Nutzerzahlen (gegliedert nach Alter und Geschlecht) zu den Vorständen im Bereich Controlling, Marketing, Entwicklung

Sie wurden mit ihren Aktivitäten, den sie unterstützenden Systemen und Unternehmensdaten in Form von Ereignis-Prozess-Ketten (EPK´s) modelliert (s. Customer Service Prozess in Abb. 3-6)

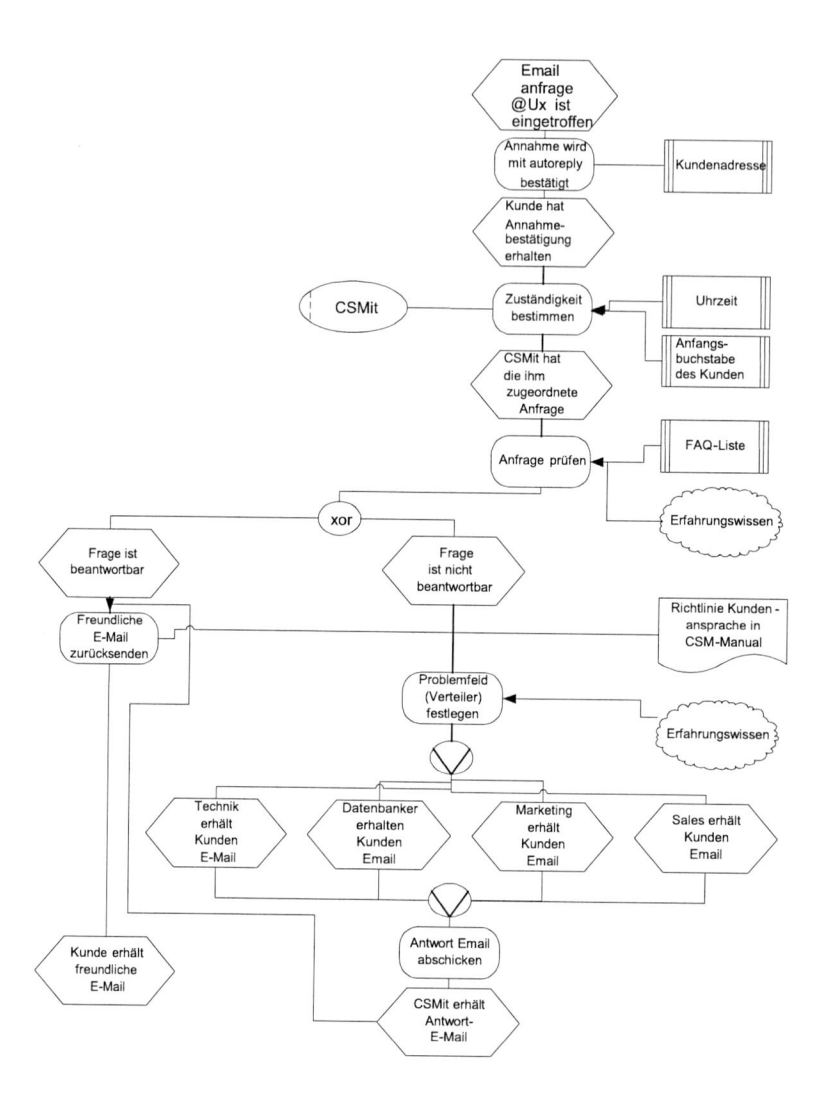

Abb. 3-6: Beispiel Prozessmodell Customer Service

3.3.3 Schritt 3: Zusammensetzung des Projektteams

Da die Einführung geschäftsprozessübergreifender CRM-Systeme oft ein hohes Maß an organisatorischen Veränderungen [Hertweck / Krcmar, 2001,

Einführungsprozess eines CRM-Systems

S. 457f.] mit sich bringt, bedarf es der frühen Einbeziehung einer Vielzahl von beteiligten Personen. Neben der DV-Seite, die das System zu implementieren hat, sollten die in der Ist-Prozessanalyse identifizierten Personen der betroffenen Fachbereiche zu dem Projektteam hinzugezogen werden. Nur eine in dieser Struktur angelegte breite Partizipation bei der Gestaltung des Systems kann das Auftreten späterer Widerstände und Hemmnisse vermindern. Eine weitere wichtige Maßnahme ist die Gewinnung eines Projektsponsors aus dem Bereich der Unternehmensleitung. Ihm kommt die Aufgabe zu, im Falle auftretender Konflikte zwischen den Fachbereichen zu vermitteln und zur Beschleunigung der Entscheidungsfindung beizutragen.

In unserem Beispiel wurden auf Grund der analysierten Prozesse folgende Personen mit in das Projektteam berufen:

Analysierter Geschäftsprozess	In das Projektteam berufener Funktionsträger
Kundenservice-Prozess	Customer Service Manager
	Customer Service Mitarbeiter
Newsletter-Prozess	PR-Mitarbeiter
Preislogistik	Mitarbeiter Outbound-Logistik
Reporting Prozess Vorstand Marketing/Sales	Mitarbeiter Reporting Vorstand Marketing/Sales
Reporting Prozess Vorstand Controlling	Mitarbeiter Reporting Vorstand Controlling
Reporting Prozess Vorstand Technik	Customer Service Mitarbeiter Mitarbeiter Technik Vorstand Technik

3.3.4 Schritt 4: Modellierung optimaler CRM-Prozesse mit den Nutzern, Festlegen der Service-Levels

Dieser Phase kommt eine zentrale Bedeutung zu, da hier sowohl die künftigen Geschäftsprozesse mit den Mitarbeitern modelliert, als auch die benötigten Service-Level bestimmt werden. Bei der Modellierung der Soll-Prozesse sollte ein stetiger Abgleich der vorhandenen Ist-Prozesse mit den Service-Level-Vorgaben und dem Mitarbeiter-Know-how erfolgen. Dabei muss der mit der Einführung beauftragte Berater sowohl mit den Ist-Prozess-Modellen, als auch mit von ihm bereits entwickelten Soll-Modellen in die Workshops gehen. Aus der Diskussion der Prozessmodelle und dem Wissen über erhältliche Technologiestandards ergeben sich die zu implementierenden Soll-Prozesse und ein erstes Lastenheft an ein künftiges CRM-System.

Im Fall des Spieleanbieters kam es zu einer dramatischen Reorganisation des Customer Service Prozesses. Auf Grund der Messung von Durchlaufzeiten der Kundenanfragen und einer bedenklichen zentralen Archivierung aller Kundendaten auf dem Computer eines Customer Service Mitarbeiters (Folge des Fehlens einer relationalen Datenbank im Altsystem), konnte aufgezeigt werden, dass der Customer Service Manager seiner Funktion nicht adäquat nachkam. Es stellte sich heraus, dass die Bearbeitung von Kundenproblemen unter Umgehung seiner Person wesentlich schneller ging als mit ihm. Auf Grund seiner Unzufriedenheit bezüglich des Managements verteilt arbeitender eCRM-Mitarbeiter (sie arbeiteten an E-Mail-Clients von zu Hause), verließ er das Unternehmen kurze Zeit später auf eigenen Wunsch. Seine Rolle wurde im neuen Geschäftsprozess durch die Einrichtung einer Wissensdatenbank und die Verlagerung der Koordinationsfunktion auf einen der Customer Service Mitarbeiter nach dem Prinzip der informationsorientierten Organisation [Drucker, 1988, S. 45ff.] mehr als ersetzt.

Mit dem neuen Prozess glaubte man auch die Service-Levels zu erreichen, die man sich zum Ziel gesetzt hatte. Im Bereich des E-Mail Contact Centers war das wesentliche Erfolgskriterium eine schnelle und kompetente Rückantwort zum Kunden zu jeder Tages- und Nachtzeit. Aus diesem Grund setzten sich die Customer Service Mitarbeiter des Spieleanbieters folgende Ziele:

- ❏ dem Kunden den Erhalt der Anfrage zu bestätigen;
- ❏ die Bestätigung in einer Sprache zu verfassen, die einheitlich und dem Prinzip der "total customer happyness" angemessen ist;
- ❏ wenn möglich, spätestens drei Stunden nach einer Kundenanfrage eine Lösung anbieten zu können;
- ❏ die Historie der Fallbearbeitung in eine Wissensdatenbank einzupflegen und entsprechend zu kategorisieren, so dass der Kollege jederzeit auf dieses Wissen zurückgreifen kann;
- ❏ eine eintreffende Email mit der Historie des Kunden zu versehen, so dass man jederzeit auf zurückliegende Vorkommnisse Bezug nehmen oder ihn persönlicher anschreiben kann;
- ❏ die Tages-, Wochen- und Monatsgewinner, die über die Spieleplattform per Zufallsgenerator bestimmt werden, sofort über das CRM-System automatisch zu benachrichtigen;

Einführungsprozess eines CRM-Systems

❏ die Fehler bei der Preiszustellung so weit wie möglich zu minimieren.

Die Liste der so beschlossenen Service-Level-Agreements, im Laufe der Zeit mit Maßzahlen versehen, ließe sich beliebig fortsetzen. Sie zeigt, wie sehr die Fixierung von Prozessergebnissen und deren Messbarkeit zur permanenten Optimierung des Kundemanagements beiträgt. Aus der Kombination der Service-Level-Vorgaben und dem zu deren Bewältigung notwendigen Geschäftsprozessdesign ergaben sich letztlich die technischen Anforderungen an das zu betreibende System.

3.3.5 Schritt 5: System- / Diensteanbieterauswahl

Aus den in Schritt 4 beschriebenen Service-Level-Agreements ergeben sich die benötigten Funktionalitäten des CRM-Systems. Nach den benötigten Funktionalitäten richtet sich der Bedarf an Hardware-, Software- und Schulungskomponenten. Bei der Auswahl von CRM-Systemen/-Services, sollte überlegt werden, für welche Betreiberform man sich entscheidet, d.h. ob man das System im Hause administrieren möchte, oder ob man den laufenden Betrieb an einen Application Service Provider auslagert.

Im Beispielfall des Internetspieleanbieters ergaben sich folgende Hauptanforderungen an das System:

❏ A1: Es muss eine Datenbank mit der Kundenhistorie eingerichtet werden können.
❏ A2: Es muss ein automatisiertes Abarbeiten von Kundenemails nach Priorität möglich sein (Datum, Zeit).
❏ A3: Es müssen alle nicht bearbeiteten von allen abgeschlossenen Fällen zu optisch zu unterscheiden sein.
❏ A4: Antworten an den Kunden müssen strukturiert in der Kundenhistorie-Datenbank abgelegt werden können.
❏ A5: Die Zuständigkeit für eine Kundenemail muss im laufenden Betrieb an einen Kollegen mit weiterführendem Know-how delegiert werden können.
❏ A6: Ein Kundenproblem muss nach verschiedenen Gesichtspunkten kategorisiert werden können.
❏ A7: Es muss eine Kategorisierung der einkommenden Emails nach Problemfeldern (Inhalte, Technik, Marketing-Sales Sonderaktionen, Notfälle) möglich sein.

- A8: Es muss eine Zuordnung des Kunden zu seinen bisher in Anspruch genommenen Beratungsleistungen möglich sein.
- A9: Es muss ein Autoresponding zum Kunden möglich sein.
- A10: Es muss eine Datenbank existieren, die Ergebnisse analytischer Auswertungen mit dem Content von Kunden-E-Mails verbindet.
- A11: Es muss möglich sein, aus analytisch erhobenen Strukturen (Business Rules) ereignisgesteuert Outbound-Marketing-Aktionen zu starten.
- A12: Sprache (Deutsch, Englisch, Amerikanisch, Japanisch, Spanisch)

In der Betreiberfrage entschied man sich nach eingehenden Kosten-Nutzen-Analysen für ein ASP-Betreibermodell. Das ausschlaggebende Argument für diesen Entschluss war die notwendige Verfügbarkeit des Systems von 24 Stunden inkl. den Wochenenden, was im Eigenbetrieb zu extrem hohen Lohnkosten geführt hätte. Dafür nahm man die mangelnde Flexibilität des Systems bei gewünschten Veränderungen in Kauf, die bei einem ASP-Anbieter sehr schnell sehr teuer werden können. Das heißt, unter der Prämisse eines gut spezifizierten und deshalb wenig änderungsbedürftigen CRM-Systems war der ASP-Betrieb unter der Vorgabe einer 24h-Verfügbarkeit eine echte Alternative (siehe auch die folgende Tabelle).

	ASP	Eigenentwicklung	Outsorcing
Kosten (pro Jahr)	ca. 40.000 Euro (alles inklusive)	ca. 100.000 Euro ca. 40.000 Euro (Entwicklung) ca. 60.000 Euro (Eigenbetrieb)	ca. 85.000 Euro (inkl. Syst. und Schulung)
Investsicherheit	hoch		
Know-how	hoch	hoch, teuer	marktabhängig
Ausfallrisiko	abgesichert	Eigenrisiko	abgesichert

Einführungsprozess eines CRM-Systems

	ASP	Eigen-entwicklung	Outsorcing
Integration Internet	noch nicht zu finden	gegeben	gegeben
Flexibilität	gering	hoch	hoch
Herausforderung	den Richtigen finden	den Richtigen finden	den Richtigen finden
Bewertung	1	3	1,5

Eine echte Alternative bieten ASP-betriebene CRM-Systeme aber nur, wenn zuvor die wichtigen Requirements und Service-Levels bestimmt werden, die der Betreiber zu erfüllen hat. Zu den Service-Levels des Betreibers zählen im wesentlichen folgende Größen:

Verfügbarkeits- und Problemmanagement

- ❑ Verfügbarkeit einer aktuellen Liste der im Betrieb befindlichen Systeme und ihrer Versionsnummern
- ❑ Verfügbarkeit eines Notfallplanes mit Eskalationsstufen im Falle eines Systemausfalls
- ❑ Garantierte Wiederverfügbarkeitszeitspanne der Software im Störungsfalle
- ❑ Verfügbarkeit einer Standardkonfiguration für neu hinzukommende Customer Service Mitarbeiter

Reportingservices an den Auftraggeber

- ❑ Verfügbarkeitsreport (s.o.)
- ❑ Performance report
- ❑ Security report (s.u.)

Sicherheitsmanagement

- ❑ Verfügbarkeit von Überwachungsmechanismen (z.B. Watchdogs)
- ❑ Überwachung, Pflege und Dokumentation der Sicherheitsmechanismen

- ❏ Durchführen regelmäßiger Security Checks
- ❏ Monatliche Erstellung eines Security Reports
- ❏ Sofortige Information des AG bei Security-Verletzungen bzw. Angriffsversuchen

Administrationsmanagement

- ❏ Einsehbares Backup-Konzept der Daten und der Anwendung
- ❏ Die Daten müssen täglich (aktuell) und wöchentlich (gesamt) geupdatet werden.
- ❏ Die Wochenkopie (auf CD-Rom, Zip oder Band) muss getrennt von den Serverräumen an einem sicheren Ort (Bankschließfach) aufbewahrt werden.
- ❏ Der Datensicherungsprozess sollte von einer unabhängigen Person stichprobenartig überwacht werden.

3.3.6 Schritt 6: Konfiguration des Systems

Wurden die Anforderungen an das System und dessen Betrieb definiert, so geht es nun darum diese auf dem CRM-System zu implementieren bzw. zu konfigurieren. Bei der Konfiguration werden ...

- ❏ die notwendigen Felder der Datenbank angelegt.
- ❏ die Autoreplyfunktion aktiviert.
- ❏ benötigte Workflows z.B. der Eskalationsroutinen festgelegt.
- ❏ Ansichten und Datenablagestrukturen mit unternehmensspezifischen Begrifflichkeiten benannt.
- ❏ notwendige Schnittstellen zu anderen Unternehmensanwendungen programmiert.
- ❏ routinemäßig anfallende Reportings von aggregierten Kundeninformationen vorkonfiguriert.

Diese Konfigurationstätigkeiten sollten unbedingt in enger Zusammenarbeit mit den späteren Lead-Usern des Systems erfolgen [Schwabe / Hertweck, 1997] und eine Pilotanwendung zur Folge haben, die bereits im Alltag einsetzbar ist. Nach einem mehrtägigen Einsatz des Systems im Pilotbetrieb und weiterer daraus notwendig werdender Modifikationen sollte das System dann in den Produktivbetrieb übergeführt werden.

3.3.7 Schritt 7: Rollout

Eine Überführung des Systems in den Produktivbetrieb setzt eine gute Rollout-Planung voraus. Wichtige Teilbereiche einer Rollout-Planung sind:

- Kennenlernen der DV-Zuständigen vor Ort
- Identifizieren der standortspezifischen Hardware, auf der das CRM-System implementiert werden soll
- Kennenlernen der künftigen Hardwareplanung
- Kennenlernen der Netzinfrastruktur (Daten, Energie, ...)
- Kennenlernen der Betriebssysteme
- Anfertigung einer Raumskizze mit den erhobenen Daten
- Installation des Produktivsystems
- Festlegung des Schulungskonzepts und der Schulungstermine
- Festlegen eines schrittweisen Kontrollzyklus der Systemimplementierung
- Festlegung des weiteren Benutzersupports

In dem von uns beschriebenen Fall fertigte das ASP-Unternehmen eine Mastercopy vom letzten Stand des Pilotsystems an und installierte diesen auf die weiteren Rechner der verteilt arbeitenden Customer Service Mitarbeiter in der Region. Danach wurde ein Nutzerprofil eingerichtet, welches jedem Customer Service Mitarbeiter zugeordnet wurde. Wenige Tage später erfolgte eine breite Schulungsoffensive im Haus des Spieleanbieters.

3.3.8 Schritt 8: Schulung, Coaching der Benutzer

Der Schulung der Mitarbeiter kommt beim effizienten Einsatz eines CRM-Systems erhebliche Bedeutung zu. Mit der Schulung und Technologieaneignung der Mitarbeiter, wird die Akzeptanz des Systems und somit die Qualität der einzupflegenden Daten wesentlich beeinflusst. Aus diesem Grund muss die Schulung dem Kenntnisstand der zu Schulenden, den es vor Ort zu ermitteln gilt, entsprechen. Geschult werden sollten nicht nur reine Systemfunktionalitäten, sondern auch Kooperationsszenarien, wie sie in der Pilotphase in Form von Kundenprozessen immer wieder auftreten [Schwabe, 1998, S. 336].

Nach der Schulungsphase ist es wichtig, dass die Lead-User in der Lage sind, anderen etwas schwächeren Nutzern immer wieder Tipps und Hinweise zur optimaleren Arbeit mit dem System zu vermitteln. Aus unserer Erfahrung heraus hat es sich bewährt, wenn sich die versierten Nutzer in der Einführungsphase einmal die Woche eine Stunde freihalten, um ihren Kollegen im Rahmen einer Fragestunde weiterzuhelfen. Eine weitere Maßnahme, die die Akzeptanz des verteilten eCRM-Systems bei den Mitarbeitern steigerte, war ein gelegentlicher kurzfristig angemeldeter Hausbesuch durch einen der Lead-User, der den Umgang mit dem System vor Ort und im Kontext des damit Arbeitenden demonstrierte.

Es bleibt festzuhalten, dass ein gutes Schulungskonzept ein solches ist, das auf den Kenntnisstand der Mitarbeiter und die finanziellen Möglichkeiten des Unternehmens eingeht. Allerdings sei davor gewarnt, an dieser Komponente zu sparen, da ein Großteil der Gesamteffizienz des Systems von den Qualifikationen und der Motivation der Mitarbeiter herrührt. Nur wenn ein System performant und zur Zufriedenheit des damit Arbeitenden bedient werden kann, wird dieser die Motivation aufbringen, die für ein gutes CRM zum Kunden hin notwendig ist. Eine gute und motivierte Kundeninteraktion ist dann auch der Garant für die gewissenhafte Dokumentation der anfallenden Daten.

3.3.9 Schritt 9: Controlling, Peak-Analysen

Doch nützt das beste CRM-System wenig, wenn es nicht einer stetigen Verbesserung und Optimierung unterliegt. Diese wiederum ist nur durch eine stetige Messung der wichtigsten Leistungskennzahlen möglich. Wichtige Kennzahlen zur Messung der Performance können sein:

- ❑ die durchschnittliche Beantwortungszeit einer Kundenanfrage
- ❑ die Anzahl nichtbeantworteter Kundenanfragen (sollte stets gegen Null tendieren)
- ❑ die Anzahl der mit Hilfe einer Knowledge-Datenbank gelösten Kundenanfragen
- ❑ die Häufigkeit der Eskalation von Kundenanfragen an den Secondlevel-support
- ❑ die Menge der mittels FAQ-Liste beantworteter Anfragen
- ❑ Frequenz und Qualität des zur Geschäftsleitung weitergeleiteten Reportings
- ❑ Menge unternehmerischer Entscheidungen, die auf den Kundeninformationen aus dem Reporting basieren

❏ Menge an erfolgreichen Outbound-Marketing-Aktionen, die automatisiert durch Strukturen in den Kundendaten angestoßen werden

Die Messung dieser Kennzahlen über einen längeren Zeitraum hinweg sollte dazu beitragen, die Engpässe in den Customer Service Prozessen und im CRM-System zu identifizieren. Dazu beitragen kann auch die Beobachtung der Leistungsfähigkeit des Systems unter Spitzenlast. Dabei stellt sich die Frage, ab welchem Level von Kundenanfragen die Leistung des Gesamtsystems exponentiell abfällt. Die Messung dieser Schwellenwerte kann wertvolle Hinweise für die in die Zukunft gerichtete Systemgestaltung und Kapazitätsplanung geben.

In unserem Beispiel etwa gab es durch die Hinzunahme eines Quizformats zu einer sehr populären Fernsehshow plötzlich 10.000 neue Spieler mehr pro Tag, was sich massiv in Menge und Art von Kundenemails niederschlug. Nichtsdestotrotz waren zu diesem Zeitpunkt die Customer Service Mitarbeiter derart gut auf die Prozesse trainiert, dass sie in der Lage waren Spitzen dieser Größenordnung in den ersten Tagen problemlos zu bewältigen. Als sich die Spitzen jedoch nach und nach als Dauerzustand entpuppten, sanken die Beantwortungszeiten auf einen Wert jenseits der zur Umsetzung der "total customer happyness" angestrebten 3 Stunden; die Einstellung eines neuen Mitarbeiters wurde unumgänglich.

3.3.10 Schritt 10: Kontinuierliche Verbesserung

An das stetige Controlling der Qualität und Performanz von CRM-Prozessen sollte sich die Bereitschaft zur stetigen Veränderung von Produkten und Dienstleistungen anschließen.

Das heißt, die im operativen CRM gesammelten Kundeninformationen werden nach einer analytischen Aufarbeitung an die entsprechenden Funktionsträger im Unternehmen weitergeleitet und zur Restrukturierung von Produktlinien, Services und organisatorischer Strukturen verwendet [Bach / Österle, 2000, S. 60f.].

In der nachfolgenden Tabelle sind beispielhaft Kundeninformationen, ihr Innovationspotential und zu veranlassende Verbesserungsmaßnahmen aufgeführt:

Kundeninformation	Tangierte Bereiche	Mögliche Verbesserungen
Informationen über Kundenprofile (Geschlecht, Alter, Bildung, ...)	Marketing/Sales, Produktentwicklung	Entwicklung einer Strategie zur Gewinnung neuer Zielgruppen Intensivere Bewerbung von Produkten mit den von den Kunden geschätzten Eigenschaften Informationen über Cross-Selling-Potenziale der eigenen Produkte Umverteilung von Ressourcen in der Organisation in Folge neuer Produktstrategie
Informationen über das Kommunikationsverhalten des Kunden	Customer Service	Adäquates kollaboratives CRM (z.B. zielgruppengerechter Sprachstil in den Antwort-E-Mails)
Informationen über strukturelle Zusammenhänge in den Kundendaten	Marketing	Automatisierung von Outbound-Marketing-Aktionen
Informationen über Beschwerden und Verbesserungsvorschläge der Kunden	Produktentwicklung	Kritik an dem Produkt findet Eingang in die Pflichtenhefte und Releasepolitik

In unserem Fallbeispiel wurde nach eingehender Analyse der Spielerprofile deutlich, dass verschiedene Strategien zur Kundenbindung und zur Kundenneugewinnung über die Gestaltung der digitalen Spiele gesteuert werden können. Dabei boten die unterschiedlichen Strategien ein unterschiedlich hohes Risikopotential. Zudem ließ sich zeigen, dass das Marktsegment, in dem die Spieleplattform bisher angesiedelt war, im Vergleich zur Gesamtnutzung des Internets noch immer starke Zuwachspotentiale verzeichnet. Deshalb entschloss man sich für eine konservative Produktstrategie, welche die aus dem analytischen CRM erhobenen zielgruppengerechten Besonderheiten der Produkte stärker betonte und die bisher als attraktiv vermuteten, aber vom Kunden nicht wahrgenommenen Produkteigenschaften verwarf. Die ersten Daten über die Kundenprofile pro Spieleformat lösten in der Produktentwicklung einen schleichenden Bewusstseinswandel aus. Waren die Entwickler bspw. bisher der Annahme, dass sie ein Spiel für Männer bis 25 Jahren entwickeln, und es stellte sich heraus, dass es eher von Spielerinnen jenseits der 32 Jahre gespielt wird, so wurde aus dieser anfänglichen Verblüffung Neugier. Sie begannen, sich schrittweise mit dem Phänomen des zielgruppengerechten Entwickelns nach strategischen Vorgaben auseinander zu setzen. Auf diese Weise konnte mittels der unternehmensstrategischen Vorgaben und deren Abgleich mit den Besonderheiten der erhobenen Kundendaten ein weiterer Meilenstein zur Ausrichtung der Organisation auf den Markt erreicht werden.

3.3.11 Zusammenfassung

Die oben beschriebene Einführung in zehn Schritten vereinigt die wichtigsten Aspekte einer strategieorientierten Einführung von CRM-Systemen im Sinne von PriceWaterhouseCoopers [Bach / Österle, 2000, S. 59] mit denen der Prozess- und Wissensorientierung. Jede Komponente für sich garantiert noch keinen Erfolg. Erst wenn Mitarbeiter, die sich der Unternehmensstrategie bewusst sind, das analytisch aufgearbeitete Wissen über Kunden dazu nutzen, ihre Arbeit, Produkte und Prozesse zu erneuern, kann ein CRM-System einen Mehrwert für das Unternehmen bieten. So betrachtet wird es eine große Herausforderung für die Einführer solcher Systeme sein, nicht schon bei der Unterstützung und Automatisierung der Interaktion zwischen Kunden und Servicemitarbeitern halt zu machen. Was in diesem Fall entsteht, sind gigantische Datenwüsten, in denen das Gold in Form von Business Rules vergraben liegt, die es mittels Data Mining Prozeduren zu analysieren und weiterzuverwenden gilt. Eine Weiterverwendung, von der man wissen sollte, wo, d.h. in welchem Geschäftsprozess sie welchen Nutzen stiftet.

In dem von uns beschriebenen Beispiel war es der Prozess der Produktentwicklung oder der Sales-Prozess, für den sich Cross-Selling-Potentiale aus den Daten erschließen ließen. Allerdings müssen solche Daten auf eine offene und innovative Unternehmenskultur treffen, in der die Mitarbeiter immer wieder von neuem bereit sind, ihre Arbeitsroutinen in Bezug auf Unternehmensstrategie und –ziele hin zu hinterfragen.

Mit der im Text beschriebenen CRM-Einführung in zehn Schritten wird dem Consultant und interessierten DV-Mitarbeiter ein Werkzeug und Metriken an die Hand gegeben, welche eine erfolgreiche CRM-Einführung wesentlich erleichtern.

Literatur

Bach, V. / Österle, H. (2000): Customer Relationship Management in der Praxis, Springer, Berlin/Heidelberg/NewYork

Brynjolfsson, E. / Hitt, L. (1995): "Computers as a Factor of Production: The Role of Differences Among Firms", Economics of Innovation and New Technology, 3 (3-4, May), S. 183-199

Computer Zeitung (2001): Kundenmanagement klappt nur mit langfristiger Strategie, Computerzeitung (8/2001), 32. Jahrgang, Nr. 35, S. 1

Drucker, P. (1988): The Coming of the New Organization, Havard Business Review, January/February, S. 45-54

Hertweck, D. / Krcmar, H. (2001): Organisationales Commitment und Verteilte Arbeit – Erfahrungen bei der Implementierung eines eCRM Systems

Schwabe, G. (1998): Pilotierung von Telekooperation - Habilitationsschrift an der Universität Hohenheim, Stuttgart 1998

Schwabe, G. / Hertweck, D. / Krcmar, H. (1997): Partizipation und Kontext bei der Erstellung einer Telekooperationsumgebung. In: Jarke, M. / Pasedach, K. / Pohl, K.: Informatik 97 - Informatik als Innovationsmotor, Springer, Heidelberg u.a. 1997, S. 370-379

Weißbach, R. (2001): CRM-System als Basis der Anwendungsarchitektur-Erfahrungen aus der Gründung einer Vertriebsbank. In: Bauknecht et.al. Informatik 2001, Tagungsband der GI, Wien 2001, S. 450

3.4 Erfolgreiche CRM-Einführung im Mittelstand (von Dr. Thomas Lindner)

Nachdem sich das Customer Relationship Management (CRM) in vielen Großunternehmen durchgesetzt hat, interessiert das Thema zunehmend den Mittelstand. Hier gelten andere Bedingungen: Gängige Einführungsstrategien sind nicht 1:1 übertragbar. Der folgende Beitrag erläutert die Voraussetzungen einer erfolgreichen CRM-Einführung im Mittelstand.

Obwohl der Nutzen von Kundenmanagementsystemen nicht in Frage steht, haben CRM-Projekte in großen Unternehmen bisweilen einen zweifelhaften Ruf. Lange Laufzeiten (bis zu zwei Jahre) und große Budgets (oft mehr als 5.000 € Investitionskosten pro Arbeitsplatz) sind die Regel. Während große Betriebe sich solche langwierigen Einführungen zähneknirschend leisten können, ist dies im Mittelstand unvorstellbar. Hier muss eine spezifische Strategie bei der CRM-Einführung zum Einsatz kommen, die die folgenden drei mittelstandstypischen Voraussetzungen berücksichtigt.

3.4.1 Spezifische Voraussetzungen im Mittelstand

Große Personalknappheit

In mittelständischen Unternehmen ist die Personaldecke im Vertrieb, der Kundenbetreuung, der Telefonzentrale und im Helpdesk wesentlich dünner. Zudem ist die IT-Abteilung (sofern sie überhaupt existiert) notorisch unterbesetzt.

Geringere Arbeitsteiligkeit

Call Center sind in mittelständischen Unternehmen selten anzutreffen, oft wird diese Aufgabe von der Telefonzentrale übernommen. Technische Anfragen werden in der IT-Branche oft von der Produktentwicklung beantwortet, die damit Helpdesk und Presales "nebenbei" miterledigt. Vielfach gibt es pro Kunde auch nur einen Ansprechpartner.

Geringere Standardisierung

Die geringere Arbeitsteiligkeit im Mittelstand vermindert den Druck, Geschäftsabläufe zu standardisieren und dann konsequent einzuhalten. Die Mitarbeiter erledigen viele Aufgaben mit gesundem Menschenverstand von Fall zu Fall, wobei sich die Priorisierung auch nach der Aufgeregtheit eines Kunden richten kann. Das Maß an Systematik und Professionalität steht und fällt mit der Arbeitsauffassung des zuständigen Mitarbeiters.

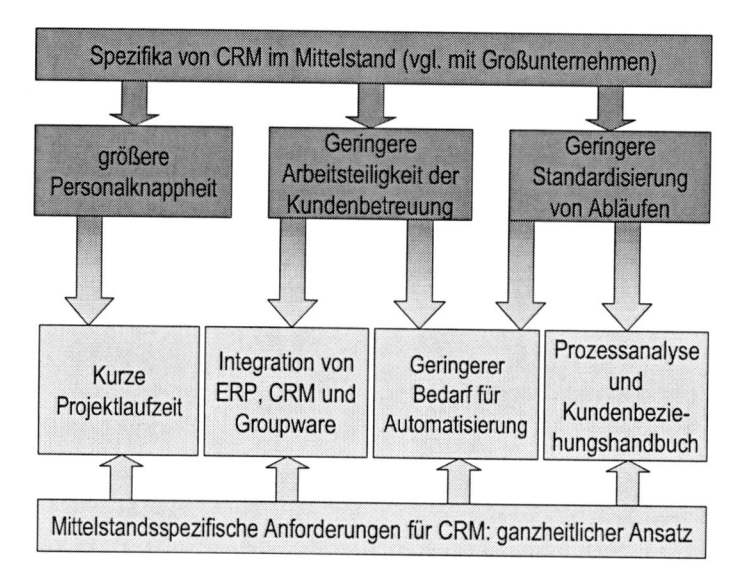

Abb. 3-7: Besonderheiten des Mittelstands und Schlussfolgerungen für die CRM-Einführung

3.4.2 Schlussfolgerungen

Ein Unternehmen mit dünner Personaldecke kann also kein halbjähriges CRM-Projekt tragen. CRM-Einführungen müssen innerhalb von sechs, höchstens zehn Wochen abgeschlossen werden. Da auch hier die Regel gilt, dass 80 Prozent des Nutzens bereits mit 20 Prozent des Aufwands erzielt werden können, sind solche Laufzeiten möglich.

Wegen der geringeren Arbeitsteiligkeit muss die CRM-Lösung die wichtigsten Leistungsmerkmale eines Groupware-Systems (Adress-, Termin- und Dokumentmanagement) aufweisen und gut mit mittelstandstypischen Warenwirtschaftssystemen zusammenarbeiten. Isoliertes CRM macht keinen Sinn: Eine Terminvereinbarung mit einem Kunden betrifft CRM- und Groupware-System; zur Kundenakte gehören Angebote aus der Warenwirtschaft, aber auch Beschwerdeschreiben aus dem Dokumentmanagement der Groupware. Der Kundenbetreuer muss ohne Applikationswechsel auf alle Daten aus CRM-, Warenwirtschafts- und Groupware-System Zugriff haben, Schnittstellen alleine (wie in Großunternehmen üblich) reichen nicht aus.

Gespart werden kann dagegen bei der Automatisierung von Workflows. In Großunternehmen stellen diese sicher, dass Kundenanfragen nicht auf dem Weg durch die Instanzen verloren oder verspätet beantwortet werden. In mittelständischen Unternehmen ist eine solche Automatisierung von Abläufen nicht notwendig. Geringere Arbeitsteiligkeit führt zu größeren Ermessensspielräumen, daher wollen Mitarbeiter keine Arbeitsanweisungen vom System, sondern umfassende Informationen auf einen Blick.

3.4.3 Das Kundenbeziehungshandbuch

Bis zu einer bestimmten Komplexitätsgrenze erhöht die geringe Standardisierung die Flexibilität: eine Stärke von kleinen und mittelgroßen Unternehmen. Dennoch sollte vor der Abbildung der Geschäftsprozesse ein Mindestmaß an Standards geschaffen werden. Die Karlsruher CAS Software AG arbeitet erfolgreich mit einem innovativen Ansatz: Die Grundlagen der Kundenbeziehung werden vor der CRM-Einführung in einem rund 30 Seiten starken Kundenbeziehungshandbuch festgelegt.

Die Unternehmensleitung hat hierbei die Gelegenheit, die oft beschworene Konzentration auf Kernprozesse kundenbezogen zu gestalten. Sollte die Mehrzahl der Kernprozesse keinen Bezug zum Kunden haben, ist die Kundenorientierung noch nicht weit genug vorangeschritten. Das Handbuch definiert die Grundsätze für den Umgang mit Kunden und wird vom Lösungspartner in Teamarbeit mit der Unternehmensleitung erstellt. Diese Grundsätze werden anschließend verbindlich und sichern als Commitment der Unternehmensleitung das Gesamtprojekt.

Kundenbeziehungshandbuch Mustermann GmbH
Inhaltsverzeichnis

Allgemein:
- Welche Beziehung wollen wir zu unseren Kunden?
- Welche Rolle spielt unser Kunde in unserer Firma?
- Wie gewinnen wir Kunden?
- Wie binden wir Kunden?
- Welche Kunden sind die wichtigsten?
- Was macht den Erfolg unserer Kunden aus?
- ...

Konkret:
Was tun wir, wenn ...
- ein Interessent zum ersten Mal anruft?
- eine Bestellung eintrifft?
- ein Kunde sich beschwert?
- ein Kunde reklamiert?
- wir uns auf einen Kundenbesuch vorbereiten?
- wir einen Kunden verloren haben?
- ...

Abb. 3-8: Das Kundenbeziehungshandbuch: Typische Themen einer CRM-Einführung im Mittelstand

3.4.4 Die CRM-Einführung: kompakt und ganzheitlich

Im Zentrum einer erfolgreichen CRM-Einführung steht also die Arbeit am Kundenbeziehungskonzept. Wichtige *Vorbereitungsschritte* sind dafür:

- ❑ Schwachstellenanalyse der Kundenorientierung
- ❑ Die Berater lernen das Unternehmen kennen: Workshops mit Schlüsselanwendern
- ❑ Die Schlüsselanwender kennen das Produkt: Standardschulungen des Herstellers und seiner Partner

Die Implementierung erfolgt dann als *Umsetzung* des Kundenbeziehungshandbuchs:

- ❑ Optimierung des Unternehmens (soweit erforderlich)
- ❑ Anpassung der Software (Oberfläche und Datenmodell)
- ❑ Veröffentlichung des Kundenbeziehungshandbuchs im Intranet

Erfolgreiche CRM-Einführung im Mittelstand

- ❏ Detaillierung in konkrete Handlungsabläufe (wenn gewünscht)
- ❏ Schulung der Mitarbeiter

Bei Berücksichtigung dieser Voraussetzungen ist es nach unserer Erfahrung möglich, ein mittelstandstypisches CRM-System in weniger als zehn Wochen, mit Gesamtkosten zwischen 1.000 und 2.500 € pro Arbeitsplatz sowie einem messbaren Nutzen hinsichtlich Kundenzufriedenheit und Ertragssteigerung erfolgreich einzuführen.

VORBEREITUNGSPHASE		
Check: Ist das Unternehmen kundenorientiert aufgestellt?	Berater lernen das Unternehmen kennen	Schlüsselanwender lernen das Produkt kennen

KONZEPTIONSPHASE
Unternehmen und Berater entwickeln ein Kundenbeziehungskonzept und erstellen ein **Kundenbeziehungshandbuch**, das als Vorlage für die Implementierung dient

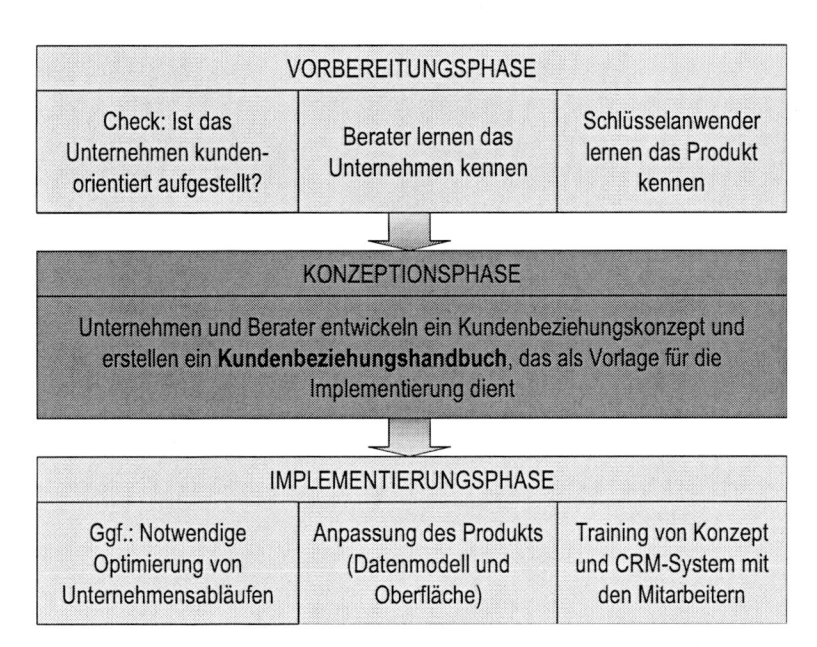

IMPLEMENTIERUNGSPHASE		
Ggf.: Notwendige Optimierung von Unternehmensabläufen	Anpassung des Produkts (Datenmodell und Oberfläche)	Training von Konzept und CRM-System mit den Mitarbeitern

Abb. 3-9: Die drei Phasen der CRM-Einführung im Mittelstand

3.5 Business Mapping – Projektarbeit leicht gemacht (von Jörg Steiss)

Wesentliche Merkmale für den Erfolg eines Projektes, und das gilt insbesondere auch für CRM-Projekte, sind eine umfassende und möglichst transparente Planung sowie die Zielorientierung aller in das Projekt einbezogenen Projektmitarbeiter, betroffenen Abteilungsmitarbeiter, Berater usw. Dabei wird in der Praxis schnell deutlich, dass nicht nur der argumentative Ansatz und der Bezug zu den alltäglichen Aufgaben und Herausforderungen – etwa im Vertrieb – zu den Fundamenten eines erfolgreichen CRM-Projektes gehören, sondern dass gerade auch der Auswahl einer geeigneten Kommunikationsplattform und –struktur eine Schlüsselrolle innerhalb des Projektes zukommt.

Nur allzu oft wird in der Praxis die Entscheidung für ein CRM-System von den Projektverantwortlichen nach bestem Wissen und Gewissen, nach einem in akribischer Klein- und Fleißarbeit erarbeiteten Anforderungsprofil sowie nach IT- oder betriebswirtschaftlichen Rahmenparametern gefällt. Die späteren Anwender aber, deren Nutzung über den Erfolg oder den Misserfolg der ausgewählten Software entscheidet, werden nicht ausreichend in die Prozesse einbezogen.

Natürlich spreche ich hier nicht davon, Entscheidungs- und Unternehmenshierarchien im Rahmen eines CRM-Projektes in Frage zu stellen oder gar ad absurdum zu führen; aber ebenso, wie es zwingend notwendig ist, ein CRM-Projekt zur Chefsache zu erklären, sprich die Unterstützung der Entscheidungsträger und Budgetverantwortlichen im Unternehmen für das Projekt zu gewinnen, müssen auch die realen Einsatz- und Arbeitsanforderungen der Anwender berücksichtigt werden.

Häufig wird das Profil des idealen Mitarbeiters argumentativ bemüht, sprich es werden eine ausgeprägte Lernbereitschaft und das Mitdenken der Anwender als feststehende Projektparameter vorausgesetzt. In der Praxis werden die Projektverantwortlichen dann aber von einer anderen Realität eingeholt. Natürlich ist der Widerstand einzelner Mitarbeiter – und ich rede hier von passivem Widerstand etwa in der Form von Dienst nach Vorschrift – bei weitem nicht der einzige mögliche Grund für das Scheitern von CRM-Projekten. Ich möchte an dieser Stelle auch ganz bewusst nicht auf Praxis-Studien, wie etwa die der Gartner Group, verweisen, die zwar viele Informationen über die Häufigkeit und die Gründe für das Scheitern von CRM-Projekten liefern, aber deren Aussagen meiner Meinung nach dennoch einige wesentliche Fragen unbeantwortet lassen – ganz zu schweigen von der Übertragbarkeit der Aussagen über bestimmte amerikanische Marktsegmente auf den europäischen, bzw. den deutschen CRM-Markt.

Stattdessen möchte ich noch einmal zurück zu der mangelnden Akzeptanz seitens der Anwender schwenken, die sich in Statements wie "das Handling des Programms ist umständlich und passt nicht zu unserem Arbeitsablauf" ausdrücken. Woran etwa liegt das angeblich schlechte Handling des neuen CRM-Programms? An fehlenden Features, unzureichenden Kenntnissen der Mitarbeiter, ineffektiven Schulungen oder einfach nur an der Tatsache, dass die Mitarbeiter aufgrund fehlender Projekttransparenz weder genügend Motivation noch Solidarität mit den Projektverantwortlichen aufbringen, um die Chancen und Möglichkeiten des Arbeitens mit der neuen Software zu erkennen? Ich habe in vielen Projekten erlebt, dass erst dann ein Aha-Effekt eintrat, wenn sowohl die psychologischen Hürden wie etwa Ängste, Frustration und Übergangenwerden, als auch die strukturellen Hindernisse wie eben fehlende Transparenz und mangelnde Kommunikation im Projektalltag beseitigt wurden.

Dadurch stellt sich dann meistens aber auch ein positiver Nebeneffekt für die Entscheidungsträger ein. Denn wenn anfängliche Ressentiments und Widerstände durch ein positives Kommunikations-Feedback der beteiligten Mitarbeiter abgemildert oder gar beseitigt werden, wird die Entscheidung für ein CRM-System nicht nur eindeutig verifiziert, sondern darüber hinaus auch das Feld für zukünftige Kommunikations- und Entscheidungsprozesse bereitet. Und oftmals sorgt ein erfolgreiches erstes Projekt bei den Mitarbeitern für mehr Folgeakzeptanz in zukünftigen Projekten, als alle nur erdenklichen Direktiven oder Analysen der Verantwortlichen.

3.5.1 Visualisierung als Kommunikationsunterstützung

Doch lassen Sie uns zu den Voraussetzungen und Basisarbeiten zu Projektbeginn zurückkehren. Betrachtet man die Planungsphase eines Projektes, so wird schnell deutlich, dass Planung, Struktur, Transparenz und Kommunikation kausal miteinander verbunden sind. Eine alle Punkte umspannende Methode, die gleichzeitig auch ein konkretes Werkzeug zur Integration der einzelnen Felder darstellt, ist die Mind Mapping Methode.

Denn diese Methode, die nach der Wiederentdeckung durch den britischen Lern-Wissenschaftler Tony Buzan einen unvergleichlichen Siegeszug angetreten hat, setzt die Lösungshebel durch ihren Visualisierungsansatz genau an den Problempunkten des Projektalltages und der Praxis an. Dabei benutzt die Methode das Zusammenspiel der beiden Gehirnhälften als Katalysator für verschiedene Prozesse. Denn die Verknüpfung des linearen, auf Logik und rationalem Verarbeiten ausgelegten Wissen in unserer linken Gehirnhälfte mit den emotionalen und sensitiven Wahrnehmungsbereichen unserer rechten Gehirnhälfte nimmt uns die Beschränkungen der klassischen Lern- und Arbeitsmethoden, die uns im Laufe unserer rational geprägten Ausbildungen oftmals auferlegt wurden.

Und das obwohl uns die Verknüpfung unserer beiden Gehirnhälften eindeutig mit in die Wiege gelegt wird. So lernen wir als Kind sehr schnell durch die Verknüpfung von Wahrnehmungen und Informationen unsere Muttersprache. Holen Sie sich an dieser Stelle doch einfach einmal das Bild eines Kleinkindes vor Ihr geistiges Auge, welches voller Inbrunst einen Ball betastet, in den Mund nimmt und erkundet, während die Eltern im Hintergrund in ausgiebigen phonetischen Gesten das Wort "Ball" zelebrieren. Gut zehn Jahre später sehen wir dann dieses Kind an seinem Schreibtisch über einer tabellarischen Aufstellung von Vokabeln sitzen, bemüht, die unterschiedlichen Begriffe linear in Deutsch und Englisch miteinander zu verknüpfen.

Oder denken Sie nur an die Situation, in der Sie einem fremden Menschen den Weg zum Hauptbahnhof beschreiben sollen. Zählen Sie diesem linear alle Straßennamen auf, oder verwenden Sie nicht intuitiv die Verknüpfung von Wissen und Bildern, indem Sie etwa dem Fragesteller mitteilen, er möge sich bis zur nächsten Brücke geradeaus halten, um dann in Höhe der Kirche nach links in die breite Straße mit dem Kopfsteinpflaster abzubiegen?

Warum nun sollen wir die Vorteile dieser Methode, die sowohl das kreative Arbeiten als auch die Transparenz und die Kommunikation eindeutig erleichtert, nicht auch in unserem beruflichen Alltag gewinnbringend einsetzen? Lassen Sie uns deshalb zurückkehren zu unserem CRM-Projekt.

3.5.2 Am Anfang steht die Idee

Zunächst einmal wird ein Brainstorming-Prozess eingeleitet, bei dem Gedanken und Ideen zu der bevorstehenden Aufgabe spontan geäußert und Informationen gesammelt werden. In weiteren Schritten erfolgt darauf die Qualifizierung und Strukturierung der Informationen. Leider werden hier in der Praxis oftmals schon die ersten großen Fehler begangen, in dem die Ideen bereits beim Sammeln bewertet und kommentiert werden. Dies führt häufig dazu, dass wertvolle Denkansätze nicht reifen können und somit unkonventionelle Lösungen für immer wiederkehrende Denksackgassen im Keime erstickt werden.

Berücksichtigt man aber genau diesen wichtigen Ansatz und sammelt zunächst ungebremst alle auftretenden Gedanken und Ideen zu einer Aufgabenstellung oder einem zentralen Thema, so wird sehr schnell deutlich, dass hier die Mind Mapping Methode mit der Konvention eines gedanklichen Mittelpunktes und der Ausbildung von Ideenzweigen für jeden Input sehr schnell zu ersten, leicht zu verstehenden Resultaten führt. Die visuelle Darstellung ohne die Beschränkungen von hierarchischen Ebenen regt sogar förmlich zum Mitdenken und Weiterentwickeln an. Mit zunehmender Dauer ermuntert sie sogar zu kreativen Sprüngen und hilft die üblichen Gruppenbarrieren und die Angst vor einer Negativbewertung abzubauen. Potentiale werden dadurch viel effektiver mobilisiert.

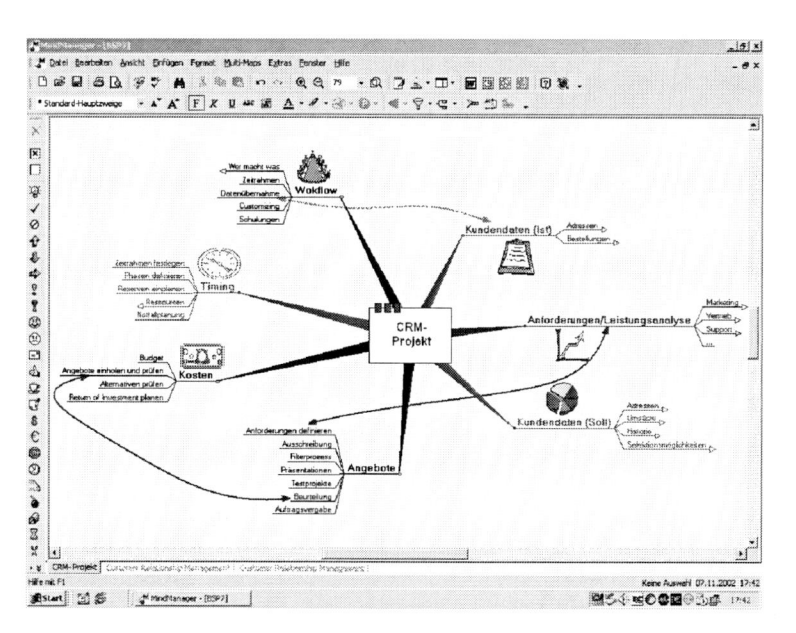

Abb. 3-10: Erster Entwurf der Mind Map

Sehr schnell werden in der Praxis aber auch die physikalischen Beschränkungen der konventionellen Brainstormingmethode - etwa an der Tafel oder am Flipchart - spürbar. Gerade dann, wenn alle Teilnehmer nur so vor Ideen sprühen, ist z.B. das Blatt am Flipchart voll. Oder die in der Hektik produzierten Schreibfehler und damit verbundenen Durchstreichungen führen zu einem Textwirrwarr, der den positiven Darstellungsansatz der Visualisierung ins Gegenteil umkehrt.

3.5.3 Business-Mapping steigert die Produktivität

Hier schafft der Einsatz von modernen Softwarelösungen eine ideale Plattform, um die Methodik mit effektivem Arbeiten zu verbinden. Das auf der Grundlage der oben erörterten Mind Mapping Methode weiterentwickelte Business Mapping etwa befreit die am Denkprozess beteiligten Personen von den physikalischen Beschränkungen der konventionellen Methode und revolutioniert darüber hinaus auch die Planungs-, Strukturierungs- und Kommunikationsprozesse in Projekten.

Denn das so genannte Visual Thinking nutzt nicht nur die Verknüpfung der beiden Gehirnhälften, sondern hat auch ganz klar die Arbeitsoptimierung der kreativen Schritte und die Weiterverarbeitung der "ermappten" Ideen und Lösungen im Fokus. So öffnet der Einsatz etwa des MindManagers der Firma Mindjet alle kreativen Türen und schafft gleichzeitig eine Daten- und Arbeitsplattform, deren Handling bei allen Folgeschritten durch ihre Einfachheit und den spürbaren Nutzen besticht.

Die einmal in Business-Maps – so der Datei-Typ – erfassten Ideen werden in Folgeschritten durch ein einfaches Drag und Drop strukturiert. Ideenzweige werden verworfen und neue Zweige und Unterzweige in der Diskussion beliebig entwickelt. Informationen und Zusammenhänge werden transparent, und nicht zuletzt können weitere Inforationen und Erläuterungen zu den einzelnen Zweigen nahezu unbegrenzt in der Business Map hinterlegt werden. Suchen Sie etwa die Kostenkalkulation zu unserem Projekt? Per Mausklick öffnet sich das mit dem Zweig "Budget" verbundene Excel-Sheet im Bearbeitungsmodus. Oder die Website unseres Softwarelieferanten? Auch diese wird durch das Aktivieren eines Links auf dem entsprechenden Zweig geöffnet. Natürlich können auch Prioritäten verteilt, Zeiten definiert und Verantwortlichkeiten vergeben werden. Ja, sogar ganze Informationsketten können durch die Verknüpfung mehrerer Business Maps zu so genannten Multi Maps erzeugt werden.

Business Mapping – Projektarbeit leicht gemacht

Stellen wir uns doch an dieser Stelle einfach wieder das erste Meeting unseres CRM-Projektes vor. Die Projektgruppe sitzt am Besprechungstisch, und im Rahmen eines Brainstormings haben wir alle wichtigen Parameter des Projektes erarbeitet. Nun werden durch eine intensive Diskussion – die aber aufgrund der visualisierten Aspekte sehr zielorientiert stattfindet – die Projekt-Parameter strukturiert, Zusammenhänge dargestellt, Feinheiten ausgearbeitet und die Schlagworte und Kernaussagen der Zweige einer Map mit Detailinformationen und Hintergrundwissen, etwa durch Verlinkungen, versehen. Dadurch wird das eher statische Abbild einer konventionellen Mind Map auf Papier zu einer lebenden Business Map. Diese wiederum bietet alle Vorteile der Mind Mapping Methode, hilft aber durch die mit ihr verbundenen Arbeitsmöglichkeiten gleichzeitig dabei, die nun folgenden Arbeitsschritte wesentlich zu vereinfachen.

3.5.4 Office-Anbindung als Schaltzentrale

Nachdem alle Parameter unseres CRM-Projektes übersichtlich dargestellt wurden, verlangt der Projektalltag nun nach einem Protokoll, welches das zuvor bereits visualisierte und glänzend ausgearbeitete CRM-Projekt in seiner Gesamtheit linear beschreibt, um Überarbeitungen, Anmerkungen und eine Vervielfältigung zu ermöglichen. Hier hilft beim Business Mapping der konsequente Weg des MindManagers, der die lebende Map mit allen Facetten, Hintergrundinformationen und Verlinkungen per Knopfdruck in ein fertiges Word-Dokument verwandelt. Natürlich werden dabei sowohl das CI und CD Ihres Unternehmens durch die Auswahl von entsprechenden Dokumentenvorlagen als auch durch eine Importfunktionalität – sprich das Einlesen einer Word-Datei, welche die überarbeitete Endversion des Protokolls beinhaltet – unterstützt.

Dabei werden Sie in der Praxis erstaunt darüber sein, wie schnell die Projektmitarbeiter erneut nach der Darstellung des Word-Dokumentes als Business Map verlangen, denn die Übersichtlichkeit und die Einfachheit der visuellen Darstellung erleichtert enorm das Verstehen und damit die Transparenz des Projektes.

Business Mapping greift damit einen Ansatz auf, der im Prinzip bei Projekten aller Art und im Rahmen der Kommunikation und Zusammenarbeit eingesetzt werden kann; denn immer wenn Aufgaben definiert und umgesetzt werden müssen, liegt ein Bedarf nach Übersichtlichkeit und Verstehen vor. Dies gilt natürlich auch für den Informationsfluss, d.h. für die Schritte nach unserem ersten Projektmeeting, bei denen wir sehr sensibel darauf achten müssen, die Gesamtzusammenhänge so darzustellen, dass alle betroffenen Mitarbeiter den Wert und die Ziele des Projektes verstehen können.

Das Business Mapping greift hier auf die Hilfe seines homogenen Datenmodells zurück, denn letztendlich stellt die in den ersten Schritten er- und überarbeitete Business Map doch die Grundlage der Informationen, die Informationsquelle, dar. Und die Überlegungen, die zum Export der Business Map in ein lineares Word-Dokument geführt haben, gelten synonym auch für eine Präsentationsplattform, wie sie etwa eine Power-Point Präsentation oder eine Intranet- bzw. Website oder Webseite darstellen. Auch hier führt jeweils eine Exportfunktion dazu, dass die Business Map auf Knopfdruck in eine Power-Point Präsentation oder eine Web-Site umgewandelt werden kann – natürlich unter Auswahl von definierten Vorlagen, um die Marketing- und Design-Philosophie Ihres Hauses zu unterstützen.

Lassen sie mich an dieser Stelle deshalb ein kurzes Zwischenresümee ziehen: Von der Ideenfindung zur Strukturierung, über die Detailplanung bis hin zur transparenten Kommunikationsplattform bietet das Business Mapping hier eine umfassende Methodik, die – unterstützt durch den Einsatz einer geeigneten Softwarelösung wie dem MindManager von Mindjet - jedes Meeting, jede Form der Zusammenarbeit und jedes Projekt effizienter gestalten kann.

Aber unser CRM-Projekt besteht ja nicht nur aus einer Übersicht, sondern geht mit dem Beginn der Umsetzungsphase in konkrete Detailaufgaben und Handlungen über. Diese zu planen, bedeutet Aufgaben mit Ressourcen zu verbinden, Termine zu koordinieren und Verantwortlichkeiten an einzelne Teammitglieder zu delegieren. Auch hier bietet das Business Mapping enorme Erleichterungen. Führen Sie in Ihrem Team doch das Prinzip des Straßenverkehrs ein. In unserem täglichen Kampf durch die Rushhour helfen uns eine Vielzahl von Farben und Symbolen den Überblick zu behalten. Grün gibt mir freie Fahrt, das Schild über meiner Fahrbahn spricht genau mich an und das Schild mit dem schwarzen Pfeil zeigt mir, dass ich am nächsten Engpass Vorfahrt habe. Einfache Symbole für jedermann, oftmals sogar für Menschen ohne offizielle Fahrerlaubnis verständlich, mit einem kurzen Blick erfassbar.

Diese Vorteile greift auch das Business Mapping auf. So können etwa Farben Mitarbeiter symbolisieren oder immer wiederkehrende Aufgaben durch feste Symbole dargestellt werden, etwa einem Briefumschlag für die zu erfolgende Rückmeldung an den Projektleiter oder einem Haken für die Fertigstellung der Aufgabe. Und natürlich müssen im Rahmen einer Vielzahl

Business Mapping – Projektarbeit leicht gemacht

von Projektaufgaben auch Prioritäten festgelegt und werden. Konsequenterweise ist auch die Einbeziehung von Anfangs- und Endzeiten sowie Ressourcen und Kategorien als Ordnungselementen im Rahmen des Business Mappings mit dem MindManager möglich.

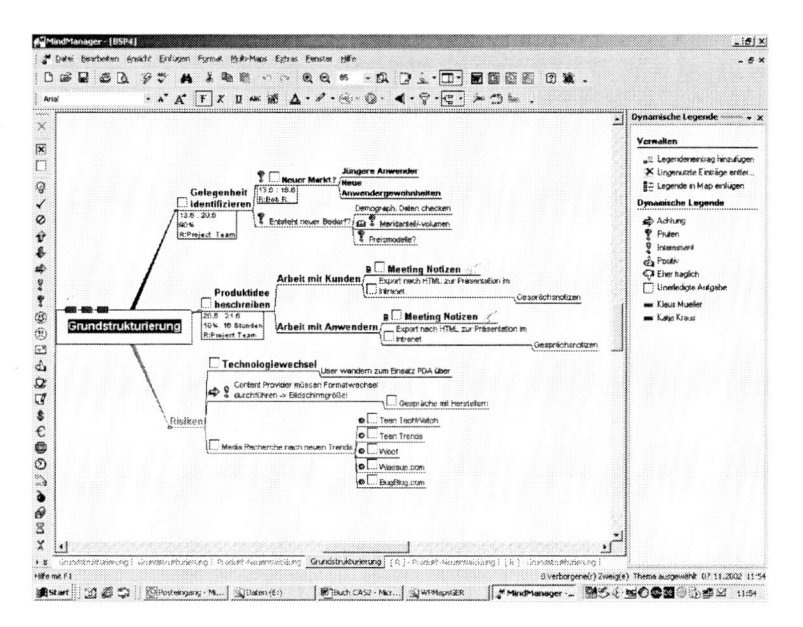

Abb. 3-11: Erweiterte Mind Map mit Ordnungselementen

Diese Ordnungselemente machen aus dem Business Mapping nicht zuletzt ein noch mächtigeres Werkzeug, weil sie es erlauben, durch eine entsprechende Selektierung die Projektinformationen so aufzubereiten, dass z.B. alle Zweige mit den Aufgaben eines bestimmten Mitarbeiters, mit einem bestimmten Fertigstellungstermin oder mit einer bestimmten Priorität angezeigt werden. Die übrigen Zweige werden durch einen Filter überdeckt, bzw. ausgeblendet.

Versetzen sie sich jetzt bitte in die Situation des Projektleiters unseres CRM-Projektes, der eine Vielzahl von Aufgaben und Teilaufgaben an sein Projektteam delegieren will. Alle Daten und Informationen liegen bereits in der Business Map vor. Die Daten können einfach aus der Map extrahiert und z.B. als Aufgaben in die Microsoft Outlook Datei der Mitarbeiter aufgenommen werden, um Erinnerungsfunktionen und Ordnungskategorien zu nutzen.

Und genau hier greift das Business Mapping wieder die Vorteile einer zentralen Datenhaltung auf; denn alle diese Daten liegen ja – wie oben beschrieben – bereits in unserer Projekt in Form der oben genannten Business Map vor. So hilft auch hier eine Exportfunktion, die Zweigparameter wie Anfangs- und Endzeiten, Ressourcen etc., gefiltert nach Mitarbeitern, an eben diese per Mail zu übergeben, so dass ein Import in die jeweiligen Outlook-Dateien problemlos möglich ist.

Natürlich darf dies nicht das Ende des Prozesses sein, denn wir möchten den einmal eingeschlagenen Erfolgsweg der Visualisierung ja nicht gänzlich verlassen. So ist auch ein Import der in Outlook erledigten Aufgaben und die damit verbundene visuelle Darstellung in unserer Business Map problemlos möglich.

3.5.5 Projektverwaltung und Arbeiten mit Microsoft Project einfach und effizient gestalten

Als Königsdisziplin des Business Mappings bleibt dann nur noch die Anbindung unserer Business Map an ein klassisches Projektverwaltungs- und –bearbeitungstool, das z.B. die Kontrolle von Kosten, den Soll/Ist-Vergleich und die Erarbeitung von betriebswirtschaftlichen Kennzahlen im Rahmen eines Projektes fortführt. Aber genau hierin liegt auch das Problem von Softwarelösungen aus diesem Bereich: Haben Sie z.B. schon einmal versucht, ein Microsoft Project Datei mit 150 Vorgängen – der Microsoft Project internen Bezeichnung für Aufgaben in einem Projekt –anzulegen? Oder eine komplexe Microsoft Project Datei übersichtlich darzustellen?

Dank der Anbindung einer Business Map ist das kein Problem mehr. Betrachten wir doch zum Abschluss noch einmal die Business Map unseres CRM-Projektes. Sie enthält alle wichtigen Detailschritte unseres Projektes in Form von Zweigen und Unterzweigen. Allen Zweigen wurden entsprechende Ressourcen, Zeiten und Kategorien zugeordnet. Ebenso wurden weitere Informationen in Form von Kalkulations-Tabellen im Microsoft Excel Format, Webseiten usw. in diese Business Map eingebunden. Und das alles in sehr einfacher, übersichtlicher und zeitsparender Arbeitsweise.

Business Mapping – Projektarbeit leicht gemacht

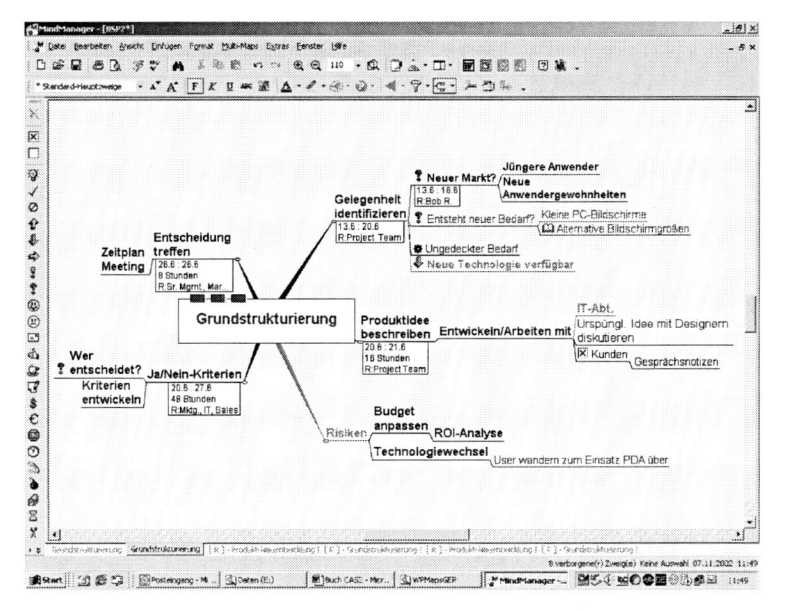

Abb. 3-12: Mind Map mit Detailinformationen

Da ist es nur folgerichtig, den Austausch der Daten unserer Business Map mit einer Microsoft Project-Datei in Form eines simplen Exports bzw. einen entsprechenden Imports anzustoßen, um die komplexen, lineare dargestellte, Project-Dateien übersichtlich zu visualisieren.

Erlauben Sie mir zum Abschluss dieser Exkursion noch einen kurzen Rückblick. Mit Hilfe des Business Mappings greifen wir eine Arbeitsmethode auf, die alle Vorteile einer Visualisierung mit sich bringt, aber auch das effektive, moderne Arbeiten mit möglichst wenigen Datenbasen zulässt. Redundanzen vermeiden, Übersicht und Transparenz schaffen, eine Kommunikationsplattform zum aktiven Austausch aufbauen und dadurch Menschen den für das Projekt zu begeistern, für die Projektarbeit zu motivieren, sichern, muss kein Widerspruch sein. Suchen Sie sich aber eine Arbeitsmethode und Kommunikationsplattform, die Ihnen hilft, die altbekannten Probleme bei der Konzeption, Planung und Umsetzung von Projekten in Angriff zu nehmen. Gehen Sie dabei auch neue Wege. Visualisierung ist bestimmt kein Allheilmittel, aber sie hilft den am Projekt beteiligten Mitarbeitern einfacher, sicherer und besser zusammenzuarbeiten. Das gilt auch für so komplexe Projekte wie die CRM-Einführung; denn von der ersten Idee bis zur Umsetzung hilft Ihnen Business Mapping, Ihr Projekt erfolgreich zu gestalten.

4 Erfolgreiche Beispiele

4.1 CRM-Bausteine für den Mittelstand Einsatzszenarien von genesisWorld

(von Christian Ried)

Die theoretischen Grundlagen sowie die Literatur zum Thema Customer Relationship Management (CRM) sind überaus umfangreich. Eine Suchanfrage nach der Abkürzung "CRM" erbringt bei Amazon immerhin 51 deutsche und englische Bücher zum Thema. Darin werden die unterschiedlichsten Aspekte des CRM beleuchtet, es lassen sich jedoch eine Reihe von gemeinsamen Grundmerkmalen herausfiltern, die in diesem Abschnitt als einfaches CRM-Modell vorgestellt werden.

Darüber hinaus dieser Abschnitt die Frage klären, inwieweit das Funktionsspektrum von genesisWorld dieses CRM-Modell auf technischer Ebene abdeckt und warum das Produkt für den CRM-Einsatz besonders gut geeignet ist.

Dazu wird zunächst genesisWorld in kompakter Form vorgestellt. Danach folgt ein sehr kurzer Blick auf das einfache CRM-Modell. Eine Diskussion der mit genesisWorld realisierbaren Anwendungsfälle rundet die Betrachtung ab.

4.1.1 Was ist genesisWorld?

genesisWorld ist ein Werkzeug für das Management von Kundenbeziehungen (CRM) in mittelständischen Unternehmen. Das Softwareprodukt bietet in der Standardversion neben zahlreichen weiteren Funktionen eine teambasierte Adress- und Terminverwaltung sowie ein Aufgaben- und Dokumentenmanagement. Vereint mit dem genesisWorld Alleinstellungsmerkmal der Verknüpfungen werden komplexe Historien möglich. genesisWorld bettet sich nahtlos in die Office-Welt ein und bietet auch mobile Zugriffsmöglichkeiten über PDAs, Internet und die Replikation.

Über das Zusatzmodul genesisWorld.ERP connect ist die Übernahme von kaufmännischen Daten wie Belegen (Rechnungen, Mahnungen usw.) und von Produktdaten in genesisWorld möglich. Mittels integrierten Standards wie z.B. der Telefonieanbindung können zahlreiche kundenrelevanten Prozesse mit genesisWorld abgebildet werden. Offene Schnittstellen erlauben es, Drittsysteme in ein genesisWorld-Szenario einzubinden, so z.B. den Zugriff auf die E-Mail.

Die Architektur

genesisWorld basiert auf einer modernen mehrschichtigen und komponentenorientierten Architektur. Die Datenhaltung erfolgt in einer relationalen Datenbank, auf die der genesisWorld Applikationsserver zugreift. Dem Anwender steht eine Standardoberfläche für Windows-Plattformen zur Verfügung. Auf Wunsch können auch individuelle Oberflächen entwickelt werden, die die Schnittstellen des genesisWorld Applikationsservers nutzen. Der webbasierte Zugriff auf die Daten und die Unterstützung mobiler Endgeräte über Synchronisation ist ebenso möglich. Eine feinstufige Replikation ermöglicht das Verteilen von Daten auf mehrere Standorte oder Laptops.

Die Zielgruppe

genesisWorld wurde für kleine und mittelgroße Unternehmen mit 5 bis 500 Arbeitsplätzen entworfen; es sind aber auch größere oder kleiner Installationen denkbar und sinnvoll. Dabei gibt es keine besonderen Branchenbeschränkungen.

4.1.2 Ein einfaches CRM-Modell

Ein kundenorientiertes Unternehmen benötigt neben der Neuausrichtung seiner Organisation und Unternehmenskultur eine IT-Umgebung, die die wesentlichen Bausteines des Kundenmanagements ebenso zur Verfügung stellt wie die dafür notwendige Organisationsinfrastruktur.

CRM-Bausteine für den Mittelstand

Diese Bausteine sind im einzelnen:

- ❑ Die Vertriebsautomatisierung, insbesondere in den Bereichen
  - ❑ Vertriebsaußendienst
  - ❑ Vertriebsinnendienst und Management der Vertriebskanäle
  - ❑ Web-basierter Vertrieb
- ❑ Der Kundendienst, insbesondere die Bereiche
  - ❑ Service vor Ort
  - ❑ Call Center (alternativ auch mit den Begriffen "Customer Care Center" oder "Customer Information Center" bezeichnet)
  - ❑ Web-basiertes Kundeninformationssystem
- ❑ Die Marketingautomatisierung, insbesondere Aktivitäten wie
  - ❑ Kampagnenmanagement
  - ❑ Verwaltung von marketingrelevanten Inhalten
  - ❑ Analyse und Berichterstattung bzw. Geschäftsintelligenz

Diese Bausteine basieren im Idealfall auf einer IT-Infrastruktur, die unternehmensweit den reibungslosen Geschäftsablauf und einen schnellen Informationsfluss gewährleistet.

Wesentliche Bestandteile dieser Infrastruktur sind im einzelnen:

- ❑ Werkzeuge für das Projektmanagement
- ❑ Eine Umgebung, die teambasiertes Arbeiten ermöglicht
- ❑ Instrumente für das Verwalten von Ressourcen

Zusammenfassend lässt sich dieses Modell wie folgt darstellen:

CRM Bausteine

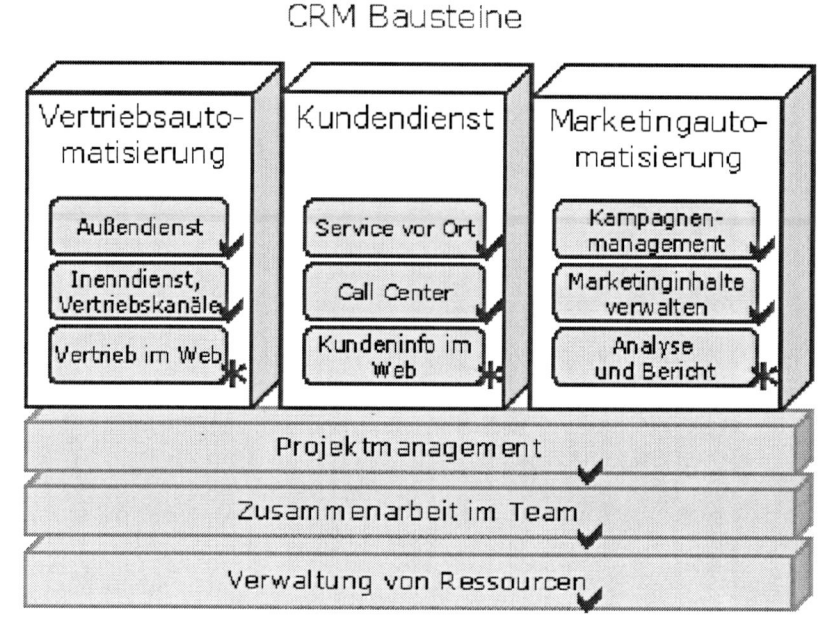

```
┌─────────────────────┬─────────────────────┬─────────────────────┐
│ Vertriebsauto-      │ Kundendienst        │ Marketingauto-      │
│ matisierung         │                     │ matisierung         │
│                     │                     │                     │
│  Außendienst ✓      │  Service vor Ort ✓  │  Kampagnen-         │
│                     │                     │  management ✓       │
│  Inenndienst,       │  Call Center ✓      │  Marketinginhalte   │
│  Vertriebskanäle ✓  │                     │  verwalten ✓        │
│  Vertrieb im Web *  │  Kundeninfo im      │  Analyse            │
│                     │  Web *              │  und Bericht *      │
└─────────────────────┴─────────────────────┴─────────────────────┘
   Projektmanagement                                            ✓
   Zusammenarbeit im Team                                       ✓
   Verwaltung von Ressourcen                                    ✓
```
Geschäftsinfrastruktur

✓ genesisWorld Standardversion
* Nicht in der Standardversion, aber programmierbar

Abb. 4-1: Die Bausteine für das CRM

Der Funktionsumfang von genesisWorld deckt das hier dargestellte Modell in hohem Maße ab, was im Bild durch die Häkchen symbolisiert wird. Einige Bereiche (Web-basierter Vertrieb, Web-basierter Kundendienst, Analyse, Geschäftsintelligenz) sind durch vorhandene Schnittstellen individuell programmierbar.

Zur Untermauerung dieser Aussage nun ein Blick auf die einzelnen Bestandteile unseres Modells und die dafür in genesisWorld zur Verfügung stehende Funktionalität.

CRM-Bausteine für den Mittelstand

4.1.3 Vertriebsautomatisierung

Vertriebsaußendienst

Zur Unterstützung der im Feld tätigen Vertriebsmitarbeiter stellt genesisWorld eine leistungsfähige Adress- und Terminverwaltung bereit. Diese wird durch Mechanismen zur Wiedervorlage, Verknüpfungen auf Dokumente sowie Kundenhistorien ergänzt. Der Vertriebler kann seine Aktivitäten planen, Kundenprojekte verwalten und auf kaufmännische Daten bezüglich seiner Kunden zugreifen. Da der Vertriebler viel unterwegs ist, profitiert er von den Möglichkeiten der Datenreplikation und dem mobilen Zugang via PDA und Web.

Vertriebsinnendienst und Management der Vertriebskanäle

Der Vertriebsinnendienst pflegt kundenbezogene Daten, erstellt Dokumente und Berichte. Für das Management der Vertriebskanäle werden Aktivitäten geplant und organisiert. Dafür stehen in genesisWorld ein leistungsfähiges Aufgabenmanagement sowie eine flexible Dokumentenverwaltung zur Verfügung. Der Datenabgleich von Außen- und Innendienst und die Einbindung der E-Mail im System halten alle Mitglieder des Vertriebsteams auf dem gleichen Stand.

Web-basierter Vertrieb

Für den Vertrieb über web-basierte Shop-Systeme stellt genesisWorld.ERP connect die Möglichkeit bereit, aus den Produktstammdaten einen Katalog zu erstellen und zu verwalten und diesen für die Veröffentlichung im Webshop als statische HTML-Seiten auf Knopfdruck zu exportieren.

4.1.4 Kundendienst

Service vor Ort

Servicemitarbeiter vor Ort benötigen alle relevanten Daten auf ihrem Laptop, die Replikation ist daher für sie besonders wertvoll. In der genesisWorld Dokumentendatenbank finden sie die für ihren Einsatz relevanten Produktspezifikationen und Lösungsdokumente. In der Historie zum Kunden sehen sie zudem die bereits bearbeiteten Support-Anfragen des Kunden und sind somit über seinen aktuellen Status optimal informiert.

Call Center

Bei einem eingehenden Anruf hat der Call Center Agent durch die Integration von genesisWorld mit der Telefonanlage sofort direkten Zugriff auf die Daten des Anrufers, ohne die entsprechende Adresse heraussuchen zu müssen. Dank der genesisWorld Verknüpfungen erhält er eine umfassende Historie zum Kunden auf einen Klick. Das genesisWorld Rechtesystem erlaubt dem Agent, auf die Datensätze all der Kollegen zuzugreifen, die eine Schnittstelle zum Kunden bilden, wie z.B. Vertriebsaußendienst und Servicetechniker vor Ort.

Web-basiertes Kundeninformationssystem

Die genesisWorld Architektur erlaubt über individuell programmierte Webseiten die dynamische Publikation von Inhalten über Internet. Dies ist insbesondere für die webbasierte Kundeninformation nützlich. Ein spezifisch auf die Bedürfnisse des Kunden zugeschnittenes Portal kann auf Basis der in genesisWorld angelegten Supportaufgaben und der dort hinterlegten Lösungen entwickelt werden.

CRM-Bausteine für den Mittelstand

4.1.5 Marketingautomatisierung

Kampagnenmanagement

genesisWorld ermöglicht dem Marketing die zielgruppengenaue Ansprache durch feinstufige Adress-Selektion im gesamten Datenbestand. Dabei besteht die Möglichkeit, die individuell eingerichteten Filter und die selektierten Adressengruppen auch für weitere Aktionen zu speichern.

Mit der Serienbrieffunktion werden mit einem Klick alle ausgewählten Adressdaten automatisch in den Microsoft World-Brief übernommen. Nachfassaktionen können über Aufgaben organisiert werden. Jeder Schritt, jeder Kontakt ist dabei stets nachvollziehbar und kann ausgewertet werden.

Verwaltung von marketingrelevanten Inhalten

genesisWorld ist die unternehmensweite Basis für alle Dokumente und Daten, die für den Mitarbeiter im Marketing relevant sind. Dazu gehören Produktinformationen, Spezifikationen und Whitepapers ebenso wie interne Strategiedokumente. Der Zugriff auf diese oftmals strategischen Daten lässt sich durch das genesisWorld Rechtemanagement fein-stufig verwalten.

Analyse und Berichterstattung bzw. Geschäftsintelligenz

Quantitative ad hoc Auswertungen und die automatische Erstellung von Berichten gehören nicht zur Standardfunktionalität von genesisWorld. Für den Bedarfsfall können genesisWorld Partner jedoch auf Basis einer definierten Vorgehensweise eine individuelle Lösung entwickeln. Alternativ ist auch die Integration mit spezialisierten Analysewerkzeugen mittels der genesisWorld Schnittstellenarchitektur möglich.

4.1.6 Basisinfrastruktur

Werkzeuge für das Projektmanagement

genesisWorld eignet sich hervorragend für die Verwaltung projektbezogener Daten wie Termine, Aufgaben und Dokumente. Dabei stehen verschiedene Ansichtsformen zur Verfügung, die dem Projektmanager auf einen Blick den Stand projektbezogener Ereignisse visualisieren.

Eine Umgebung, die teambasiertes Arbeiten ermöglicht

Alle Daten in genesisWorld können im Team genutzt werden. Ein feinstufiges Rechtekonzept spiegelt dabei die Zuständigkeiten der einzelnen Mitarbeiter wieder. Die Integration von E-Mail und die Möglichkeit, basierend auf genesisWorld Intranet-Inhalte zu publizieren, machen genesisWorld zur Schaltzentrale des Unternehmens.

Instrumente zum Verwalten von Ressourcen

Ressourcen wie Besprechungsräume, Poolfahrzeuge oder -geräte können in genesisWorld verwaltet werden. So können z.B. Mitarbeiter selbständig Räume oder Wagen buchen. Die Auslastung der Ressourcen lässt sich durch individuell entwickelte Intranetseiten auswerten und in der Planner-Ansicht visualisieren.

4.1.7 Zusammenfassung

Dieses Kapitel hat ein einfaches Modell der im CRM benötigten IT-Werkzeuge vorgestellt und an Beispielen erläutert, wie die einzelnen CRM-Bausteine mit genesisWorld abgebildet werden können. Dabei wird deutlich, das genesisWorld für den Einsatz im Kundenmanagement sehr gut geeignet ist.

Aufgrund seiner zusätzlichen Anwendungsmöglichkeiten für die Unternehmenssteuerung wie beispielsweise im Projektmanagement oder bei der Teamarbeit ist genesisWorld insbesondere für kleinere und mittlere Unternehmen sehr interessant. Diese haben bei der Einführung von genesisWorld doppelten Nutzen: Sie unterstützen die Kundenorientierung ihrer Organisation und erhalten zudem ein Werkzeug, mit dem sich die internen Geschäftsprozesse optimal unterstützen lassen.

4.2 Es muss nicht immer Siebel sein
CRM für Innen- und Außendienst

(von Astrid Pölchen)

Ursprünglich wollte Jobscout24 seine Kundenprozesse mit Siebel steuern. Lizenz- und Servicekosten waren dem Anbieter von Online-Stellenbörsen allerdings zu hoch, die deutsche Niederlassung entschied sich stattdessen für die Lösung von CAS Software. Das Systemhaus All-to-do benötigte nur acht Wochen, um genesisWorld zu implementieren.

Jobscout24, ein Anbieter von Online-Stellenbörsen, bestand den Feuerzangenbowlen-Test: "Nu stelle ma uns mal janz dumm und fragen: wat is eigentlich ein Kundenprozess?" Wo viele Unternehmen ratlose Gesichter ziehen, konnte Jobscout24 bereits mit einer Prozessanalyse aufwarten.

Oliver Hacker, Head of IT bei Jobscout24, hatte im Vorfeld der CRM-Einführung bereits selbst die eigenen Unternehmensprozesse erforscht – ohne spezielle Tools, Formeln oder Geheimverfahren. Stattdessen ist er durch alle Abteilungen gegangen und hat gefragt, wie die hausinternen Kunden-Prozesse zu verbessern wären. "In einzelnen Fachabteilungen war schon ziemlich viel zu diesem Thema vorhanden", erklärt Hacker – und nach einer Woche war die Analyse abgeschlossen. Dabei wurde deutlich, dass die Mitarbeiter dringend Unterstützung bei der Akquise, vor allem der Kaltakquise benötigen.

Dabei werden neue Adressbestände importiert oder eingegeben, zu Adresspools zusammengestellt und einzelnen Agenten zur Kaltakquise zugewiesen, die Termine für den Außendienst vereinbaren sollen. Darüber hinaus zeigte sich, dass eine CRM-Lösung den kompletten Kundenkontakt von der Akquise bis zur Abrechnung begleiten und überwachen können sollte und einzelne Geschäftsvorfälle eines Projekts zusammenfassen. Außerdem forderte Jobscout24 vom Anbieter, dass die Lösung bei Angebots- und Rechnungserstellung die Preise direkt aus dem System entnehmen kann, damit Fehler vermieden werden.

Entscheidung auf Umwegen

Nicht ganz so einfach verlief der Auswahlprozess für die geeignete CRM-Lösung, denn die Jobscout24-Mutter hatte sich zunächst für Siebel entschieden und bereits Lizenzen der Lösung gekauft. Die Implementierung hätte allerdings die Kosten noch einmal so in die Höhe getrieben, dass das Gesamtprojekt zu teuer geworden wäre. Die deutsche Niederlassung entschied sich gegen die Siebel-Lösung und musste nun schnell eine Alternative finden – die Wahl fiel auf CAS Software. "Der Preis hat uns überzeugt – genesisWorld hat inklusive Lizenzen und Einführungskosten nur ein Bruchteil von dem gekostet, was wir für die Lösung des Marktführers hätten ausgeben müssen. Die CAS-Lösung war in zirka acht Wochen implementiert", erklärt Hacker die Entscheidung. Otmar Götz, Projektleiter auf Seite des beteiligten Systemhauses All-to-do, spricht von einem Zehntel bis einem Siebtel des Preises der Siebel-Lösung. All-to-do, ein langjähriger CAS-Partner, sollte ursprünglich nur eine Schulung für die CAS-Groupware-Lösung teamWorks bei Jobscout24 durchführen, die der Kunde bis dahin für Termin-, Adress- und Dokumentenverwaltung nutzte. Den Kontakt stellte CAS Software her.

Über die Schulung hinaus sollte das Systemhaus klären, wie die Daten von teamWorks in Siebel integriert werden könnten. Als Alternative zur Integration von Siebel mit dem CAS-System präsentierte Götz von All-to-do Anfang 2001 die CRM-Lösung genesisWorld. Im August/September 2001 definierte Jobscout24 seine Anforderungen, bald darauf präsentierte All-to-do das Feinpflichtenheft. Aufgrund der Kundenwünsche nahm das Systemhaus auch andere genesisWorld-Partner mit in das Projekt, nämlich itdesign aus Tübingen und Pollak Software aus Ettlingen. Beide Unternehmen gehören zu einem Verbund von Partnern, die Zusatzlösungen zu genesisWorld anbieten (www.gw-solutions.de). itdesign lieferte unter anderem seine Module "itd workflow", das die Abfolge der notwendigen Arbeitsschritte beispielsweise im Jobscout24-Call-Center festlegt, und "itd PNS". PNS ermöglicht es, Fristen bestimmter Aufgaben und Termine zu überwachen und bei Verzögerungen Nachrichten an definierte Personen abzusetzen. Außerdem sollte genesisWorld ERP.connect – in diesem Fall eine Schnittstelle zur sageKHK Office Line – im Projekt enthalten sein. Diese Schnittstelle wurde von Pollak geliefert. Jobscout24 entschied sich zusätzlich zur externen SAP-Buchhaltung für die Office Line von sageKHK als Faktura-Lösung. Eine eigene SAP-Lösung wäre zu umfassend und kostspielig gewesen. "Der Kunde hat Angebot, Auftragsbestätigung und Rechnung vorher oft händisch gemacht, Mitarbeiter verwendeten unterschiedliche Preislisten und Rabatte, viele Dinge liefen nicht vertragskonform", beschreibt Götz die Situation. genesisWorld kann Preise jetzt direkt übernehmen und zusätzlich Auswertungen der in Office Line hinterlegten Daten durchführen. Den dazu nötigen Report Generator hat All-to-do selbst entwickelt, ebenso wie die MS-Office-Anbindung.

Schulungen sind entscheidend

"Wir haben mit drei Mitarbeitern gearbeitet, auf Kundenseite waren es ebenfalls drei Personen, die sporadisch mitgeholfen haben", erklärt Götz. Es galt 30 Clients und einen Terminalserver, eine Datenbank, einen Application- und einen Archivserver zu installieren sowie die Zusatzmodule zu implementieren. "Das System wurde am Wochenende installiert. teamWorks wurde vom Netz genommen, die Daten übertragen, Prozesslogik über Zusatzmodule eingestellt und nach dem Wochenende war genesisWorld lauffähig", erläutert Hacker den zeitlichen Aufwand. Götz fügt hinzu, durch umfangreiche Vorarbeit die tatsächliche Zeit beim Kunden stark reduziert zu haben.

Einige Schwierigkeiten gab es natürlich trotzdem, allerdings nichts Gravierendes wie Hacker dem Systemhaus bescheinigt. Aus Budgetgründen wurden beispielsweise nur 12 Mitarbeiter geschult, die ihr Wissen nach dem "Train-the-Trainer"-Prinzip weitergeben sollten. "Das hat nicht so gut funktioniert. Nach drei Tagen sitzt noch nicht alles perfekt und bis schließlich alle Mitarbeiter geschult waren, dauerte es zwei bis drei Wochen, was zu Unmut führte", beschreibt Götz die Situation. Anfangs gingen bei dem Systemhaus fast ausschließlich Anwendungsfehler ein.

Nach vier Wochen gab es Performance-Probleme, weil eine große Anwenderzahl aus dem Call Center den gleichen Anwendungsfall hatte – nämlich Wiedervorlagen mit 3.000 bis 4.000 offenen Aufgaben pro Person (bei zirka 25 Mitarbeitern). Um die Last aufzufangen, installierte All-to-do einen zweiten Applikationsserver. "Auch ein Feinpflichtenheft kann so etwas nicht auffangen. Laborumgebungen führen immer zu Laborergebnissen, erst wenn wirklich mit einem System gearbeitet wird, sieht man einige Probleme", erläutert Götz.

Dazu Hacker: "Wir sind zufrieden. Die Verwaltung von Updates der Software mit den Zusatzmodulen ist nicht so einfach, wie sie sein könnte, aber die Funktionalität ist wirklich sehr zufriedenstellend." Sein abschließendes Urteil: "Die CAS-Lösung würde ich Unternehmen empfehlen, die im kleinen und mittelständischen Bereich anzusiedeln sind und vertriebsorientiert arbeiten wollen. Bei Firmen mit Marketingschwerpunkt eignen sich meiner Meinung nach auch andere Systeme."

Quelle: Computer Reseller News, Heft 39/2002 vom 26.09.02

4.3 Berichte aus der Praxis: CRM im Mittelstand (von Christian Horn)

Da die Kundenorientierung immer stärker über den unternehmerischen Erfolg entscheidet, sind Lösungen für das Customer Relationship Management (CRM) unverzichtbar. Mittelständische Unternehmen scheuen jedoch häufig die Komplexität, die langen Projektlaufzeiten und die Kosten von großen CRM-Systemen. Eine interessante Alternative sind hier Programme wie genesisWorld, die speziell auf die Bedürfnisse und Kapazitäten des Mittelstands zugeschnitten sind. Die folgenden Anwenderberichte zeigen, wie sechs Unternehmen und Institutionen aus den Bereichen Handel, Fahrzeugausrüstungen, Forschung/Beratung, Werbung, Tourismus und Verbandsorganisation ihre Geschäftsprozesse mit genesisWorld neu strukturiert haben. Jeder Anwender hat einen anderen Schwerpunkt, aber allen ist gemeinsam, dass die CRM-Lösung das gesamte Kunden- und Informationsmanagement abdeckt und die Arbeitsabläufe vereinfacht.

4.3.1 Ganzheitliche Vertriebssteuerung bei der Liebherr-Werksvertretung Kleimann

"Die Vertriebssteuerung ist ein heikles Thema im Außendienst", erklärt Detlev Kleimann, Inhaber der Kleimann Handelsvertretung in Neu-Isenburg. "Entweder liegen zu wenig Informationen vor, dann wird das Verkaufspotenzial nicht ausgeschöpft und die Kundenbindung leidet. Oder der bürokratische Aufwand ist zu hoch und die Außendienstmitarbeiter fühlen sich permanent kontrolliert." Kleimann hat eine optimale Lösung gefunden: Eine professionelle Vertriebsunterstützung, die Kundenmanagement, Tourenplanung und Warenwirtschaft sinnvoll miteinander verknüpft und die Arbeit des Vertriebs entlastet. "Denn das Verkaufen steht an erster Stelle und soll auch weiterhin Spaß machen!"

Die Liebherr-Hausgeräte GmbH gehört zu den führenden Herstellern von hochwertigen Kühl- und Gefriergeräten. Das Unternehmen produziert täglich über 7.000 Kühl- und Gefriergeräte, die in Deutschland von 14 eigenständigen Werksvertretungen vertrieben werden. Vertriebsgebiet, Kundengruppe, Produkte und allgemeine Vertriebskonditionen werden von Liebherr

Berichte aus der Praxis: CRM im Mittelstand

vorgegeben; innerhalb dieses Rahmens können die Werksvertretungen ihre vertrieblichen Aktivitäten eigenständig steuern.

Eine der 14 Werksvertretungen der Liebherr-Hausgeräte GmbH ist die Detlev Kleimann Handelsvertretung in Neu-Isenburg. Kleimann beliefert den Elektrogroßhandel, zahlreiche Einzelhändler (vor allem Küchenstudios), Elektromärkte und die Getränkeindustrie in Hessen und Westthüringen. Die Vertriebsgesellschaft hat rund 1.100 Kunden mit über 3.500 Ansprechpartnern. Jeder Außendienstmitarbeiter betreut einen Stamm von rund 150 Kunden.

Detlev Kleimann hat Anfang 1999 die Liebherr-Werksvertretung für Hessen und Westthüringen übernommen. Schnell stellte der Existenzgründer fest, dass keine Instrumente zur Vertriebssteuerung vorhanden waren. Kundenkontakte wurden nur auf Karteikarten erfasst und dann mehr oder weniger 'systematisch' durchgesehen. Mit dem bestehenden Warenwirtschaftssystem auf DOS-Basis war eine gezielte Auswertung der Umsatzzahlen nicht möglich. "Ich habe diese Situation als Chance für einen vollständigen Neuanfang begriffen", berichtet Detlev Kleimann. "Da wir damals auch die neue Warenwirtschaft MM von Liebherr eingeführt haben, waren die Rahmenbedingungen für eine Neustrukturierung des Vertriebs ideal."

Das Ziel: eine integrierte Lösung

"Die Aufgabenstellung von Vertriebsunternehmen ist immer die gleiche: Besuchstouren planen, Besuchsberichte erstellen, Aufträge erfassen, Kundendaten pflegen und auswerten", so Detlev Kleimann über seine Ausgangssituation. "Aber die Wenigsten haben eine reibungslos funktionierende Lösung für eine offene Kommunikation zwischen Innen- und Außendienst gefunden."

Über das interaktive Tourenplanungssystem Intertour/Service der PTV AG wurde Kleimann auf das Kundeninformationssystem genesisWorld von CAS Software (Karlsruhe) und den Vertriebspartner Pollak Software (Ettlingen) aufmerksam. Gemeinsam mit diesen Projektpartnern entstand eine ganzheitliche Vertriebsteuerung mit der CRM-Lösung im Zentrum, flankiert von Tourenplanung und Warenwirtschaft. "Mit unserer Schnittstelle PS-Ware ist genesisWorld das führende System für den Adressabgleich", erklärt Joachim Hess, Geschäftsführer von Pollak Software. "Damit stehen dem Vertrieb wichtige Daten aus der Warenwirtschaft zur Verfügung." "Die Zusammenarbeit mit Pollak Software hat sich sehr bewährt", lobt Kleimann seinen Partner. "Auf unserer Anforderungsliste ist kein Punkt unerledigt geblieben. Und auch die Kosten sind für ein mittelständisches Unternehmen erschwinglich." Nachdem sich Detlev Kleimann im Juli 2000 entschieden hatte, wurde die CRM-Lösung im Januar 2001 in den täglichen Betrieb übernommen. Auch die Liebherr-Werksvertretungen in Hamburg, Bergheim und Langenau haben das Vertriebssteuerungssystem inzwischen eingeführt; zudem hat der Hersteller Liebherr eine Empfehlung für diese Standardlösung ausgesprochen.

Die Vorbereitung von Besuchstouren

Für die Planung von Kundenbesuchen werden bei Kleimann verschiedene Faktoren herangezogen: Das Potenzial des Kunden, die notwendige Besuchsfrequenz und die gewünschte Besuchsdauer. Diese Informationen sind zentral in dem Kundeninformationssystem hinterlegt. Über eine Schnittstelle greift Intertour/Service auf die Kundendaten zu und stellt die Besuchstour für jeden einzelnen Vertriebsmitarbeiter zusammen. Das Ergebnis wird in die CRM-Lösung importiert, mit den Kundendaten verknüpft und in die Terminkalender der Mitarbeiter eingetragen. Per Datenabgleich kommen die fertigen Touren zu jedem Außendienstmitarbeiter auf den PC im Home Office.

Mit Intertour/Service konnten die Touren so optimiert werden, dass dem Außendienst jetzt der Freitag als allgemeiner Bürotag für die Vor- und Nachbereitung von Kundenbesuchen zur Verfügung steht. Früher wurde dies am Wochenende oder spät abends erledigt, manchmal auch vernachlässigt. Das CRM-System hat die Vor- und Nachbereitung jetzt so standardisiert und vereinfacht, dass die Vertriebsmitarbeiter diese Aufgabe in kurzer Zeit und mit der notwendigen Sorgfalt erledigen können.

Zentral ist dabei die Maske 'Besuchsvorbereitung', die wie eine Checkliste aufgebaut ist: Verschiedene Aufgaben wie 'Termin bestätigt' oder 'Prospektmaterial angefordert' werden einfach per Mausklick erledigt. Der Innendienst kann zudem zielgruppenspezifische Sonderaktionen und Kundenwünsche in den Termin einsteuern. Dieser wird dann mit Adress- und Kundendaten ausgedruckt und dient als Grundlage für das Vertriebsgespräch. "In dieser Hinsicht können wir es uns durchaus leisten, 'altmodisch' zu sein", schmunzelt Detlev Kleimann. "Da in unserer Branche der Einsatz von Laptops bei Kundengesprächen unüblich ist, erfüllt das klassische Besuchsformular vollkommen seinen Zweck." Auf seinen Besuchstouren hat zudem jeder Außendienstmitarbeiter einen Palm dabei, mit dem er sich alle kundenbezogene Daten (zum Beispiel Termine, Adressen, Telefonnummern und

Aufgaben) anzeigen lassen kann. Dazu kommt noch die Lagerliste mit Preisen und Typenbezeichnungen.

Die Dokumentation von Kundenbesuchen

Die Nachbereitung des Kundenbesuches erfolgt dann wieder im Home Office am PC. In die Maske 'Besuchsbericht' trägt der Außendienstmitarbeiter u.a. die Zahl der georderten Geräte, die Besuchsdauer, Reklamationen sowie Änderungen von Konditionsvereinbarungen oder Stammdaten ein. Hat er Werbemaßnahmen oder Sonderaktionen von Liebherr besprochen, dann kreuzt er einfach das entsprechende Kontrollkästchen an oder trägt eine kurze Notiz in ein Textfeld ein. "Die Außendienstler sollen keine Romane schreiben", erklärt Detlev Kleimann, "sondern prägnant die Ergebnisse des Kundengesprächs zusammenfassen – dafür ist die Terminmaske sehr gut geeignet."

Die Vertriebssteuerung

Die Außendienstmitarbeiter der Liebherr-Werksvertretung erstellen wöchentlich rund 200 Berichte. "Mit den Filtermöglichkeiten von genesisWorld können wir genau die Informationen aus der Datenbank herausziehen, die wir für eine optimale Vertriebssteuerung benötigen", so Detlev Kleimann. Den Inhaber interessieren natürlich nur die Ausnahmen – wenn ein Kundengespräch die vorgesehene Besuchsdauer überschreitet oder kein Auftrag erfolgt. "In diesen Fällen haben wir die Chance, das bestehende vertriebliche Potenzial besser auszunutzen", hebt Kleimann hervor. "Anstatt wöchentlich alle Berichte zu studieren, habe ich jetzt die wichtigen 'Problemfälle' auf dem Bildschirm, bei denen ein zusätzlicher vertrieblicher Einsatz angesagt ist. Auf dieser Basis besprechen wir zeitnah die weiteren Schritte. Das nenne ich eine praxisorientierte und qualifizierte Vertriebssteuerung."

Weitere Vertriebssteuerungsmöglichkeiten bietet die Kundenadresse mit den Masken 'Vertrieb' und 'MM Zusatzinfos'. Hier sind u.a. Informationen über Umsatzgröße, Kundengruppe, Teilnahme an Vertriebsaktionen, Produktpräferenzen, Sortimentschwerpunkte, Vertriebspotenzial (inklusive Ausstellungsgeräte des Wettbewerbs) und Werbemittel hinterlegt. Startet ein Mitbewerber eine Verkaufsaktion, dann filtert Detlev Kleimann alle Kunden, die für den Konkurrenten in Frage kommen, aus der Datenbank. Diese werden dann mit einem Alternativangebot gezielt angesprochen.

Informationsplattform für Innen- und Außendienst

"Unsere Mitarbeiter müssen die Kundenkorrespondenz einschließlich Fax und E-Mail kennen, damit sie auf dem Laufenden sind", so Detlev Kleimann zum Thema Dokumentenmanagement. "Heute können wir diese Informationen bereitstellen, ohne den Außendienst unter Papierbergen zu begraben." Das CRM-System lässt sich so einstellen, dass jeder Mitarbeiter alle Konditionsvereinbarungen oder Verbandsinformationen übersichtlich aufgelistet erhält, die seinen Kunden betreffen. Per Replikation werden diese Daten ins Home Office weitergeleitet. "Das war ein wichtiger Schritt zum papierlosen Büro", erinnert sich Kleimann. "Anfangs haben meine Mitarbeiter die Dokumente parallel im System und als Ausdrucke in Kundenmappen gepflegt. Nach drei Monaten war damit aber Schluss – und das funktioniert seitdem hervorragend!"

Aber nicht nur beim internen Versand von Informationen spart Kleimann Zeit und Geld. Da Mailings zielgenau für verschiedene Kundengruppen und Empfänger erstellt werden, steht der Materialbedarf für Prospekte und Preislisten von vornherein fest. Überzählige Werbeunterlagen aufgrund von unsicheren Schätzungen gibt es bei Kleimann nicht mehr.

Auch der persönliche Informationsassistent activePIA unterstützt das Team von Detlev Kleimann in seiner täglichen Arbeit. Beim Start des CRM-Systems listet der Assistent die Geburtstage von Kunden, Geschäftspartnern und Mitarbeitern auf, informiert über aktuelle Termine und zeigt die Urlaubsdaten der Kollegen an. "Es ist peinlich, wenn ein Kunde anruft und man dessen Geburtstag übersieht", so Kleimann. "activePIA verleiht dem Kundenmanagement eine persönliche Note – das gehört für mich einfach dazu!"

Investition in Vertriebssteuerung zahlt sich aus

Nach Ansicht von Kleimann wird die Kundenbindung im Vertrieb immer wichtiger. "Da sich die Produkte in punkto Ausstattung, Qualität, Preis und Lieferservice immer mehr angleichen, bleibt als wichtigstes Unterscheidungsmerkmal die Art und Weise, wie ich meine Kunden bediene." Dabei spielt die IT-Unterstützung eine immer größere Rolle. "Wir haben in das Kundenbeziehungsmanagement investiert und damit ein starkes Wachstum bei gleichbleibender Mitarbeiterzahl erzielt", so der Inhaber rückblickend. "Vertriebssteuerung, Kundenmanagement, Tourenplanung und Warenwirtschaft unter einer Oberfläche – das sind Vokabeln, bei denen jeder Vertriebsleiter hellhörig wird", erklärt Kleimann. "Kein Wunder, dass jetzt drei weitere Liebherr-Werksvertretungen diese ganzheitliche Lösung einsetzen. Aus meiner Sicht bietet genesisWorld das Optimum für jedes Vertriebsunternehmen."

4.3.2 Sortimo International: Die hohe Kunst der zielgruppenspezifischen Kundenansprache

Wer Ausstattungen für Servicefahrzeuge, Werkstätten und Lager sucht, findet schnell zu Sortimo, dem marktführenden Anbieter für Ausrüstungssysteme und Kompletteinrichtungen aus dem bayerischen Zusmarshausen. Zu den Kunden von Sortimo zählen DaimlerChrysler, Volkswagen und Siemens; für den italienischen Energiekonzern ENEL hat Sortimo 1998 mehr als 13.000 Servicefahrzeuge ausgestattet – bis dato der größte Auftrag in der europäischen Branchengeschichte. In Marketing und Vertrieb wird Sortimo seit Januar 2001 von genesisWorld unterstützt.

Die Anforderungen

Sortimo entschloss sich 1999, ein zentrales Kundeninformationssystem einzurichten. CRM-Projektleiter Rudolf Schuster berichtet: "Bis zu diesem Zeitpunkt gab es an mehreren Standorten im Unternehmen verschiedene 'Adressinseln', die nicht miteinander verbunden waren. Die interne Kommunikation wurde mit MS Outlook abgewickelt, was allerdings nicht teamübergreifend geschah." Drei Anforderungen waren für Sortimo daher zentral: "Wir wollten mehr Kundennähe, eine verbesserte Kundenbetreuung und insgesamt eine höhere Effektivität in den Bereichen Marketing, Vertrieb und Außendienst", so Rudolf Schuster. Aufgrund der umfassenden Funktionalität, insbesondere im Bereich Adress- und Terminmanagement, der modernen Technologie und des guten Preis-Leistungs-Verhältnisses hat sich Sortimo für genesisWorld aus dem Hause CAS Software entschieden.

Die Implementierung

Die Implementierung übernahm der Augsburger Solution-Partner SMC IT AG. Für die einheitliche Adresspflege hat SMC die Standardmasken um zusätzliche Adressfelder erweitert. Rudolf Schuster über die Zusammenarbeit mit seinem Solution-Partner: "SMC hat den gesamten Projektablauf mit

Implementierung, Workshops und Schulungen sehr kompetent und professionell betreut."

Komplette Kundenhistorien

Seit Januar 2001 arbeiten die Bereiche Vertrieb und Marketing mit genesisWorld. Hier werden mit der CRM-Groupware Angebote und Besuchsberichte erstellt, der Bearbeitungsstatus von Kundenanfragen überprüft sowie Informationsmaterial an Kunden und Interessenten versandt. "Termine und Besprechungen werden komplett über das umfangreiche Terminmanagement abgewickelt", so Rudolf Schuster. "Und da die interne und externe Kommunikation über Outlook/Exchange erfolgt, können alle relevanten Informationen mit einer Kundenadresse oder einem Projekt verknüpft und im System archiviert werden."

Differenzierte Mailings

Die Mitarbeiter der Verkaufsförderung legen besonderen Wert auf die Möglichkeit, differenzierte Mailing-Aktionen durchzuführen. Projektleiter Schuster über die Vorteile des neuen Systems: "Wir können Kundenadressen jetzt sehr präzise nach Umsatz, Branchen, Postleitzahlen und bisher gekauften Produkten filtern. Auf diese Weise erreichen wir eine sehr zielgruppenspezifische Ansprache." Anschließend unterstützt genesisWorld die Auswertung von Mailings.

Kundendaten auch vor Ort

Wichtig war für Sortimo auch der schnelle Datenabgleich zwischen Unternehmenszentrale und einem Teil der Außendienstmitarbeiter. Damit stehen alle Termine, Adressen, Aufgaben, Dokumente und Projektdaten eines Kunden vor Ort zur Verfügung. Auch die Unternehmensniederlassung in Lünen und externe Dienstleister tauschen heute schon regelmäßig Adressdaten mit der Zentrale in Zusmarshausen aus.

Schnelle Weitergabe von Messe-Leads

"Wir sind jedes Jahr auf zahlreichen Fachmessen vertreten", so Rudolf Schuster. "Deshalb war es für uns wichtig, dass die Messekontakte schnell an die zuständigen Vertriebsmitarbeiter weitergeleitet werden." Das Messeper-

Berichte aus der Praxis: CRM im Mittelstand

sonal von Sortimo erfasst heute die Interessenten direkt am Messestand und übermittelt die Adressdaten mit allen Zusatzinformationen per Replikation an die einzelnen Vertriebsteams. Diese sehen dann sofort, ob Informationsmaterial versandt oder der Interessent telefonisch kontaktiert werden soll.

Aktualisierungen immer im Blick

Im Key-Account-Bereich kommt genesisWorld hauptsächlich wegen der sehr detaillierten Kundenhistorie zum Einsatz. Darüber hinaus sehen die Mitarbeiter mit dem Personal Information Assistant activePIA alle Adressaktualisierungen und alle neuen Verknüpfungen, die in anderen Abteilungen (zum Beispiel im Service) angelegt wurden. So konnte der interne Kommunikationsaufwand deutlich minimiert werden und die Key-Account-Betreuer sind mit einem Mausklick immer auf dem neuesten Stand.

Fazit und Ausblick

Rudolf Schuster abschließend über den Einsatz von genesisWorld bei Sortimo: "Die Integration von Außendienst und Niederlassungen ist noch nicht ganz abgeschlossen, dennoch sind wir schon jetzt sehr zufrieden. Die gute Bedienerfreundlichkeit, die übersichtlichen Kundenhistorien, die schnelle Verarbeitung von Messe-Leads und die umfassende Unterstützung bei Marketingaktionen haben zu einer hohen Akzeptanz geführt." Dementsprechend gibt Rudolf Schuster auch bei der Effizienz gute Noten. Für die Zukunft wünscht sich der CRM-Projektleiter die Anbindung der europäischen Tochtergesellschaften.

4.3.3 Wissensmanagement für die Innovationsfabrik Fraunhofer IPA

Das Fraunhofer-Institut für Produktionstechnik und Automatisierung IPA in Stuttgart hat sich als Innovationsfabrik für moderne Organisationsmodelle und Technologiekonzepte einen Namen gemacht. Mit seinen Forschungs- und Entwicklungsprojekten will das Fraunhofer-Institut Potenziale aufzeigen, um mit optimalen Geschäftsprozessen, durchdachten Produktionslösungen und verbesserten Produkten die Wettbewerbsfähigkeit zu erhöhen. In ihrem täglichen Business werden die Mitarbeiter der Geschäftsfelder "Unternehmenslogistik" und "Unternehmensmanagement" durch genesis-

World unterstützt, insbesondere im Marketing, im Vertrieb und bei der Verarbeitung von Online-Bewerbungen.

Gesucht: hohe Transparenz im Kundenmanagement

Im Anforderungsprofil des Fraunhofer IPA standen eine zentrale Adressverwaltung, ein kundenorientiertes Dokumentenmanagement sowie die Abbildung von Forschungs- und Beratungsprojekten an erster Stelle. "Wir wollten ein institutsweites Wissensmanagement etablieren, um unsere Kunden noch besser und umfassender zu betreuen", erläutert Martin Lenz, Projektleiter des Fraunhofer IPA. "Wichtig war auch ein Tool für das Marketing- und Projekt-Controlling. Und schließlich sollte es auch möglich sein, die vielen Online-Bewerbungen schneller zu erfassen und zügiger zu verarbeiten."

Gefunden: die optimale Kombination von CRM und Groupware für Marketing und Vertrieb

Das Leistungsspektrum von genesisWorld und die Anpassungen des Tübinger Competence- und Development-Partners itdesign GmbH gaben den Ausschlag für die CRM-Groupware. Die Standardfunktionen wurden dabei durch itdclient pro von itdesign erweitert. Mit diesem Zusatzmodul lassen sich Dokumente und Projekte hierarchisch zuordnen.

"Früher haben wir Dokumente im Office-Format auf File-Servern ohne einheitliche Struktur und Zugriffsregelung abgelegt", so Martin Lenz rückblickend. "Heute wickeln wir das komplette Kontaktmanagement, die Steuerung und Kontrolle von Akquisitionstätigkeiten sowie den größten Teil der Kundenkorrespondenz samt Mailing-Aktionen mit genesisWorld ab."

Individuelle Kundenansprache dank umfassender Adresshistorie

Das Marketing des Fraunhofer IPA legt großen Wert auf die direkte und persönliche Ansprache von Kunden und Interessenten. Bei der Generierung von neuen Kunden und der Kontaktpflege ist die Kundenhistorie der CRM-Groupware unverzichtbar geworden. Mit einem Mausklick stehen hier alle Gesprächsnotizen, Dokumente, Aufgaben und Projekte zur Verfügung. Bei Mailing-Aktionen werden zwischen 500 und 7.000 Kunden und Interessenten angeschrieben. Für die zielgruppenspezifische Auswahl der Adressen kommen die umfangreichen Filterfunktionen von genesisWorld zum Einsatz. Auswahlkriterien sind hierbei der Status (Kunde oder Interessent), die

Berichte aus der Praxis: CRM im Mittelstand

Branche, die Teilnahme an Seminaren oder Messen sowie das Postleitzahlengebiet.

Steuerung, Qualifizierung und Controlling der Akquisition

Die Fachakquisiteure übernehmen den vertrieblichen Part beim Kunden. Die CRM-Groupware unterstützt sie mit entsprechender Datengrundlage bei der Qualifizierung der Kontakte (Kundenhistorie), bei der Steuerung der Wiedervorlage (Aufgabenmanagement) und beim Controlling des Akquisitionsprozesses inklusive Verkaufsprognose und Forecasting-Funktion. Basierend auf der transparenten Ablage von Angebotsdokumenten können die Vertriebsmitarbeiter zudem thematisch strukturierte Vorlagen für weitere Angebote zusammenstellen. Schließlich werden Vertragsabschluss und Leistungserbringung am Ende eines Vertriebsprojekts dokumentiert und für alle Mitarbeiter zugänglich gemacht. Diese Daten stehen dann auch dem Marketing für die Steuerung zukünftiger Aktionen zur Verfügung.

Schnelle Bearbeitung von Online-Bewerbungen

Auch im Personalwesen sorgt genesisWorld bei der Erfassung und Verarbeitung von Online-Bewerbungen für Arbeitserleichterung. Auf der Homepage des Fraunhofer-Instituts (www.ipa.fhg.de) können Jobsuchende ein detailliertes Bewerbungsformular ausfüllen, das Informationen über Person, Ausbildung, berufliche Erfahrungen, Kenntnisse und Motivation aufnimmt. Pflichtfelder sorgen für vollständige Mindestangaben. Wird das ausgefüllte Formular versendet, legt die CRM-Groupware automatisch eine Adresse für den Bewerber an. Alle Daten werden aus dem Internet-Formular in eine erweiterte genesisWorld-Adressmaske übertragen und stehen damit für die nachfolgende Verarbeitung zur Verfügung. Über den Benachrichtigungsdienst itd pns, ein genesisWorld-Zusatzmodul von itdesign, erfährt der zuständige Bearbeiter sofort von dem Interessenten. Die Bewerbung kann dann entweder per Hand gezielt an die entsprechende Fachabteilung weitergeleitet oder per Mausklick in den Intranet-Bewerber-Marktplatz des Fraunhofer IPA gestellt werden. So gelangen die Online-Bewerbungen beim Fraunhofer-Institut schnellstmöglich und ohne großen Administrationsaufwand an die richtigen Stellen.

Überzeugendes Leistungsspektrum, professionelle Umsetzung

"Uns hat vor allem die innovative und zukunftsorientierte Software-Technologie sowie das große Funktionalitätsspektrum im Standardumfang überzeugt", so Martin Lenz abschließend. "Dadurch hält sich der Implementierungsaufwand in einem überschaubaren Rahmen. Zudem haben wir mit itdesign einen sehr kompetenten Partner gefunden, der nicht nur technisch versiert ist, sondern unsere Anforderungen auch professionell umgesetzt hat."

Neben dem Fraunhofer IPA setzt auch der Fraunhofer Forschungsverbund "e-Industrial Services" genesisWorld ein.

4.3.4 Smarte Replikation in der Full-Service-Agentur das trio

Kaum ein Unternehmen kommt heute ohne professionelle Werbung und Öffentlichkeitsarbeit aus. 1996 startete auch *das trio – kommunikation und marketing GmbH* in diesen expandierenden Markt. Heute gehört die von Dr. Jürgen Kütemeyer, Albertus Magoley und Joachim Ritter gegründete Full-Service-Agentur zu den größten 100 Werbeagenturen Deutschlands. An zwei Standorten in Mannheim und München betreut das trio-Team Kunden in den Branchen Technik, Chemie, Ernährung, Gesundheit und Lifestyle. "Schwerpunkte unserer Agentur sind die Entwicklung und Umsetzung kreativer Konzepte im Bereich Werbung, Public Relations, Verkaufsförderung und Neue Medien. 60 feste Mitarbeiterinnen und Mitarbeiter sind fit in Marktanalyse, Konzeption und Produktion", bringt Albertus Magoley, einer der drei Geschäftsführer, die Stärken des trio auf den Punkt.

Gearbeitet wird im trio in modernsten Netzwerken mit spezieller Software für Media, Adressmanagement, Fakturierung und Grafik. "Schnell wurde uns klar, dass die rasche Expansion unserer Agentur nur durch eine umfassende IT-Lösung bewältigt werden konnte, die ganz auf unsere Bedürfnisse zugeschnitten war", so Magoley. Die Agentur entschied sich nach intensiver Prüfung verschiedener Alternativen aufgrund der eindeutig besten Kosten-Nutzen-Relation für genesisWorld. Die Implementierung und Anpassung an die spezifischen Gegebenheiten der Agentur übernahm der genesisWorld-Partner aptus systems, Mannheim.

Die Anforderungen

"Entscheidend war für *das trio*, die bislang separaten Datenbestände an den beiden Standorten Mannheim und München in ein einheitliches System überführen zu können. Daher sollte die neue IT-Lösung vor allem für Datenkonsistenz an beiden Standorten sorgen", so Volker Friedmann, Geschäftsführer der aptus systems.

Denn im Tagesgeschäft traten aufgrund getrennter und damit doppelter Datenbestände in Mannheim und München wiederholt Schwierigkeiten auf. So lagen Adressen und Dokumente mit unterschiedlichen Inhalten vor. "Daher kam für *das trio* nur eine Lösung in Frage, die es der Agentur erlaubte, einen zentralen Datenbestand zu pflegen und durch Replikation die Daten allen Mitarbeiterinnen und Mitarbeitern in gleicher Form zur Verfügung zu stellen", erläutert Magoley. Und da Agenturmitarbeiter häufig Termine bei ihren Kunden wahrnehmen, sollte darüber hinaus auch für Notebooks eine einfache Handhabung und individuelle Einstellung der Datenreplikation möglich sein.

"Neben der Replikation war es zudem wichtig, dass sich das neue System an die bestehende Agentursoftware ProAd anbinden lässt", so Friedmann. Mit dem Abrechnungsprogramm ProAd werden Kundenaufträge in Form von "Projekten" erfasst. Vor der Einführung von genesisWorld konnten in Office erzeugte Dokumente oder E-Mails nicht in die Projektstruktur von ProAd eingebunden werden: Es fehlte ein Bindeglied zwischen den beiden Systemen. Die neue IT-Lösung sollte diese Funktion erfüllen und damit eine klare, projekt- und somit kundenbezogene Dokumentenablage ermöglichen.

Die starke Expansion der Agentur erforderte zudem eine hohe Skalierbarkeit des Systems, um dem weiteren Wachstum des Unternehmens standhalten zu können. Aufgrund der unterschiedlichen Arbeitsweisen der Mitarbeiter war ein zukunftsorientiertes Client-Server-System mit verschiedenen Zugriffsmöglichkeiten über unterschiedliche Plattformen notwendig. Des weiteren sollte der Client auf die speziellen Bedürfnisse der jeweiligen Arbeitsplätze anpassbar und das System so zu erweitern sein, dass der Workflow der Agentur mit seinen spezifischen Anforderungen abgebildet werden konnte.

Die Entscheidungsfindung

Im Februar 2000 beauftragte *das trio* einen externen Berater, sich über etablierte Systeme für Groupware und CRM zu informieren. Die Entscheidung fiel nach etwa drei Monaten sorgfältiger Prüfung verschiedener Systeme wie Lotus Notes, Applix, FrontOffice sowie Officekomfort für genesisWorld. Ausschlaggebend war die Möglichkeit zur Datenreplikation, welche die Version 2.0 leistete. Aber auch die Integration in die Officewelt, die gute Betreuung im Raum Mannheim sowie eine überzeugende Performance zu angemessenen Preisen machten die Wahl für *das trio* leicht. Weitere Pluspunkte für genesisWorld waren die gute Anbindung an die Agentursoftware ProAd, der moderner Aufbau der Serverarchitektur und damit die ständige Anpassungsmöglichkeit an die Agenturbedürfnisse.

Die Einführung von genesisWorld

Vor der Implementierung von genesisWorld wurden die Schnittstellen zwischen der Agentursoftware ProAd und genesisWorld programmiert, um die Projektdaten aus ProAd in genesisWorld importieren zu können. Diese Programmierarbeit leistete der Karlsruher genesisWorld-Partner TeraSystems. Nach einer kurzen Testphase an einigen Arbeitsplätzen wurde im Januar 2001 genesisWorld in Mannheim implementiert, im März in München. Installation und Einarbeitung der Mitarbeiterinnen und Mitarbeiter erfolgte an beiden Standorten innerhalb von 14 Tagen.

Der Einsatz in der Agentur

Mit dem Einsatz von genesisWorld fiel die oftmals zu Unstimmigkeiten führende, parallele Datenpflege an den Standorten Mannheim und München weg. Seit Januar 2001 läuft die zentrale Replikation aller Daten von der Agenturzentrale in Mannheim aus: Hier werden die aktuellen ProAd-Projekte in genesisWorld importiert und anschließend in genesisWorld repliziert. "Ein Transfer der replizierten Daten von Mannheim nach München erfolgt halbstündlich. Das heißt, dass alle Mitarbeiterinnen und Mitarbeiter im Abstand von 30 Minuten aktuelle, homogene Daten zur Verfügung haben. Dieser Datenabgleich Mannheim-München ist ein fest installierter Routineablauf, der ohne personelle Unterstützung automatisch abläuft", erläutert Friedmann.

Die in ProAd generierten Kunden-Projekte werden zu genesisWorld übertragen. Damit können nun die in genesisWorld erzeugten Dokumente über eine Pflicht-Verknüpfung mit dem zugehörigen Kunden-Projekt verbunden werden. Zur Vereinfachung wurde ein spezieller "Link-Button" in die genesisWorld-Maske eingebaut. Die Pflicht-Verknüpfung von Projekt und Einzeldokument gewährleistet eine klare, für jeden Mitarbeiter einseh- und nachvollziehbare Dokumentenablage. Für Mails, Termine und Aufgaben gibt es eine Kann-Verknüpfung: Der Mitarbeiter entscheidet selbst, ob es sinnvoll ist, einen Termin mit einem Projekt zu verknüpfen oder nicht.

Der Einsatz auf dem Notebook

Ein Pilotprojekt war der Einsatz der neuen Replikation für Notebooks beim trio: "Die Agentur arbeitet erstmals mit der sogenannten 'SmartReplikation'. Diese ermöglicht es, je nach Wunsch nur einen Teil der Daten zu replizieren, die auf das Notebook überspielt werden sollen. Ein individueller Selektionsvorgang hilft, unnötig große Datenmengen für den Abgleich zu reduzieren", beschreibt Friedmann den Vorteil der neuen Replikation. Und damit nicht genug: Dieses ausgefeilte Replikationsmodell passt sich automatisch an die Bedürfnisse des jeweiligen Nutzers an.

Ein Beispiel: Ein trio-Mitarbeiter hat einen Kundentermin. Ein benutzerdefinierter Replikationsfilter erlaubt es ihm, auf sein Notebook ausschließlich die für diesen Kunden relevanten Daten zu replizieren (SmartReplikation). Ein vor Ort neu eingetragener Termin wird in das Festsystem der Agentur überspielt und ist dort für alle Beteiligten sichtbar. Benötigt der Mitarbeiter für einen Folgetermin andere Daten, ändert er seinen Replikationsfilter entsprechend ab. Nicht mehr benötigte und vom veränderten Replikationsfilter nicht mehr betroffene Daten werden auf dem Notebook automatisch gelöscht. Hierdurch reduziert sich die Datenmenge auf dem Notebook erheblich; im Festsystem stehen die Daten selbstverständlich weiterhin zur Verfügung.

Erste Erfahrungen

Nach erfolgter Umstellung und Einarbeitung im laufenden Betrieb ist die Akzeptanz in der Agentur inzwischen durchweg positiv: "Nach der Phase der Umgewöhnung, in der unsere Mitarbeiter sich erst einmal an die neuen Oberflächen und die bis dato unbekannte Systemlogik gewöhnen mussten, schätzen die Nutzer jetzt immer mehr die Vorteile und die vielfältigen Möglichkeiten von genesisWorld im täglichen Business", so Magoley. "Nach und nach, durch Schulungen unterstützt, werden Potenzial und Nutzen des Programms immer stärker sichtbar und der Workflow in unserer Agentur verbessert sich kontinuierlich. Das wiederum wirkt sich positiv auf die Wirtschaftlichkeit aus. Insbesondere die Möglichkeit zur Datenreplikation sowie die projektbezogene Dokumentenablage erlaubt uns ein sehr effizientes Arbeiten."

Gute Zusammenarbeit mit den genesisWorld-Partnern

"Die Zusammenarbeit von *das trio* mit den beiden Projekt-Partnern aptus systems aus Mannheim und TeraSystems aus Karlsruhe läuft sehr gut", so Magoley. Neben der aktiven Mitgestaltung von aptus systems bei der Implementierung sind bedarfsgerechte Schulungen der Mitarbeiter ein wichtiger Bestandteil für eine erfolgreiche Einführung einer CRM-Lösung. Darüber hinaus hat aptus systems sowohl die Betreuung des Systems als auch die Erweiterung des Projektes übernommen.

Für die Programmierung und Umsetzung der Anpassungen und Erweiterungen an genesisWorld wurde der genesisWorld-Partner TeraSystems ins Boot geholt. TeraSystems-Geschäftsführer Kai Jesse: "Die intelligente Verknüpfung der genesisWorld Systemstruktur mit einer vorgegebenen, agenturspezifischen Softwarelösung war für uns eine spannende Aufgabe. Dank der offenen genesisWorld-Architektur konnte das in wenigen Wochen mit vergleichsweise geringem Aufwand durchgeführt werden."

Ausblick

In Zukunft sollen auch die Mac-Arbeitsplätze der Agentur über einen HTML-Client in genesisWorld eingebunden werden. Bei Bedarf soll eine Verknüpfung mit dem professionellen Projektmanagement-System Microsoft Project erfolgen. Wichtig bei der Planung weiterer Schritte ist es nach Ansicht von Magoley, Prioritäten zu setzen und zukünftige Anforderungen exakt zu definieren. Ganz oben auf der Wunschliste steht dabei eine noch größere Schnelligkeit, auch bei sehr hohen Datenbeständen. "Außerdem wünschen viele Mitarbeiter einen höheren Komfort im Mail-Bereich – nach dem, was ich bisher von der kommenden Version gesehen habe, wird dieser Wunsch mit dem Update auch voll und ganz erfüllt."

4.3.5 Internet-Call-Center bei der Ferien AG: Lust auf Urlaub? Dreimal klicken!

Die Ferien AG gehört zu den erfolgreichsten Online-Reiseportalen Deutschlands. Bereits in den ersten beiden Jahren nach Gründung positionierte sich das Unternehmen aus Neuss mit über 25.000 Passagieren und über 20 Mio. Euro Umsatz unter den Top 3 der konzernunabhängigen Online-Reisebüros. Aufgrund der raschen Expansion entstand die Anforderung, verschiedene Kundeninformationen in einem System zentral zu erfassen und den Bereichen Marketing, Vertrieb und Call-Center zur Verfügung zu stellen. Darüber hinaus sollte es möglich sein, per E-Mail eingesandte Kundenanfragen vom Web-Server an das Call-Center weiterzuleiten und interaktiv zu bearbeiten. Die Ferien AG wickelt heute ihre Geschäftsprozesse in einem Internet-Call-Center mit Anbindung an eine Customer Relationship Management-Lösung (CRM) ab.

Kurzfristige Einführung

Nach Sichtung verschiedener Angebote (u.a. von cobra, FrontRage und Siebel) entschied sich die Ferien AG für die CRM-Lösung genesisWorld aus dem Hause CAS Software. Innerhalb von vier Wochen hat der Solution-Partner com:con AG (Mönchengladbach) das Kundenmanagementsystem implementiert.

Die Ferien AG verfügt über ein flächendeckendes Fast-Ethernet-Netzwerk mit mehreren Servern für Buchungssysteme, Computer-Telephone-Integration (CTI), Datenbank, Mail, Fax, Internet sowie Telefonanlage; dazu kommen Switches und Firewall. Über eine 2 Mbit/s-Standleitung ist das Unternehmen direkt an das Internet angebunden. genesisWorld wurde an 15 Arbeitsplätzen eingerichtet; die Anbindung an die Telefonanlage Alcatel 4400 realisierte com:con mit einer eigenen Call-Center-Schnittstelle und dem CTI-Server von genesysLabs. "Die schnelle Einführung samt Call-Center-Anbindung erfolgte parallel zum Aufbau unseres Online-Dienstes", so Vorstand Guido Bennecke im Rückblick. "Damit waren die internen Voraussetzungen für den erfolgreichen Start der Ferien AG gegeben." Neben dem technischen Know-how schätzt Guido Bennecke auch die hohe Beratungsqualität seines Partners: "Die Lösung läuft sehr stabil und wir werden von com:con gut betreut."

Das Internet-Call-Center

Da Kunden und Interessenten der Ferien AG ihre Anfragen, Buchungen und Gewinnspielzusendungen per E-Mail übermitteln, kommt diesem Kommunikationskanal in den Geschäftsprozessen des Online-Reisebüros eine besondere Bedeutung zu. Denn die Daten der reisefreudigen Kunden fließen in neue Urlaubsangebote ein. com:con hat die CRM-Lösung um ein Programmteil erweitert, mit dem alle von der Website www.ferien.de eingehenden E-Mails analysiert und auf bestimmte Inhalte (zum Beispiel Reiseziele) durchsucht werden.

"Am Anfang der Kommunikationskette zwischen Kunden und Mitarbeitern steht eine E-Mail, die automatisch verschiedene, vordefinierte Aktionen auslöst", erklärt Mathias Deppe, der Leiter des Call-Centers. "So werden zum Beispiel Adressen angelegt oder abgeglichen und Aufgaben an die Mitarbeiter im Call-Center verteilt. Nachdem diese Schritte erfolgt sind, setzt sich der Urlaubsberater telefonisch mit dem Kunden in Verbindung." Parameter wie Verteilgerechtigkeit, Auslastungsgrad und Reiseziel sorgen für eine gleichmäßige Verteilung der eintreffenden E-Mails.

Kundenprofile für individuelle Angebote

Das Marketing nutzt das Kundenmanagementsystem, um bestehende Kundeninformationen (wie zum Beispiel bisherige Urlaubsorte, verfügbares Budget und zukünftige Ferienziele) für kundenspezifische Angebote auszuwerten. Auch in diesem Bereich werden eingehende E-Mails nach verschiedenen Kriterien automatisch im System erfasst, vorsortiert und für zukünftige Marketing-Aktionen aufbereitet. Auf diese Weise lassen sich aus der großen Zahl der Reiseangebote genau diejenigen herausfiltern, die auf die Wünsche der Kunden optimal abgestimmt sind.

Deutliche Optimierung der Geschäftsprozesse

"Dank genesisWorld haben wir eine sehr transparente Bearbeitung von Kundenanfragen, Buchungen und Gewinnspielzusendungen", erklärt Guido Bennecke. "Denn jeder Mitarbeiter sieht sofort den Bearbeitungsstatus einer Aufgabe. Und die Verknüpfungsmöglichkeiten bieten mit einem Mausklick den vollständigen Überblick über eine Kundenhistorie."

Berichte aus der Praxis: CRM im Mittelstand

Auch von der Möglichkeit, in das Notizfeld einer Aufgabe weiterführende Bearbeitungshinweise oder einen Gesprächsleitfaden einzutragen, macht die Ferien AG regen Gebrauch. "Aufgrund des schnellen Unternehmenswachstums ist das Datenvolumen der Ferien AG stark gestiegen. Mit dem Kundenmanagementsystem haben wir die vorliegenden Informationen hervorragend strukturieren und den Bereichen Marketing, Vertrieb und Call-Center zur Verfügung stellen können", betont der Vorstand der Ferien AG. "Wegen seiner übersichtlichen Gestaltung wurde das System auch von allen Mitarbeitern sehr schnell angenommen und nach einer Einführungsphase von nur wenigen Tagen produktiv eingesetzt. Dementsprechend haben wir heute sehr transparente, für alle nachvollziehbare Arbeitsabläufe."

Das Fazit von Guido Bennecke lautet daher: "genesisWorld hat zu einer deutlichen Effizienzsteigerung geführt, da die Call-Center-Mitarbeiter wegen der vereinfachten Abwicklung der eingehenden E-Mails mehr Buchungen durchführen können. Damit bleibt auch mehr Zeit für den Kundenservice und die individuelle Kundenberatung. Und unsere Anschaffungskosten von rund 17.000 Euro haben sich innerhalb eines Jahres amortisiert."

4.3.6 Modernes Verbandsmanagement bei den Betonverbänden in Baden-Württemberg

Die Betonverbände in Baden-Württemberg mit Sitz in Stuttgart repräsentieren Unternehmen aus den Branchen Beton- und Fertigteil-Industrie und Handwerk. Dazu gehören Konzerntöchter, mittelständische und kleinere Unternehmen, die zusammen Güter im Wert von über 500 Millionen Euro pro Jahr produzieren. Die 1950 gegründeten Betonverbände haben es sich zum Ziel gesetzt, mit ihren Schwester- und Bundesorganisationen die Interessen der Betonfertigteile-Industrie national und international (EU-Länder, USA) zu vertreten, die Marktposition der Betonindustrie zu stärken sowie die Marktanteile der Mitgliedsunternehmen zu sichern und auszubauen.

"Voraussetzung für eine effektive Verbandsarbeit ist die durchdachte Organisation und Verwaltung unserer Serviceangebote und Leistungen", erläutert Diplom-Ökonom Ulrich Lotz, Geschäftsführer der Betonverbände Baden-Württemberg. Um den Mitgliedern das eigene Leistungsspektrum noch effektiver und kostengünstiger anbieten zu können, entschlossen sich die Verbände zur Einführung einer EDV-Lösung für das Mitglieder- und Informationsmanagement, das zur Zeit auf- und ausgebaut wird.

Leistungsfähige Werkzeuge für Verbandsmanagement

Auslöser für die Auseinandersetzung mit modernen Verbandsmanagement-Tools war eine bislang unbefriedigende, "selbstgestrickte" EDV-Situation. "Insbesondere die Arbeit unserer Mitarbeiter im Außendienst war durch nicht verbundenes Offline-Informationsmanagement beeinträchtigt", so Lotz. Die einzelnen Verbände behalfen sich bisher mit "Insellösungen", meist individuelle dBase- oder DOS-gestützte Programme, die sich nicht oder nur durch aufwändige Zusatzprogrammierung miteinander verbinden ließen. Das Dokumentationswesen bedurfte dringend einer Neuorganisation, und es fehlten Telearbeitsplätze für Mitarbeiter, die von zu Hause beziehungsweise von unterwegs aus arbeiten müssen. "Zudem war es wichtig, sich durch die neue EDV-Lösung den europäischen Normen anzupassen. Hier fehlte es bisher an Flexibilität der Arbeitsunterlagen", so Dipl.-Ing. Steffen Patzschke, Geschäftsführer des Güteschutzverbandes.

Einheitliche Dokumenten- und Mitgliederverwaltung

Aus der aktuellen Situation ergaben sich die spezifischen Anforderungen für die neue IT-Lösung: Zukünftig sollte es den Mitarbeitern in der Zentrale, im Außendienst und an den neu einzurichtenden Telearbeitsplätzen möglich sein, mit einem jederzeit homogenen Datenbestand zu arbeiten. Das neue System sollte eine einheitliche Adress-, Aktivitäten- und Dokumentenverwaltung gewährleisten und die Terminplanung erleichtern. Ziel war die Schaffung von effizienteren Arbeitsprozessen und mehr Transparenz, was letztlich Kosten spart. Besonders entscheidend war, dass die unterschiedlichen Verbände und Organisationen mit einer Datenbank unter strikter Beibehaltung der Vertraulichkeit der jeweiligen Datenbestände arbeiten können.

Nach Meinung der Betonverbände erfüllte das Programm genesisWorld der CAS Software AG diese Kriterien: "Die Entscheidung für genesisWorld ist gefallen, weil das Standardsystem einen Großteil unserer Anforderungen abdecken und mit vertretbarem Aufwand an unsere individuellen Erfordernisse angepasst werden konnte. Zahlreiche Referenzen wie beispielsweise das Fraunhofer Institut unterstützten dies", hebt Lotz hervor. genesisWorld kommt heute bei den Betonverbänden in der Verbandszentrale, in Service, Support und Administration, in der Leistungserstellung sowie im Außendienst zum Einsatz.

Berichte aus der Praxis: CRM im Mittelstand

**Aktives Beziehungsmanagement im Verband
setzt neue Standards**

Das Anforderungsprofil der Betonverbände wurde in folgende genesisWorld-Maßnahmen umgesetzt:

❏ Homogene Datenbestände per Replikation

Ein fest installierter Replikationsmechanismus garantiert den Betonverbänden einen stets einheitlichen Datenstamm, mit dem auch die Mitarbeiter im Außendienst gut arbeiten können. Bei Terminen vor Ort haben sie nun alle notwendigen Daten auf ihrem Notebook dabei. Gleichzeitig können die Außendienstmitarbeiter Datenergänzungen oder -änderungen auf dem Laptop vornehmen, wie beispielsweise die Erfassung von Berichten zur Qualitätsüberwachung und -zertifizierung der Mitgliedsunternehmen. Über den Datenabgleich fließen die Daten zurück zur Zentrale und stehen hier automatisch zur weiteren Bearbeitung zur Verfügung. Somit arbeiten die Mitarbeiter in der Zentrale und im Außendienst stets mit aktuellen und vollständigen Informationen. Die Daten müssen nicht mehr doppelt erfasst und gepflegt werden, was Zeit spart und Fehler vermeidet.

❏ Vernetzte Telearbeitsplätze

Auch die Mitarbeiter im Home Office können die moderne Verbandsmanagement-Software ohne Einschränkungen wie im Festnetz nutzen. Der Zugriff auf den zentralen Datenstamm wird durch Replikation oder Direktanbindung via Remote Access gewährleistet.

❏ Integriertes Dokumenten- und Mitgliedsmanagement

Die neue Lösung bietet eine übersichtliche Verwaltung von Dokumenten, Adressen, Terminen und E-Mails, die zu einzelnen Verbandsmitgliedern erstellt wurden. Entscheidender Vorteil hierbei: Es entsteht eine komplette Mitgliederhistorie, die eine bessere und individuellere Ansprache der Mitgliedsunternehmen ermöglicht. So ist jeder Mitarbeiter jederzeit und überall in der Lage, sich einen genauen Überblick über bestehende Projekte und Mitgliedsunternehmen zu verschaffen. "Gegenüber Mitgliedern sind die erbrachten Serviceleistungen dokumentiert, und das Ablagesystem kann optimal organisiert werden, in einer Form, die eine Papierablage niemals erreichen kann," so Lotz.

❏ Zentrale Veranstaltungsorganisation

Die neue IT-Lösung erleichtert auch die Organisation von Verbandsveranstaltungen wie den jährlich stattfindenden "Ulmer Beton- und Fertigteil-Tagen", dem mit 1.500 Teilnehmern größten Fachkongress der Branche. Von der Planung der Veranstaltung über die Einladung der Mitglieder bis hin zu deren Anmeldung und letztlich Abrechnung der Teilnehmer werden alle Daten über genesisWorld erfasst und statistisch ausgewertet.

Effizienz und Akzeptanz stimmen

"Insgesamt arbeitet die Software effizient und wir profitieren bereits heute von unseren Telearbeitsplätzen und einer stark vereinfachten Dokumenten- und Adressdatenverwaltung. Die Akzeptanz bei Mitarbeiterinnen und Mitarbeitern ist hoch", bringt der Geschäftsführer der Betonverbände Baden-Württemberg die Vorteile von genesisWorld auf den Punkt. "Für die Zukunft wünschen wir uns, dass das System noch stabiler wird", so Lotz abschließend. Deshalb planen die Betonverbände weitere Netzwerkverbesserungen, um die Potenziale von genesisWorld voll ausschöpfen zu können. Ferner ist noch die Re-Definition der Arbeitsprozesse und -abläufe geplant, die in einem gesonderten Workshop mit der gesamten Belegschaft durchgeführt werden soll.

4.4 Erfolg in der Nische Sicherheitstechnik Kundenmanagement mit internetbasiertem CRM

(von Johannes Buhn und Dr.-Ing. Michael Stender)

4.4.1 Das Unternehmen BARTEC

BARTEC wurde 1975 in Bad Mergentheim gegründet. Die Grundidee ist die Entwicklung, Herstellung und der weltweite Fachvertrieb von zertifizierten Produkten nach europäischen und internationalen Normen im Bereich der Sicherheitstechnik. Neben elektrischen Sicherheits-Komponenten werden Lösungen in Form von Sicherheits-Systemen und Dienstleistungen entwickelt und verkauft. BARTEC hat ein internationales Vertriebsnetzwerk mit mehr als 20 Niederlassungen in den wichtigsten Märkten und kooperiert mit zahlreichen Handels- und Vertriebspartnern weltweit. Heute ist BARTEC ein internationales Unternehmen mit einem Umsatz von 130 Mio. € und ca. 1.000 Mitarbeitern weltweit.

Die Unternehmensstrategie von BARTEC basiert auf einer hohen Kundenorientierung, die auf die unterschiedlichen Anforderungen der verschiedenen Zielgruppen (Erstausrüster, Engineerings und Endanwender) eingeht. Diese Ausrichtung und die stetige Weiterentwicklung der Marktaktivitäten in Europa, Asien und den USA erfolgt mit Hilfe einer Organisation, die aus zwei Sparten besteht. Der Unternehmensbereich BARTEC Componenten und Systeme konzentriert sich auf das Komponenten- und Lösungs-Geschäft mit OEM-Kunden (Apparatebau, Maschinenbau, Mess-, Steuer- und Regeltechnik). Der Unternehmensbereich BARTEC System-Technologie ist im Projekt- und Systemgeschäft mit Engineerings (Planer und Anlagenbau) und Endkunden (Chemie, Pharma, Petro, Kohle, Gas, Food) aktiv.

4.4.2 BARTEC Vertriebsstrategie

Die erfolgsbestimmenden Faktoren für eine wachstumsorientierte Marktstellung unterliegen ständigen Änderungen. So sind die einflussreichsten Marktentwicklungen geprägt durch die Globalisierung der Großunternehmen aus den verfahrenstechnischen Industrien der Chemie, der Pharmazie sowie der Öl und Gasindustrie. Prozessanlagen werden heute weltweit geplant und errichtet. Die Errichter und Betreiber setzen dabei auf kompetente und international präsente Lieferanten, die in der Lage sind, Komplettpakete und Service anzubieten. Die Unternehmen aus den Erstausrüsterbranchen, dem Maschinen- und Anlagenbau und vor allem der Prozessautomatisierung, suchen nach innovativen Kooperationspartnern, um verfahrenstechnische Anlagen mit modernster Technologie auszurüsten und danach über den gesamten Lebenszyklus zuverlässig zu betreuen.

Bei der Marktbearbeitung stützt sich BARTEC in Deutschland auf fünf Vertriebsniederlassungen (Technische Büros) und drei Engineeringbüros. In Europa unterhält BARTEC 15 eigene Vertriebsgesellschaften. Dazu kommen über 30 Fachvertretungen in weiteren Ländern Europas, des mittleren und fernen Ostens sowie eigene Niederlassungen in Japan, Singapur, China, Südafrika und den USA. Im Projektgeschäft arbeitet BARTEC zusätzlich mit einer internationalen und überregionalen Engineeringstruktur. Die Engineeringbüros befinden sich in der Nähe der wichtigsten europäischen Chemie- und Engineeringstandorte in Deutschland (Frankfurt/Main, Leipzig, Köln), in den Niederlanden (Rotterdam), in Belgien (Antwerpen), in Frankreich (Lion) und in Großbritannien (London).

BARTEC verfügt mit seinem internationalen Vertriebs- und Engineeringnetzwerk und der technischen Kompetenz auf individuelle und anspruchsvolle Kundenwünsche zu antworten, über eine einzigartige Position im Markt. Die Festigung und der Ausbau dieser Position gelingt nur durch eine effektive Kommunikation aller Vertriebs- und Geschäftssparten.

Um die spezifischen Abläufe des Komponenten- und Projektgeschäfts abzuwickeln und neue Kundengruppen zu erreichen, sind unterschiedliche Vertriebswege und Vorgehensweisen erforderlich. Der Vertrieb von Komponenten und Geräten an OEM-Kunden benötigt aufgrund der vielfältigen Produktpalette in der Nische Sicherheitstechnik spezielles technisches Knowhow zum Erarbeiten von Lösungen für den Kunden. Im Projektgeschäft werden die Kunden mit Hilfe von internationalen Key-Accounts mit Projektmanagement-Know-how betreut. Beide Vertriebsrichtungen erfordern die Spezifikation der Produkte bei Endkunden und den Austausch von Projektinformationen.

Das Spezialwissen im Bereich der Sicherheitstechnik schafft zusätzliche Marktchancen. Durch Wissenstransfer über Seminare und Beratungsleistungen sowie sicherheitsrelevante Dienstleistungen im Bereich des After-sales-supports, der Instandhaltung und Wartung von Anlagen, werden neue Wege

Erfolg in der Nische Sicherheitstechnik

zu bestehenden und potentiellen Kundengruppen eröffnet (siehe Abbildung 4-2).

Vertriebswege und vertriebliche Dienstleistungen

Sicherheits -Componenten, -Geräte, -Systeme

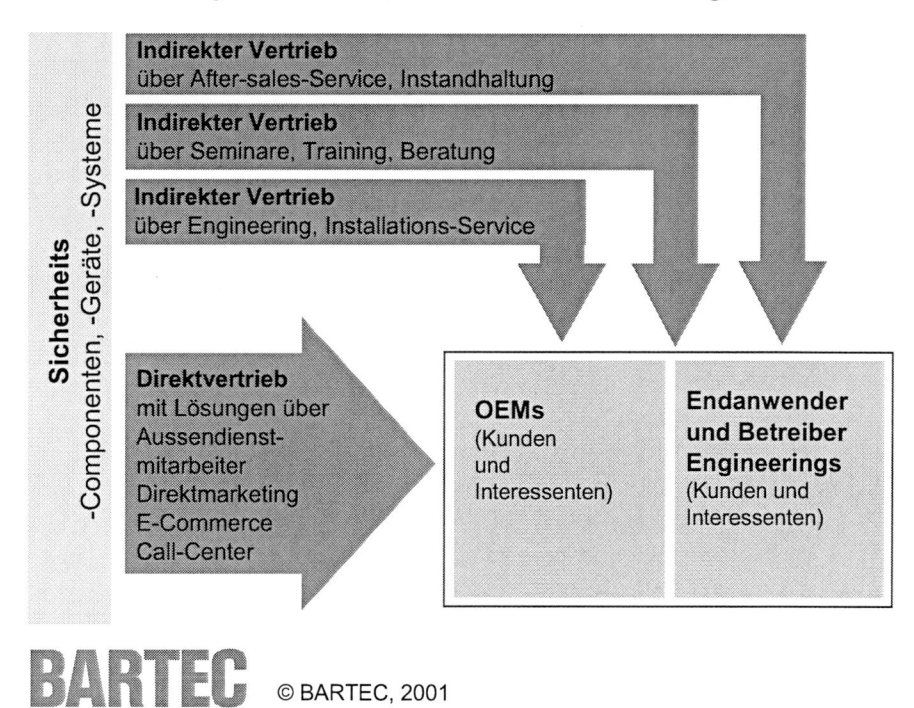

- **Indirekter Vertrieb** über After-sales-Service, Instandhaltung
- **Indirekter Vertrieb** über Seminare, Training, Beratung
- **Indirekter Vertrieb** über Engineering, Installations-Service
- **Direktvertrieb** mit Lösungen über Aussendienstmitarbeiter, Direktmarketing, E-Commerce, Call-Center

→ **OEMs** (Kunden und Interessenten) | **Endanwender und Betreiber Engineerings** (Kunden und Interessenten)

BARTEC © BARTEC, 2001

Abb. 4-2: Vertriebswege und Dienstleistungen des Vertriebs

4.4.3 Ausgangssituation

Ein wesentlicher Erfolgsfaktor zur Umsetzung der dargestellten Vertriebsstrategie ist die Abstimmung der Kommunikation zwischen den verschiedenen Vertriebswegen sowie den internen und kundenbetreuenden Abteilungen (Innendienst, Produktmanagement und Außendienst). Vor der Einführung eines CRM-Systems erfolgte die Kommunikation im nationalen und internationalen Unternehmensverbund vorwiegend über traditionelle Kommunikationssysteme, wie Telefon und Fax. Vertriebsrelevantes Wissen lag zudem vielfach personengebunden vor und stand anderen Mitarbeitern kaum zur

Verfügung, was besonders die Einarbeitung und Integration neuer Mitarbeiter erschwerte. Durch das schnelle Wachstum der BARTEC-Gruppe stießen diese Kommunikationsstrukturen an ihre Grenzen. Um den bisher erreichten Erfolg nicht zu gefährden und um die Internationalisierung weiter voranzubringen, war eine Modernisierung der Informations- und Kommunikationswege unabdingbar. Aufgrund der organisatorischen und geografischen Verteilung der Vertriebsmitarbeiter erschien eine technologische Unterstützung mit einem CRM-System als geeignetes Werkzeug. Das Hauptziel einer CRM-Systemeinführung war dementsprechend die Sicherstellung einer zeitnahen und durchgängigen "Kommunikationseffizienz" innerhalb der gesamten Vertriebsorganisation, durch die Schaffung einer organisationsübergreifend verfügbaren Kundenhistorie und Wissensbasis. Diese soll alle Organisationseinheiten effizient bei ihrer Zielerreichung und der Strategieumsetzung unterstützen. Insgesamt soll dabei der persönliche Kontakt zwischen Mitarbeitern und Kunden jedoch nicht verringert werden, sondern primär von Routinefragen und Alltagsgeschäft entlastet werden, um so Freiräume für die individuelle Partnerbetreuung zu schaffen.

Aus technischer Sicht soll das CRM-System die große räumliche und institutionelle Verteilung der Anwender auf weltweit verteilte Standorte und Tochterunternehmen angemessen berücksichtigen. So darf das System z.B. nur geringe Anforderungen an die lokal vorhandenen Ressourcen stellen (z.B. vorhandene PC-Ausstattung) und muss mit möglichst geringen Aufwänden vor Ort zu installieren sein. Darüber hinaus erfordern die heterogenen IT-Vorkenntnisse der Anwender sowie die angestrebte kurze Einführungsphase eine hohe Benutz- und Erlernbarkeit des Systems, um möglichst schnell eine hohe Akzeptanz zu erzielen.

4.4.4 BARRACUDA – Das internetbasierte CRM System bei BARTEC

Innerhalb des vom BMBF geförderten Projekts InnoVert (Innovativer Vertrieb, Förderkennzeichen 01 HG 96293, www.innovert.iao.fhg.de) wurde für das dargestellte Anforderungsprofil das CRM-System BARRACUDA entwickelt. Das Akronym BARRACUDA steht für BARtec intRAnet CUstomer DAtabase und bezeichnet ein System, das im Gegensatz zu herkömmlichen Standard CRM-Systemen vollständig auf Internet-Technologien basiert. Innerhalb von BARRACUDA werden umfassende Kundenstamm-, Aktions-, Potential- und Marktdaten abgelegt und in der gesamten BARTEC-Gruppe

Erfolg in der Nische Sicherheitstechnik 193

verfügbar gemacht. Ergänzt werden diese Informationen durch Transaktionsdaten aus dem ERP-System (SAP R/3), wie z.B. aktuelle Umsatzzahlen. Zusätzlich enthält BARRACUDA ein Projektinformationssystem (COPRA – COordinated PRoject Activities), das dem Vertrieb die strukturierte Erfassung von Projektinformationen und deren Verknüpfung mit Kundendaten ermöglicht. Die Grobstruktur von BARRACUDA und die Aufgabenteilung mit COPRA ist in Abbildung 4-3 dargestellt.

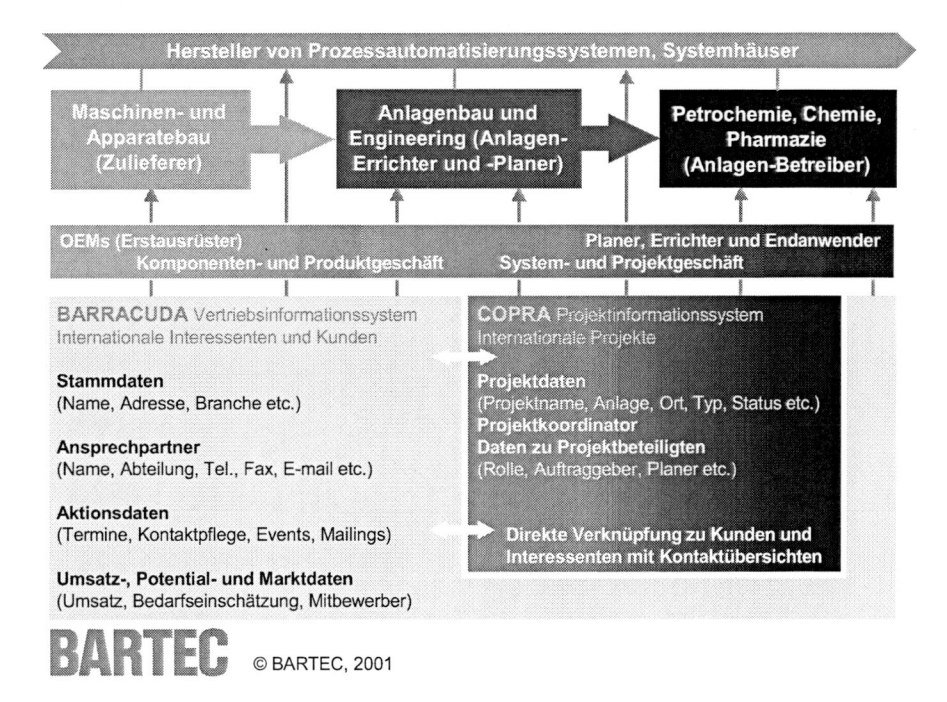

Abb. 4-3: Funktionalitäten von BARRACUDA und COPRA im Vergleich

Die Differenzierung in ein Kunden- und ein Projektinformationssystem spiegelt die organisatorische Trennung in einen Komponenten- und einen projektbezogenen Engineering-Vertrieb wieder. Analog dieser Aufteilung werden die beiden Systemteile von verschiedenen Benutzergruppen verwendet: Während COPRA den internationalen Vertrieb in Engineering-Projekten unterstützt, wird BARRACUDA vorwiegend noch im Komponentenvertrieb genutzt. Diese Differenzierung findet sich z.B. auch in unterschiedlichen Benutzungsoberflächen wieder: So hat COPRA englische Masken und englische Auswahlfelder, im Gegensatz zur deutschen Benutzungsoberfläche der restlichen Anwendung. Trotz dieser zielgruppenspezifischen Benutzerführung nutzen beide Informationssysteme dieselben Basisdaten, die Kundeninformationen, und ermöglichen somit eine unternehmensgruppenübergreifende, integrierte Betrachtungsweise der Vertriebsaktivitäten.

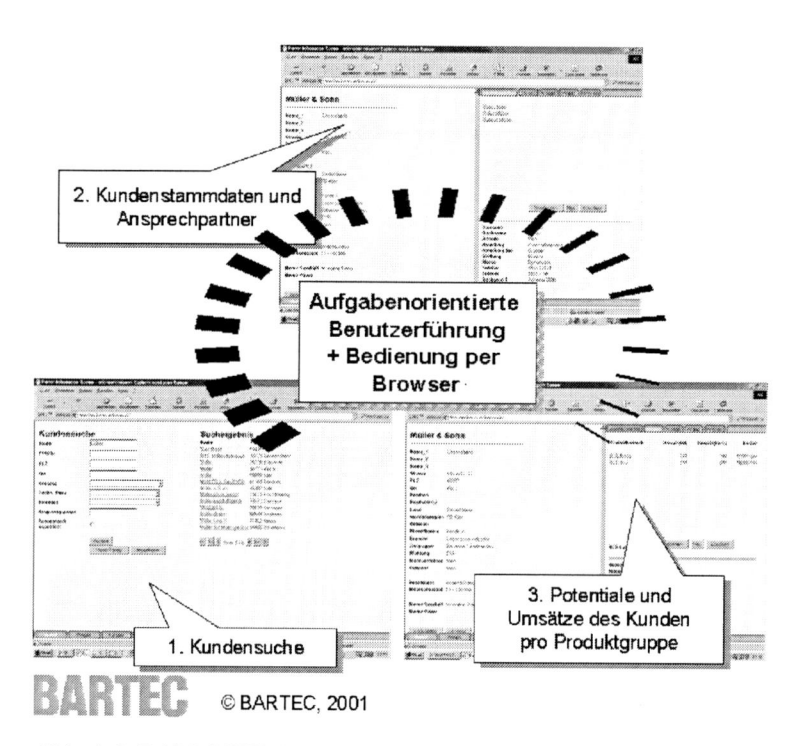

Abb. 4-4: BARRACUDA

Technologisch sind BARRACUDA und COPRA webbasierte Internet-Anwendungen, die vom Anwender vollständig über einen Internet-Browser bedient werden. Der Internet-Server mit der Anwendungslogik sowie der Datenbank steht hierbei beim Application Service Provider (ASP) sowie in der Firmenzentrale in Bad Mergentheim. Über das firmeninterne Intranet können alle angeschlossenen Produktionsstandorte auf das System zugreifen. Die technischen Büros bzw. Außendienstmitarbeiter in Deutschland wählen sich über eine ISDN Wählverbindung in Bad Mergentheim ins Intranet ein und können so mit BARRACUDA und COPRA arbeiten. Für die ausländischen Tochtergesellschaften existiert eine Internet-Version von COPRA, die getrennt von der Intranet-Version beim ASP betrieben wird. Somit müssen sich nicht alle weltweiten Standorte in Bad Mergentheim einwählen, sondern

Erfolg in der Nische Sicherheitstechnik   195

diese können sich wesentlich kostengünstiger bei einem nationalen Anbieter vor Ort in das Internet einwählen und die Internet-Version von COPRA nutzen. Die Trennung in eine Internet- und in eine Intranet-Version wurde aus Gründen der Datensicherheit vorgenommen, um BARRACUDA vor Angriffen aus dem Internet zu schützen. Zwischen der Internet-Version von COPRA und der unternehmensinternen Version sollen die Daten synchronisiert werden, so dass diese Systemtrennung für den Benutzer keinen Informationsverlust zur Folge hat.

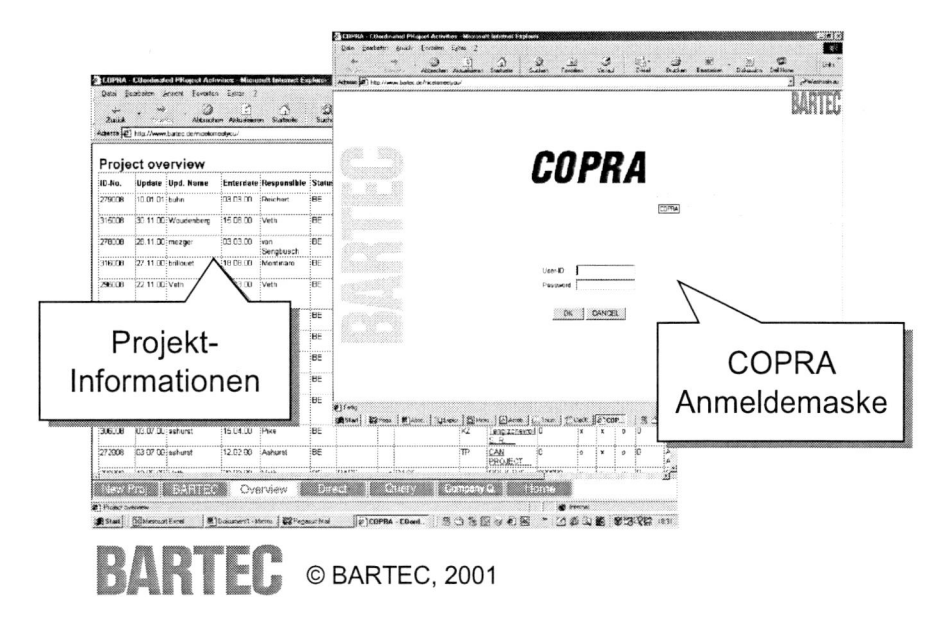

Abb. 4-5: Internet Version von COPRA

4.4.5 Praktische Erfahrungen mit BARRACUDA

Auswirkungen auf die Vertriebsarbeit

Derzeit wird der deutsche Teil von BARRACUDA regelmäßig von ca. 55 Mitarbeitern genutzt, die dezentral über ganz Deutschland verteilt sind. Im System werden Informationen zu ca. 7.000 Interessenten und Geschäftspartner mit ca. 15.000 Ansprechpartnern verwaltet. Damit enthält BARRACUDA inzwischen eine "kritische Masse" an Informationen, die die Vorteile der Systemnutzung für alle Anwender unmittelbar ersichtlich macht. So hat BARRACUDA inzwischen eine breite Akzeptanz im Vertrieb gefunden und ist zu einem Standardwerkzeug in der täglichen Arbeit geworden. Die erzielte hohe Datenqualität hat inzwischen auch Skeptiker überzeugt, eigenverantwortlich Informationen zeitnah zu pflegen.

Die praktischen Vorteile durch BARRACUDA sind vielfältig: Ein Beispiel hierfür ist die verteilte Planung und Durchführung von messebegleitenden Marketingaktionen, wie z.B. Mailings, bei denen dezentral die entsprechenden Kunden selektiert und zentral die Anschreiben erstellt werden. Durch diese Arbeitsteilung konnte die Qualität und Effizienz der Marketingaktionen wesentlich verbessert werden. Weitere Vorteile, wie sie auch von anderen, herkömmlichen CRM Systemen bekannt sind, wie z.B. eine engere abteilungsübergreifende Abstimmung zwischen Vertrieb und Produktmanagement, zwischen Innen- und Außendienst, und eine konsequentere Aktivitätenplanung und -verfolgung konnten erzielt werden.

Das Projektinformationssystem COPRA wird inzwischen intensiv vom internationalen projektbezogenen Engineering-Vertrieb genutzt. Derzeit werden über 300 Projekte in COPRA verwaltet und verfolgt. Da COPRA von allen internationalen Standorten auf freiwilliger Basis gepflegt und genutzt wird, lebt COPRA noch stärker als die restliche Anwendung von der Anwendermotivation. Da die Nutzungsfrequenz der einzelnen Mitarbeiter im Vergleich zu BARRACUDA geringer ist, erfordert dies geeignete Anreize zur Systemnutzung. Hier zeigt sich deutlich, dass die Einführung eines CRM-Systems zu großen Teilen ein Organisationsprojekt ist, dass entsprechender Promotoren und Offenheit zu organisatorischer Veränderung bedarf.

Vorteile der Internet Architektur von BARRACUDA

Neben den bekannten allgemeinen Vorteilen einer Systemunterstützung im Vertrieb, sei im folgenden auf die spezifischen Vorteile eingegangen, die sich durch die Implementierung als Internet-Anwendung ergeben haben. Die Entscheidung BARRACUDA als Internet-Anwendung zu implementieren fiel insbesondere vor dem Hintergrund der dargestellten Anforderungen nach einem möglichst geringen Installationsaufwand beim Anwender und den heterogenen IT-Strukturen in den verschiedenen Standorten. Diese Entscheidung ist durch die Ergebnisse vollkommen bestätigt worden: Bis auf kleinere, schnell behobene Schwierigkeiten durch Inkompatibilitäten der verschiedenen Browser (Internet Explorer und Netscape Navigator) erfolgt der Systemzugriff stets vollkommen problemlos. Insbesondere bei neuen Rechnern, die mit vorinstallierten Internet-Browsern geliefert werden, kann ein BARRACUDA Zugriff "out-of-the-box" erfolgen. Neue Versionen von BARRACUDA oder kleinere Updates werden nur zentral eingespielt und stehen damit allen Anwendern unmittelbar zur Verfügung. Damit beschränkt sich der technische Administrationsaufwand zunächst auf Fragen der zentralen Datensicherung sowie der Sicherstellung des Netzwerkzugangs.

Aus Sicht der Benutz- und Erlernbarkeit von BARRACUDA ist das Fazit ähnlich positiv: Jeder Mitarbeiter mit Basiswissen zur Internetnutzung bewertet die Benutzerführung von BARRACUDA als einfach und intuitiv. Nichtsdestotrotz zeigte sich auch hier sehr schnell, dass die Anwenderschulung ein Schlüssel zum Systemerfolg bleibt: Anwender ohne jedwede PC-Kenntnisse benötigen eine Basisschulung, um ihnen überhaupt BARRACUDA erschließbar zu machen. Darüber hinaus sind für eine sinnvolle Nutzung jedes CRM-Systems organisatorische Vereinbarungen zu treffen, die nicht systemtechnisch zu verankern sind, und die deshalb geschult und trainiert werden müssen. Beispiele hierfür sind Vereinbarungen nach welchen Regeln Kunden einer bestimmten Branche zugeordnet werden oder wie das Zusammenspiel der verteilten Mitarbeiter bei der Erstellung eines Direktmailings erfolgt. Nichtsdestotrotz hat sich der Einsatz des Web-Browsers als Benutzungsschnittstelle und die damit verbundenen Vorteile der schnellen ersten Erfolge im Umgang mit BARRACUDA für den Anwender als sehr hilfreich zur Erhöhung der Benutzerakzeptanz erwiesen. Da die Anwender den Umgang mit dem Browser inzwischen auch von der privaten Internet-Nutzung kennen, können sich Schulungen auf das Training der betrieblichen Prozesse und Zusammenhänge mit BARRACUDA konzentrieren. Fragen der reinen Systemnutzung können relativ schnell kompakt durch Kollegen am Arbeitsplatz vermittelt werden bzw. autodidaktisch erlernt werden.

Im Projektverlauf wurde auch die Entwicklung einer "mobilen" Version von BARRACUDA evaluiert, bei der der Anwender nicht über das Intranet mit dem Server in Bad Mergentheim arbeitet, sondern eine stand-alone Version auf seinem Laptop zur Verfügung hat. Während sich dies als technisch möglich erwies, zeigten sich bei dieser Lösung jedoch schnell die von konventionellen CRM-Systemen befürchteten Nachteile: Die Anforderungen an die Hardware stiegen beträchtlich und die Pflege der Anwendung gestaltete sich als schwierig. So wurde diese Entwicklung nach einer Testphase wieder verworfen. Während dies zunächst als kritisch erachtet wurde, zeigte der praktische Einsatz jedoch, dass BARRACUDA von den mobilen Anwendern im wesentlichen zur Vor- und Nachbereitung von Besuchen zu Hause genutzt wird. Für diesen Zweck ist die Einwahl per ISDN in der Firmenzentrale und der Direktzugriff auf BARRACUDA vollkommen hinreichend, so dass die fehlende stand-alone Lösung in der praktischen Arbeit kein schwerwiegender Mangel ist.

Ein wichtiger Erfolgsfaktor war die abteilungsübergreifende Zusammensetzung des Projektteams, das Vertreter aller Vertriebsbereiche umfasste. Die Systementwicklung erfolgte hierbei als Individualentwicklung auf Basis von Standardsoftware zur Implementierung von Internet-Anwendungen. Als Vorgehensmodell wurde eine evolutionäre Systementwicklung gewählt, bei der iterativ Systemprototypen nach Diskussionen im Projektteam verfeinert wurden. Da neue Systemversionen nur zentral auf dem Server installiert werden mussten, konnten alle Projektteammitglieder unmittelbar danach die neue Version testen und kommentieren. Dies ermöglichte kurze Feedback-Schleifen in die Entwicklung und somit die zeitnahe Umsetzung von Anforderungen. Darüber hinaus gestattete diese Vorgehensweise in frühen Phasen der firmeninternen Öffentlichkeit Projektergebnisse zu zeigen sowie eine schrittweise Inbetriebnahme der Anwendung, was insgesamt eine benutzerorientierte Heranführung an die BARRACUDA Nutzung erlaubte.

4.4.6 Ausblick

Insgesamt ist mit BARRACUDA ein erster wichtiger Schritt auf dem Weg zur angestrebten Kommunikationseffizienz innerhalb von BARTEC erreicht worden: Eine qualitativ gesicherte Daten- und Wissensbasis über die Kunden ist entstanden, auf deren Grundlage die Vertriebsaktivitäten koordinierter und zielgerichteter erfolgen. Für einen dezentral organisierten Vertrieb bietet die systemunterstützte Wissensvernetzung einen hohen Nutzen: Die Abstimmung der einzelnen Vertriebsfunktionen (Außen-, Innendienst, Produktmanagement) wird erleichtert und redundante Kommunikation wird vermieden. Weiterhin ermöglicht diese Eigenschaft im Rahmen von verteilten, regionalen Vertriebsorganisationen einen gemeinsamen Zugriff und eine dezentrale Datenpflege.

Um BARRACUDA noch effektiver einzusetzen, ist es geplant eine zentrale Stabsstelle einzurichten, die sich intensiv mit der operativen Anwendung des Systems beschäftigt. Dieses kann im Rahmen eines zentralen Vertriebsbereichs geschehen, der sich zusätzlich mit Aktivitäten wie der Begleitung von Produktneueinführungen, dem Event-Management (Messen, Seminare) oder der Bearbeitung von Leserdienstanfragen beschäftigt. Insgesamt also ein produkt- und regionenübergreifender Aufgabenbereich, der zentral Direktmarketingfunktionen erfüllt. Mit der Hilfe des Know-hows dieser Servicefunktion wird der weitere Entwicklungsbedarf für das Vertriebsinformationssystem ermittelt und zugleich eine Kompetenzstelle für Schulungs- und Trainingsmaßnahmen geschaffen.

Für das Projektinformationssystem COPRA ist eine Erweiterung des Anwenderkreises geplant: Zukünftig sollen internationale Vertriebs- und Kooperationspartner mit eingebunden werden, die derzeit noch autark die BARTEC-Produkte vertreiben. Diese nationalen Handels- und Vertriebsbüros haben einen sehr guten Überblick zu laufenden und geplanten Investitions-Projekten in ihrem Land. Die Erfassung dieser Projekte in COPRA würde BARTEC und seinen Partnern einen Zusatznutzen erschließen. Für eine solche Erweiterung bietet insbesondere die Internet-Architektur von BARRACUDA/COPRA ideale Voraussetzungen, da diese externen Partner nur einen Browser benötigen, um ihre Informationen beisteuern zu können.

Insgesamt ist mit BARRACUDA und COPRA entgegen manch anfänglichen Befürchtungen kein Instrument zur zentralisierten Kontrolle des Vertriebs entstanden, sondern eine Plattform zur kooperativen Marktbearbeitung, die inzwischen eine hohe Akzeptanz erreicht hat. Entscheidende Erfolgsfaktoren für den Systemerfolg sind die konsequente Ausrichtung der Systemfunktionalitäten an der Unternehmensstrategie, die hohe Benutzerorientierung und der niedrige technische Administrationsaufwand. Dies hat entscheidend dazu beigetragen, dass die Mitarbeiter BARRACUDA und COPRA nicht als Selbstzweck sehen, sondern als Werkzeug zur Erreichung der gemeinsamen Ziele erkennen.

5 Ausblick in die Zukunft

5.1 Die Zukunft des Kundenmanagements im Mittelstand

(von Martina Schimmel-Schloo)

5.1.1 Kundenmanagement heute

Goldene Zeiten für Kunden: Die deutschen Unternehmen investieren massiv in ihre Kundenbetreuung. Indikator für diese Entwicklung sind die Investitionen in die erforderliche Informationstechnologie. Der Software-Markt für das Kundenmanagement - das so genannte Customer Relationship Management (CRM) - soll sich in Deutschland bis zum Jahr 2005 verdreifachen: von 400 Millionen Dollar im Jahr 2000 auf 1,4 Milliarden Dollar, das vermeldet eine aktuelle Studie von Mummert & Partner mit Datamonitor.

Die Ursache für die Aufbruchstimmung deutscher Unternehmen: Für die Wahl ihrer Zielgruppe besitzen die meisten Unternehmen zu wenig Informationen über die Kunden. Profitabilität und Potenzial des Kunden sind nicht genug im Blickfeld der Unternehmen. Auch sonst besteht Nachholbedarf: In vier von acht Kundenmanagement-Bereichen liegen deutsche Unternehmen deutlich unter dem europäischen Durchschnitt, dies zeigt eine weitere Mummert-Studie.

Analyse und Planung im Kundenmanagement - dem so genannten Customer Relationship Management (CRM) - kommen in Deutschland noch zu kurz. Im Durchschnitt erfüllen die Unternehmen hier nur zur Hälfte die Anforderungen. Beim Produkt- und Serviceangebot sowie der Ausrichtung eigener Mitarbeiter auf eine optimale Kundenbeziehung stehen sie mit einem

Die Zukunft des Kundenmanagements

Erfüllungsgrad von knapp zwei Dritteln besser da. Ausbaufähig ist auch die technische Unterstützung: Nicht einmal die Hälfte der Prüfkriterien wird bei der Software-Unterstützung für die Kundenbindung erreicht.

Die Unternehmensberatung stellt damit einen enormen Nachholbedarf bei deutschen Unternehmen in Sachen Kundenmanagement fest. Doch um einen Blick in die Zukunft des Kundemanagements zu wagen, müssen wir zuerst einen kurzen Rückblick auf den eigentlichen Kern und die bisherige Entwicklung einschieben.

Warum überhaupt Kundenmanagement?

Warum brauchen Unternehmen heute neue Konzepte im Kundenmanagement? Einerseits hat sich das Kommunikationsverhalten der Kunden dramatisch verändert. Egal ob Privatkunde oder Einkäufer in Unternehmen – sie benutzen immer öfter verschiedene Kommunikationsmedien. Früher ging alles per Post, danach vieles per Telefon. Heute wird gefaxt, telefoniert und gemailt. Ab und zu kommt noch ein normaler Brief rein und der Außendienstler schaut auch noch vorbei. Wenn Unternehmen dabei noch einen Überblick darüber haben wollen, was einzelne Kunden über die Produkte wissen, welche Wünsche sie haben und wann sie reklamiert haben, brauchen sie eine Datenbank.

Der zweite Aspekt ist der steigende Wettbewerb und die immer gleicheren Produkte. Unternehmen können sich kaum noch über ihre Kernleistungen an sich im Markt positionieren. Stattdessen bauen sie auf individuelle Angebote, die den Kunden ans Unternehmen binden. Ein Beispiel: Wenn ein Anbieter von Anzügen bereits meine modischen Vorlieben, meine Größe, meine Farbwünsche und auch meine preislichen Vorstellungen kennt, kann er mir passende Angebote machen. Für mich als Kunde ist es sehr bequem, bei diesem Unternehmen einzukaufen, also bleibe ich dort – auch wenn es beim Wettbewerber mal ein günstigeres Angebot gibt.

"Der Kunde von heute ist fordernd, individuell, anspruchsvoll, widersprüchlich und gut informiert. Er lässt sich nur noch schwer binden und vergleicht permanent die Angebote. Verschiedene wissenschaftliche Untersuchungen belegen das - erfahrene Marketingprofis wissen es schon längst. Kurzum, der Kunde ist für Unternehmen nicht länger eine feste Planungsgröße in den Marketing- und Vertriebskonzepten. Er will ständig neu umworben und betreut werden. Da wundert es nicht, dass die Abwanderung von Kunden weniger auf Mängel in der Produktqualität, sondern auf unzureichende Betreuung in Vertrieb und Service zurückzuführen ist. Die Unternehmen müssen also dringend etwas tun", erklärt Berater Harald Henn in seinem Buch "CRM verstehen, nutzen, anwenden" (Max Schimmel Verlag).

CRM hilft dabei, denn die Schnelligkeit in der Beantwortung von Fragen, Bestellungen oder Reklamationen kristallisiert sich als einer der treibenden Kundenanforderungen heraus. Kunden erwarten, dass ihre Wünsche sofort – nahezu in Echtzeit – erfüllt werden. "Unternehmen, die diesen Trend erkannt und in ihren Prozessen konsequent verwirklicht haben, genießen bereits heute die Gunst der Kunden", so Henn.

Was bedeutet CRM konkret?

Einfach übersetzt bedeutet CRM, dem Kunden das Kaufen leichter zu machen – und zwar über alle Abteilungen und Kommunikationskanäle hinweg. "Doch das, was so einfach klingt, ist für die Unternehmen eine komplexe Aufgabe. Denn Unternehmen sind bislang klassisch auf interne Effizienz ausgerichtet. Sie sind es nicht gewohnt, den Kunden wie zu Tante Emmas Zeiten als Individuum in den Mittelpunkt zu stellen", so Henn.

"CRM ist ein ganzheitlicher Ansatz der kundenorientierten Unternehmensführung. Er integriert und optimiert auf der Grundlage einer Datenbank und Software zur Markbearbeitung sowie eines definierten Verkaufsprozesses abteilungsübergreifend alle kundenbezogenen Prozesse in Marketing, Vertrieb, Kundendienst und F&E. Zielsetzung von CRM ist die gemeinsame Schaffung von Mehrwerten auf Kunden- und Lieferantenseite über die Lebenszyklen von Geschäftsbeziehungen. Das setzt voraus, dass CRM-Konzepte Vorkehrungen zur permanenten Verbesserung der Kundenprozesse und für ein berufslebenslanges Lernen der Mitarbeiter enthalten", so definiert das CRM-Forum im DDV Customer Relationship Management. Für die Praxis bedeutet das konkret drei Dinge:

- ❑ Es müssen alle Abteilungen, die im Unternehmen Kundenkontakt haben, integriert werden. In der Regel sind das Service, Marketing und Vertrieb. Dabei müssen sämtliche Kontaktpunkte zum Kunden betrachtet werden, also alle Möglichkeiten, die der Kunde hat, eine Frage, einen Auftrag oder einen Wunsch an das Unternehmen zu übermitteln.
- ❑ Außerdem müssen sämtliche Kommunikationskanäle zum Kunden zusammengeführt werden. In den meisten Fällen sind das Telefon, Fax und E-Mail, doch in manchen Unternehmen, beispielsweise bei

Die Zukunft des Kundenmanagements

Banken, schicken die Kunden auch SMS-Nachrichten oder Chatten auf der Website des Unternehmens.
- Zusätzlich sollten Kunden und Interessenten nach ihrem Wert für das Unternehmen klassifiziert und dementsprechend behandelt werden. Das bedeutet nicht, dass wenig ertragreiche Kunden nicht bedient werden. Sie erhalten – solange es sich für das Unternehmen rechnet – den Standardservice und Standardangebote. Persönliche Zusatzservices gibt es jedoch nur für die ertragreichen Top-Kunden.

CRM und die Software

Ohne Software und Kundendatenbank funktioniert CRM nicht. Trotzdem darf man CRM nicht mit Software gleichsetzen. Wer meint, er kann sein bestehendes Problem, beispielsweise die schlechte Kundenbindung, lösen, indem er sich eine CRM-Software kauft, irrt.

Zuerst muss das Problem im Unternehmen betrachtet werden, dann wird überprüft, ob dieses durch Software (und wenn ja, durch welche Art?) zu lösen ist. Es gibt keine Software, die pauschal alle Probleme mit dem Kunden löst.

Genau genommen gibt es keine CRM-Software, auch wenn sich am Markt viele Anbieter mit dem Begriff CRM schmücken. Betrachtet man sich den kompletten Ansatz von CRM, erkennt man verschiedene Bereiche, an denen Softwarelösungen ansetzen.

- Ein wichtiger Teil ist beispielsweise die Zusammenführung der Kundendaten und die Analyse dieser Kundendaten. Dazu sind analytische Tools wie Data-Mining-Software oder OLAP-Tools nötig. Man spricht hier auch von analytischem CRM).
- Auf der anderen Seite sollten auch die Mitarbeiter im direkten Kundenkontakt, beispielsweise im Außendienst oder im Call-Center, mit Kundeninformationen versorgt werden. Sie müssen wissen, was der Kunde das letzte Mal gekauft hat, wann er bestellt hat und ob er auch seine Rechnungen bezahlt. Softwarelösungen, die das leisten, nennt man operatives CRM. Die meisten Lösungen, die am Markt als CRM-Software angeboten werden, fallen in diesem Bereich.
- Der dritte wichtige Part betrifft das Management der verschiedenen Kommunikationskanäle, von E-Mail über Fax bis zum Telefon. Auch hier gibt es mittlerweile verschiedene Lösungen, von einfachen Unified Messaging-Plattformen bis zu ausgefeilten Systemen, die mit der

Verteilung von E-Mails auch noch Bearbeitungsvorschriften weiterleiten

Braucht der Mittelstand CRM?

Viele Mittelständler denken, Customer Relationship Management sei nur etwas für Großunternehmen. Ist der Mittelstand etwa schon so kundenorientiert, dass er CRM gar nicht benötigt? acquisa veranstaltete zu diesem Thema ein Roundtable mit Anbietern und Beratern, die sich auf den Mittelstand spezialisiert haben. Dort erklärte Michael Stojek von der Deutschen Gesellschaft für Mittelstandsberatung: "Der Mittelstand meint, er sei kundenorientierter als Großunternehmen. Die Realität sieht aber anders aus. Deshalb brauchen gerade kleine und mittelständische Unternehmen CRM, insbesondere wenn man CRM wirklich als Philosophie begreift und nicht nur als Software."

Denn der Mittelstand ist nicht näher am Kunden als Großunternehmen. Stojek: "Zwar sind die Chefs von mittelständischen Unternehmen in der Regel kundenorientierter als die Manager in Konzernen. Sie kennen ihre Kunden persönlich und treffen sich regelmäßig mit ihnen. Das kann aber nicht darüber hinweg täuschen, dass die restlichen Mitarbeiter im Unternehmen deshalb nicht automatisch auch kundenorientiert sind. Die Mitarbeiterin in der Telefonzentrale erkennt bei einem Anruf genauso wenig einen guten und profitablen Kunden, wie in einem Großunternehmen. Und genau das will CRM ändern."

CRM spielt seine Vorteile vor allem in zwei Fällen aus: Erstens, wenn ein Unternehmen es mit vielen Kunden zu tun hat und von diesen Kunden Informationen sammeln und verdichten will. Zweitens, wenn in einem Unternehmen mehrere Mitarbeiter die Informationen über Kunden und Kundenprojekte teilen müssen. Egal, ob das Unternehmen 20 Mitarbeiter beschäftigt oder 20.000.

Viele mittelständische Zuliefererunternehmen sind sehr stark mit ihren Kundenunternehmen vernetzt. Da gibt es auf Lieferantenseite und auf Kundenseite ganze Mitarbeiterstäbe, die sich über neue Produkte und Vermarktungsmöglichkeiten unterhalten. In diesem Fall kann die Zusammenarbeit nur funktionieren, wenn alle Mitarbeiter stets auf dem neuesten Stand über sämtliche laufende Projekte und Pläne sind - und das funktioniert nur mit moderner Technologie.

Trotzdem gibt es viele Unterschiede zwischen CRM in Großunternehmen und im Mittelstand. Der wichtigste betrifft wohl die Vorgehensweise.

Die Zukunft des Kundenmanagements

Im Konzern wird erst einmal ein Riesenprojekt aufgesetzt. Dort wird zuerst eine Strategie definiert, dann wird ein Konzept erarbeitet und danach geht es an die Umsetzung. Ein Mittelständler erwartet dagegen eine konkrete Problemlösung. Er will beispielsweise Serienbriefe schreiben und hat dabei bemerkt, dass die Adressen in seiner Datenbank hoffnungslos veraltet sind. "Am liebsten sind mir deshalb die Unternehmen, die gar nicht wissen, dass sie eigentlich CRM machen. Die fangen einfach an und arbeiten sich Stück für Stück vor", so Dr. Thomas Lindner, Bereichsleiter Vertrieb, Lösungen und Kundenservice beim Anbieter CAS Software, Karlsruhe. Und damit beschreibt er auch gleich die ideale Vorgehensweise für die Einführung von CRM – insbesondere im Mittelstand.

Angesicht der vielen verschiedenen Aufgaben im CRM sollte ein Unternehmen schrittweise vorgehen:

- ❏ Zuerst steht immer die Ist-Analyse der bestehenden Verkaufs- und Kommunikationsprozesse. In welchem Zustand befinden sich die Kundendaten? In wie viel verschiedenen Systemen und Datenbanken sind Informationen über die Kunden und Interessenten verteilt?
- ❏ Wenn man sich einen Grobüberblick über den CRM-mäßigen Zustand des Unternehmens gemacht hat, kann man entscheiden, ob man für CRM genug Know-how im eigenen Haus hat oder ob man einen Berater braucht. Denn der nächste Schritt ist die Entwicklung eines Soll-Profils.
- ❏ Wichtige Fragestellungen sind hier: Wie wollen wir in Zukunft mit unseren Kunden kommunizieren? Welchen Informationsbedarf hat der Kunde in welcher Entscheidungsphase?
- ❏ Im nächsten Schritt wird der Bereich ausgewählt, der für das Unternehmen den größten Nutzen verspricht. Dort wird begonnen.
- ❏ Erst dann sollte man sich im Unternehmen Gedanken über die richtige Software machen. Denn je nach Priorität kann es zuerst in Richtung Datenqualität oder in Richtung operativer Umsetzung gehen. Und mit der Softwareauswahl kommen natürlich die üblichen Schritte bei einer Softwareauswahl: vom Pflichtenheft über Ausschreibung bis zu Einführung und Training der Mitarbeiter.

5.1.2 In Zukunft alles aus einer Hand?

Das Management von Kundenbeziehungen ist ein komplexer Prozess. Wer ihn softwaretechnisch unterstützen will, muss verschiedene Softwarelösungen geschickt miteinander kombinieren. Um den Integrationsaufwand zu reduzieren, basteln viele Softwareanbieter an ganzheitlichen Lösungen.

Gemeinsam mit dem Analysesoftwareanbieter Cognos hat update.com beispielsweise ein analytisches CRM-Tool auf den Markt gebracht. Die Lösung "update.analytical CRM" kann sämtliche Inhalte von herkömmlichen CRM-Datenbanken nach definierten Kriterien analysieren. Durch die so generierten Berichte können nützliche Informationen (wie z.B. Bewertung der Verkaufschancen, Kontaktanalysedaten oder generelle Bewertungen von Kundenbeziehungen) an die Mitarbeiter weitergegeben werden. Zusätzlich erhält das Management ein präzises Controlling-Tool und somit eine wichtige Entscheidungshilfe. Auf der anderen Seite entwickeln sich Anbieter aus dem Analyse- oder Web-Bereich in Richtung operatives CRM. Der amerikanische Anbieter E.piphany, bislang bekannt für innovative E-Business Relationship Lösungen (Real-Time Personalisierung und Web-Marketing) hat in der neuen Version seiner Software auch den Bereich des operativen Vertriebs integriert. Das Know-how dafür entstammt aus der Übernahme des amerikanischen Anbieters Moss Software. Das für seine ausgefeilten und umfangreichen Analysemöglichkeiten bekannte CRM-Tool steht damit auch den Verkäufern vor Ort für aktuelle Auswertungen zur Verfügung.

Der Trend zu integrierten Paketen trifft vor allem das Interesse mittelständischer Kunden. Viele auf diese Zielgruppe spezialisierten ERP-Anbieter haben mittlerweile starke CRM-Komponenten in ihre Lösungen integriert – oder enge Partnerschaften mit CRM-Anbietern geschlossen. Zielsetzung: Der Mittelstand scheut Zeit und Kosten, die für die aufwendige Integration verschiedener Softwarelösungen benötigt werden. Komplette Fertiglösungen kommen in dieser Zielgruppe deshalb besser an – auch wenn man dabei auf einen Teil der ausgefeilten Funktionalitäten verzichten muss (eine Liste von ERP-Anbietern mit CRM-Funktionalität finden Sie unter www.acquisa.de)

Pragmatische Lösungen im Trend

Mit der Einführung einer CRM-Software verfolgen Unternehmen meist hochfliegende Pläne: mehr Transparenz, bessere Kundeninformationen oder

Die Zukunft des Kundenmanagements

effizientere Projekt-Abstimmung im Team. Dass diese Ziele in der Praxis häufig nicht erreicht werden, liegt nicht nur an unzulänglichen Softwaretools. acquisa untersuchte in diesem Jahr die Praxistauglichkeit gängiger CRM-Tools – mit erschreckenden Ergebnissen.

"Sie wollen für diesen Kunden eine Wiedervorlage anlegen? Nun ja, das lösen Sie am besten indem Sie eine E-Mail an sich Sie selbst schreiben", so der Berater eines CRM-Anbieters auf der Messe. Ein anderer erklärt auf die Frage, wie man in der Kundenmaske diesem Ansprechpartner schnell einen Brief schreiben könne: "Einen Brief schreiben? Sie meinen einen Serienbrief?" "Nein, einen individuellen Brief." "Oh, dazu müssten Sie dann erst ins Word wechseln und dort eine Vorlage auswählen. Diese verknüpfen Sie dann mit der Kundennummer in der CRM-Software ..." – "... und Stunden später habe ich dann einen Brief im Drucker", schießt es einem durch den Kopf.

Erwartet man von einer CRM-Software pragmatische Lösungen auf die typischen Probleme des Alltags, erntet man häufig Schulterzucken und fragende Gesichter. Rückfragen nach dem Motto "Wieso einen Brief schreiben? Schicken Sie doch ein E-Mail!" sind an der Tagesordnung. Statt einer pragmatischen Lösung, zeigt man lieber die neuesten Analyse- und Datenaufbereitungstools "den Datenwürfel können Sie aus allen verschiedenen Sichten aus analysieren und die Ergebnisse grafisch aufbereiten". Doch was hilft die raffinierteste Möglichkeit der Datenanalyse und -aufbereitung, wenn die Daten im System Müll sind, weil keiner der Mitarbeiter mit dem System arbeitet?

Auch CRM-Berater Wolfgang Schwetz ist bei seiner Studie der führenden CRM-Anbieter auf Unzulänglichkeiten in der praktischen Handhabung der Systeme gestoßen. "Die Integration von Outlook, vor allem die bidirektionale Synchronisation der Terminkalender, fanden wir bei keinem befriedigend gelöst. Obwohl die meisten angeben es zu beherrschen." Auch der Aufruf der Textverarbeitung ("Schnell mal einen Brief schreiben ...") löse bei den meisten Anbietern Probleme oder eine recht umständliche Prozedur aus. "Ich hatte mich kaum getraut, eine solch simple Frage zu stellen. Und ich war baff, als sogar die großen Anbieter damit Probleme hatten", so das Fazit des CRM-Experten.

Dabei ist sich Schwetz mit den befragten Anbietern einig: "Technologisch ist die Integration von Word schon lange gelöst. Aber anscheinend stellen die Unternehmen nicht diese Anforderung, sonst hätten es die Softwareanbieter längst standardmäßig in ihre Lösungen eingebaut."

Sein Fazit: Die meisten Unternehmen verfolgen mit der Einführung einer CRM-Software nach wie vor das Ziel, ihre kundennahen Abteilungen – vor allem die Black-Box Vertrieb – transparenter zu machen. Sie wollen Daten sammeln – Daten über ihre Kunden, um diesen bessere Angebote zu machen, und Daten über ihre Mitarbeiter, um diese effizienter steuern zu können. Ein durchaus akzeptables Ansinnen – doch ohne die Akzeptanz der Software bei den Mitarbeitern nicht umsetzbar. Und die fehlende Akzeptanz bei den Mitarbeitern, das haben verschiedene Studien gezeigt, ist die häufigste Ursache für das Scheitern von CRM-Projekten.

Die besten Systeme wurden von Verkäufern entwickelt. Schwetz: "Ich habe schon viele erfolgreiche Systeme im Vertrieb gesehen, aber meistens wurden diese von dem Verkäufer selbst entwickelt. Viele haben sich für ihre eigene Organisation mit einer Standarddatenbank ein Tool gestrickt, das ihnen bei der täglichen Arbeit wirklich geholfen hat. Doch sobald dann die Zentrale mit einem richtigen System kam, war es mit der Effizienz vorbei." Dann überwog die Angst vor Kontrolle. "Der Vertrieb gefällt sich selbst in seiner Black-Box sehr gut. Wenn man ihm nicht einen enorm guten Nutzen bietet, umgeht er das System soweit möglich." Schwetz hat dabei bereits abstruse Ablenkungsmanöver ausgemacht. "Die doppelte Buchführung ist im Vertrieb gang und gäbe. Der Verkäufer hat sein eigenes System, in das er seine Kontakte und Berichte eingibt, und die Zentrale erfährt in Alibi-Berichten genau das, was der Außendienst sie wissen lassen will."

Kein Wunder, dass bei der Überprüfung offener Verkaufschancen (so genanntes Opportunity-Management) in der Regel keine echten Werte ermittelt werden. Die Verkäufer bunkern ihre Verkaufschancen so lange bis sie den Abschluss quasi in der Tasche haben oder der Verkaufsleiter extremen Druck ausübt. "Deshalb schnellt der Forecast zum Ende des Jahres in manchen Firmen plötzlich extrem nach oben – und jeder in der Firma fragt sich, wo all diese traumhaften Verkaufschancen so plötzlich herkommen", so Schwetz. "Viele Unternehmen denken bei der Einführung von CRM nur daran, die Transparenz in ihrem Unternehmen zu erhöhen. Kaum einer überlegt sich, wie er dem Mitarbeiter mit der Software die tägliche Arbeit erleichtern kann. Doch das ist der erste Schritt."

Nur wenn jeder Mitarbeiter einen persönlichen Nutzen in der CRM-Anwendung findet, wird CRM zur gelebten Realität im Unternehmen. "Schließlich können Sie die Arbeit mit einer CRM-Software nicht befehlen, wie Sie es bei einer Buchhaltungssoftware tun."

Kontaktmanagement als Einstieg in mittelständisches CRM

Gerade für mittelständische Lösung ist deshalb eine alltagstaugliche und praxiserprobte Lösung, wie sie viele Kontaktmanagementanbieter bieten, der ideale Einstieg. Unter Kontaktmanagementlösungen versteht man üblicherweise Software, die dabei hilft, Adressen von Kunden, Interessenten und Partnern zu verwalten sowie die dazugehörenden Kontakte und Aktivitäten. So sieht man auf einen Blick, welchen Brief man bereits an Firma XY geschickt hat, wann der Einkäufer das letzte Angebot abgefordert hat und wann die letzte Beschwerde einging.

Selbst ein Arzt, der aktiv keine Werbung machen darf, aber seine Patienten gezielt auf der Grundlage seiner Patienten-Datenbank zur fälligen Vorsorgeuntersuchung einlädt, wird den Nutzen des aktiven Kundenbeziehungsmanagements rasch erkennen. Und auch viele Verkäufer im Außendienst haben sich, wenn sich die Firma noch nicht für ein professionelles CRM-System entschieden hat, für die Verwaltung ihrer eigenen Kundendaten eine preisgünstige Kontaktmanagementsoftware besorgt. (Anbieter unter www.acquisa.de) Damit erledigen sie ihre Wochen- und Tourenplanung mit großer Effizienz, lassen sich an fällige Wiedervorlagetermine erinnern und können Serienbriefe an ihre Kunden schreiben sowie ihre Besuchsberichte erfassen.

Auch für eine andere Zielgruppe sind Kontaktmanagementprogramme eine Alternative zur teuren CRM-Lösung: Investitionsgüterhersteller haben oft einen vergleichsweise kleinen Kundenstamm (ca. 1.000) und ebenso relativ kleine Vertriebsmannschaften (ca. 25 bis 30).

Viele Kontaktmanager kommen historisch aus der reinen Adressenverwaltung. Aus Programmen wie Adress Plus (Cobra) oder Adressmanager (Combit) haben sich mittlerweile komfortable Kontaktmanagementprogramme entwickelt, bei denen nur noch der Programmname auf die Herkunft hinweist.

Ideal für den Mittelstand: Kontaktmanagementprogramme sind preislich besonders günstig und lassen sich auf Grund der mangelnden Komplexität auch schnell einführen. Typische Kontaktmanagementprogramme kosten in der Einzelplatzversion zwischen 250 und 500 Euro. Sie werden als Boxengeschäft per Postversand vertrieben und die Hersteller oder Vertreiber bieten meist offene Seminare zur Einführung und Schulung an. Ihnen fehlt jegliche branchenspezifische Ausprägung, da keine Prozesse im Unternehmen abgebildet werden. Dessen ungeachtet, lassen sie sich vom Anwender an der

Oberfläche (Maske) anpassen, Feldbezeichnungen können individuell geändert und vordefinierte Reservefelder können in die Masken an beliebiger Stelle eingefügt werden. Die Grenzen zwischen den Anbietern von Kontaktmanagementsoftware und CRM-Systemen für den Mittelstand fließend.

5.1.3 Back to the roots

Nach all den hochfliegenden Schlagworten, die sich Softwareanbieter in den letzten Jahren für das Kundenmanagement ausgedacht haben, bleibt die Grundanforderung bestehen: Dem Kunden das Kaufen leichter machen – über alle Vertriebs- und Kommunikationskanäle hinweg. Der Mittelstand ist dieser Aufgabe besser gewachsen als Großunternehmen – schließlich hat er weniger Abteilungen zu integrieren und weniger Hierarchiestufen zum Kunden hin zu überbrücken. Das heißt jedoch nicht, dass sich der Mittelstand beruhigt zurücklehnen kann. Will er auch in Zukunft erfolgreich im Wettbewerb bestehen, muss das Kundenmanagement auf professionelle Beine gestellt werden.

5.2 Die Integration standortbezogener Anwendungen in Kundenmanagementsysteme
(von Kai Jesse)

Nachdem Sie bis zu diesem Kapitel eine Fülle interessanter und handfester Informationen zum Thema Kundenmanagement im Mittelstand nachlesen konnten, widme ich mich einem Thema, dass in seiner Nutzung zum Teil offensichtlich, zum Teil visionär ist: standort- und kontextbezogenes Kundenmanagement.

Sie müssen nicht erschrecken, wenn Ihnen dieser Begriff nichts sagt. Auf den nachfolgenden Seiten werde ich Ihnen einen Einblick in dieses Thema geben. Dabei werden Sie bemerken, dass viele Aspekte Ihnen nicht so fremd sind, wie der Begriff Ihnen suggerieren könnte.

Sie werden erfahren, was standort- und kontextbezogene Daten sind. Darauf aufbauend werde ich Ihnen Potenziale und Anwendungsszenarien für die Integration dieser Daten in Kundenmanagementsysteme aufzeigen.

Am Ende sollen Sie beurteilen können, ob es für Ihre Firma relevant ist, sich mit diesem Thema zu beschäftigen.

5.2.1 Grundlagen

Schaut man in die Historie des Kundenmanagement, stellt man fest, dass der persönliche Umgang mit dem Kunden wahrlich nicht neu, sondern wieder entdeckt worden ist. Das heute bekannte 1:1-Marketing hat es bereits früher im Tante-Emma-Laden um die Ecke gegeben. Dort war der einzelne Kunde so bekannt, dass er dem heute angestrebten gläsernen Kunden bereits sehr nahe kam. Trotz dieses Wissens konnte der Tante-Emma-Laden nicht mit den gestiegenen Anforderungen seiner Kundschaft mithalten.

Wirtschaftliche Veränderungen, eine sich neu orientierende Gesellschaft, weit reichende Informationsquellen, Globalisierung der Märkte, neue Technologien sowie eine erheblich gestiegene Mobilität der Kunden haben zu einem bestens informierten, vergleichenden und anspruchsvolleren Kunden geführt. Muss deswegen das Konzept der direkten Kundenbetreuung in den Tante-Emma-Läden als gescheitert gelten? Mit Sicherheit nicht! Denn nur genaue Kenntnisse über den Kunden und die datenbankgestützte Auswertung dieser Kenntnisse für die Kundenkommunikation ermöglichen heute noch das Ausschöpfen von Kundenpotenzialen.

Was sich geändert hat, ist der Umgang mit dem Kunden. Ziel ist, das Kaufverhalten und weitere Charakteristika seiner Kunden zu kennen. Mit diesem Wissen ergeben sich Chancen, das Kaufverhalten des Kunden zu steuern.

Ein Anwendungsbeispiel: Die Anordnung der Waren eines Supermarktes wird heute nicht mehr dem Zufall überlassen. Darin stecken umfangreiche Analysen über das Kaufverhalten der Kunden, womit sich die Supermärkte auf den Kunden ausrichten. So wird z.B. an Samstagen das Sortiment anders angeordnet als wochentags. Denn samstags geht der Familienvater einkaufen. Die Anordnung wird daher so gestaltet, dass er bei dem Griff zu den Windeln noch schnell Chips und Schokolade für den gemütlichen Abend mit seiner Frau einpacken wird.

Was ist passiert? Hatte der Familienvater geplant, mehr als die Windeln einzupacken? Wahrscheinlich nicht. Durch Studien wusste der Anbieter, welche Bedürfnisse ein Familienvater in dieser Situation hat. Mit diesem Wissen wurden die Waren entsprechend angeordnet. Der Kunde wird zum Kauf animiert. Wissen schafft Umsatz.

Jedes Unternehmen wird sein Kundenmanagement auf den Prüfstand stellen müssen und sich fragen: "Kenne ich meinen Kunden?" Wenn Sie diese Frage für Ihr Unternehmen mit Nein beantworten, müssen Sie zwar nicht in Panik verfallen, aber eine gewisse Unruhe sollte Sie beschleichen. Nur mit dem Wissen, wer Ihre Kunden sind und sein könnten, welche Bedürfnisse diese gestillt haben möchten oder welche Probleme Sie für Ihre Kunden lösen können, werden Sie neue Kunden gewinnen, zufrieden stellen und halten können. Wenn Sie zusätzlich bedenken, dass Sie mit dem Wissen über Ihre Kunden Potenzial identifizieren und abrufen können, ist verständlich, warum Kundenmanagement ein wichtiges Instrument ist. Abschließend lassen sich folgende Ziele eines Kundenmanagementsystems festhalten:

- ❑ Kunden neu gewinnen
- ❑ zufriedene Kunden schaffen und damit Kunden binden
- ❑ bestehendes Kundenpotenzial ausschöpfen

Die Integration standortbezogener Anwendungen

5.2.2 Standort- und kontextbezogene Daten

Diese Ziele können durch viele Mittel und Wege erreicht werden. Bevor ich im Abschnitt 5.2.3 konkrete Anwendungsbeispiele erläutern werde, beschreibe ich zunächst die Grundlagen, die für das Verständnis der Beispiele notwendig sind und die helfen sollen, eine gemeinsame Sprache zu benutzen.

Position, GIS, Internet und mobile Technologien

Beginnen wir mit den geographischen Kundendaten. Die "Position" (Wo befindet sich der Kunde? Wann? Unter welchen Umständen?) ist ein gebräuchlicher Begriff des täglichen Lebens. Viele alltägliche Dinge haben einen geographischen Bezug. Nicht immer ist dies sofort ersichtlich.

Ein Anwendungsbeispiel: Bei der Nutzung des Autos stellt sich immer die Frage, wie man von A nach B kommt. Um dies beantworten zu können, müssen die Positionen von A und B bekannt sein. Mit Hilfe weiterer geographischer Daten, wie etwa des Straßennetzes, lässt sich ein Weg von A nach B berechnen.

Etwa 80 Prozent aller Geschäftsanwendungen und Unternehmensdaten und der daraus erzeugten Informationen haben einen geographischen Bezug oder lassen geographische Rückschlüsse zu. Beispiele sind die Postleitzahl, die Telefonnummer, der Transportweg einer Ware, E-Mail-Länderkennungen wie ".de" oder Funkstandorte eines Mobiltelefons.

Stets ist die Frage nach dem "Wo?" eine feste Bezugsgröße für solche Anwendungen. Dies ist aber nicht neu. Geographische Informationssysteme, kurz GIS, analysieren geographische Daten, verknüpfen diese mit digitalen Landkarten und liefern Ergebnisse, die für geschäftliche Anwendungen genutzt werden können. Verknüpft man die standortbezogenen Informationen mit den Informationen aus der sozialen Welt des Kunden und seiner Umgebung, entstehen Möglichkeiten für ein verbessertes Kundenmanagement. Für eine breite Nutzung können diese Informationen in allen Prozessen des Unternehmens integriert werden. Dies bedeutet den Einsatz standort- und kontextbezogener Daten sowohl im Front-Office (Verkauf, Marketing, Support) als auch im Back-Office (Finanzen, Personal, Lieferung, Beschaffung, Produktion).

GIS werden seit Jahren erfolgreich eingesetzt. Nur in das Bewusstsein einer breiten Öffentlichkeit sind sie noch nicht vorgedrungen. Die Nutzung immer leistungsfähigerer Rechner, die Verbreitung und Verknüpfung geographischer Daten über das Internet und die in den letzten Jahren aufkommenden mobilen, drahtlosen Technologien und Nutzung mobiler Endgeräte wie das Mobiltelefon oder GPS-Empfänger, haben das Anwendungsspektrum von GIS in den letzten Jahren erheblich erweitert.

Durch die Verlagerung der angebotenen Dienstleistungen in ein geographisches Bezugssystem unter Zuhilfenahme des Internets treten standortbezogene Dienste mehr und mehr in den Vordergrund und machen eine breite wirtschaftliche Nutzung möglich. Als Grundlage weiterer Betrachtungen definiere ich:

- *Standort-* und *kontextbezogen* nennt man ein Kundenmanagementsystem, das sich wesentlich auf geographische und demographische Daten der Kunden stützt. Dadurch wird die individuelle, personalisierte Kommunikation mit dem Kunden in den Zusammenhang seiner ganz persönlichen und/oder sozialen Situation gestellt.

Lokation als Erweiterung der Position

Die "Position" greift aber als Konzept für komplexere Anwendungen deutlich zu kurz. "Position" ist definiert durch Angabe von Parametern in einem Koordinatensystem. Das uns am besten bekannte Koordinatensystem ist das geographische mit der Bestimmung einer punktförmigen Position über Längen- und Breitengrad.

Häufig ist aber das Umfeld der Position viel interessanter als die Position selbst. Wie groß ist die relevante Ausdehnung der betrachteten Position? Ist eine Orientierung wichtig? Gibt es Rahmenbedingungen, die für die Gültigkeit oder die Bedeutung der Position wichtig sind? Über diese Fragestellungen gelangt man zu einem erweiterten Positionsbegriff, den ich als "Lokation" bezeichne.

Integration des Kontextes

Neben der "Lokation" des Kunden kann die Gesamtsituation, in der sich der Kunde befindet, das Umfeld und die Rahmenbedingungen, die für diese Situation bestimmend sind, von ausschlaggebender Bedeutung sein. Zusammenfassend bezeichnet man diese Faktoren als "Kontext". Da sich der Kontext laufend ändern kann, sollten diese Informationen ständig aktualisiert werden.

Die Integration standortbezogener Anwendungen

Im "Kontext" werden nicht nur die Informationen über einen individuellen Kunden betrachtet. Vielmehr werden diese Daten auf dem Hintergrund der gesamten Zielgruppe, ihren Bedürfnissen und Gewohnheiten analysiert.

Nutzung standort- und kontextbezogener Daten

Auf diesen Daten basierende Anwendungen nutzen sowohl Informationen über die "Position", die "Lokation" als auch den "Kontext" des Kunden. In der Öffentlichkeit sind diese Anwendungen unter dem Begriff **Location Based Services (LBS)** bekannt geworden. Für die folgenden Ausführungen definiere ich **LBS** folgendermaßen:

❑ *LBS* sind Anwendungen, die unter Nutzung von standortbezogenen Daten (Position und Lokation) neue Informationen bereit stellen. Kontextbezogene Daten werden explizit integriert und erweitern das Anwendungsspektrum.

Das Gewicht und das Ausmaß der Integration der einzelnen Aspekte ist von Anwendung zu Anwendung unterschiedlich. LBS sind somit nicht etwas völlig Neues, sondern eine geschickte Verknüpfung unterschiedlicher Konzepte mit modernen Technologien.

5.2.3 Kundenmanagement nutzt LBS

Die folgenden Anwendungsbeispiele erläutern das Zusammenspiel von Kundenmanagement und LBS. An ihnen wird deutlich, wo der Nutzen von LBS liegen kann.

Mit LBS lassen sich bereits heute eine Reihe wirtschaftlich bedeutsamer Anwendungen realisieren. Beispielhafte Anwendungen, die sich in bestehende Lösungen integrieren lassen, sind:

❑ Instandhaltung (Vor-Ort-Service, Pannenruf)
❑ Ökologie (Kartografie, lokale Auswertungen)
❑ Marketing (Auslieferung von Werbung auf mobile Endgeräte)
❑ Touristik (Reiseführer, Reiserouten)
❑ Verkehrswesen (Staumeldungen, Routenplanung, Verkehrssteuerung)
❑ Online-Shops mit angeschlossener Logistik (Bezahlen per Handy)
❑ Mobilkommunikation (Internet-Handy)

❏ Flottenmanagement (Planung von Routen und Auslastung von Gütern)

Grundlagen und Merkmale

Grundlegende Voraussetzung für den Aufbau von standort- und kontextbezogenen Lösungen ist die Erfassung umfangreicher Datenbestände über potenzielle und bestehende Kunden. Je nach Anwendungsfall sind dabei sehr unterschiedliche Daten notwendig. Diese Daten werden analysiert in Bezug auf ihre Relevanz für folgende Ziele:

❏ Kunden finden
❏ Kunden binden
❏ Kundenpotenziale ausschöpfen

LBS sind damit dem Bereich der analytischen Kundenmanagementlösungen zuzuordnen. Sammlung, Aufbereitung und Analyse der Daten erfordern einen erheblichen, oft unterschätzten Aufwand!

Zielgruppen

Bei allen Betrachtungen stellt sich – wie immer – zunächst die Frage: Wer ist mein Kunde? Also die Frage nach den Zielgruppen. Zielgruppen können Endkunden oder Geschäftskunden, Kooperationspartner sowie Zulieferer sein. Je nach Zielgruppe unterscheiden sich die dabei zu erfassenden Daten und Auswertungen erheblich.

Speziell für Endkunden lassen sich bereits heutzutage eine Reihe von Maßnahmen unter Nutzung von standort- und kontextbezogenen Daten durchführen. Bei Geschäftskunden, Zulieferern und Kooperationspartnern ist dies derzeit noch weniger offensichtlich. Aber gerade für diese Zielgruppe werden LBS den größten Nutzen bringen.

Endkundenorientierte LBS

Charakteristisch für endkundenorientierte Systeme ist die Ansprache sehr vieler Kunden gleichzeitig, mit dem Ziel Produkte zu verkaufen oder standardisierte Dienstleistungen anzubieten. Dazu ist eine möglichst genaue Kenntnis des Kunden, seiner Bedürfnisse und seiner Situation notwendig. In die-

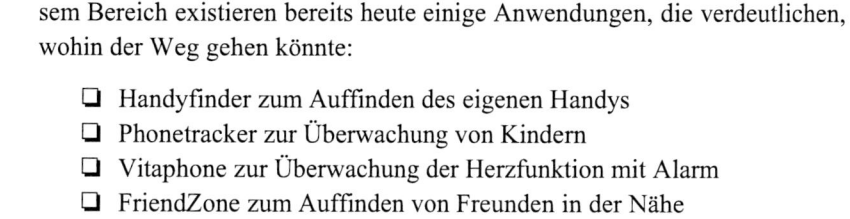

Die Integration standortbezogener Anwendungen

sem Bereich existieren bereits heute einige Anwendungen, die verdeutlichen, wohin der Weg gehen könnte:

- ❏ Handyfinder zum Auffinden des eigenen Handys
- ❏ Phonetracker zur Überwachung von Kindern
- ❏ Vitaphone zur Überwachung der Herzfunktion mit Alarm
- ❏ FriendZone zum Auffinden von Freunden in der Nähe

Keine dieser interessanten Anwendungen und Dienstleistungen werden vermutlich zum Masseneinsatz kommen. Dennoch können solche Anwendungen eingesetzt werden, um Produkte oder Dienstleistungen für Kunden anzubieten, die das Angebot für die Kunden verbessern. Beispielsweise können Informationen schneller zur Verfügung gestellt und gezielt Informationen oder Serviceleistungen auf den Standort und die Situation des Kunden abgestimmt werden.

Nicht zuletzt impliziert dies, dass der Kunde nicht mehr gezwungen ist, sich zum "Berg" (sprich: zu Ihnen) zu bewegen, sondern er an jedem Ort mit den gewünschten Informationen bedient werden kann. Dies stellt eine wesentliche Verbesserung der Kundenbeziehung dar.

Ein Anwendungsbeispiel: Ist der Standort des Kunden und zusätzlich sein Profil, seine Kaufgewohnheiten und "seine Kundenhistorie" bekannt, kann bei einer Reklamation oder einer Störung umgehend der richtige Servicetechniker vor Ort geschickt werden. Es wird der Techniker zum Kunden geschickt, der sich in dessen Nähe aufhält. Dies ist bekannt, da der Einsatzort der Techniker durch Positionsermittlung in der Zentrale erfasst wird. Zusätzlich werden alle notwendigen Bauteile zum Kunden geliefert, da auf Grund der Beschreibung des Problemfalls und dem detaillierten Wissen über die eingesetzten Geräte das defekte Bauteil erkannt wird. Auf den Kundenanstoß hin wird so umgehend und kompetent reagiert und das Problem ohne Zeitverzögerung und unnötige Kosten behoben.

Um einen Schritt weiter gehen zu können, werden z.T. sehr persönliche Informationen der Kunden benötigt. Dies sind beispielsweise Lebensstil, Interessen, Hobbys oder das Alter. Weitere nutzbare demographische Merkmale sind Adressen, Telefonnummern, Regionen, Wohngebiete und deren Einkommensstruktur, politische Grenzen, Verkaufsgebiete, Kaufmuster oder Kaufkraftpotenziale. Gebündelt mit weiteren Daten zu Wettbewerbsunternehmen und deren Einzugsgebiet lässt sich daraus ein detailliertes Bild des Kunden und seines Umfelds gewinnen. Damit wird es möglich, das Verbraucherverhalten vorherzusagen und Angebote und Produkte individuell auf die Bedürfnisse der Kunden abzustimmen. Gekoppelt mit weiteren Maßnahmen (z.B. Kundenbindungsprogrammen) ergeben sich vielfältige Möglichkeiten sich vom Wettbewerb abzuheben. Damit gewinnt man neue Kunden, stellt vorhandene zufrieden und nutzt deren Kaufkraftpotenziale.

Der wichtigste und aufwendigste Schritt ist die Verknüpfung der so gewonnenen Informationen zu einem Gesamtbild der Kunden, bezogen auf seinen Standort. Konkret helfen diese Informationen bei folgenden Maßnahmen:

- profitable Kunden und Absatzmärkte erkennen
- Zielmärkte definieren und optimale Standortbestimmung durchführen
- Kundenprogramme planen und durchführen
- den Kunden persönlich und zielgerichtet ansprechen (Direktmarketing)
- neue standortbezogene Dienstleistungen durchführen

Die dafür benötigte Analyse-Software ist bereits heute verfügbar. Durch die vielfältigen Beziehungen der Daten untereinander ist die Komplexität dieser Programme groß.

Ein Anwendungsbeispiel: Wenn Laufkundschaft angesprochen werden soll, muss der Kunde überhaupt von den Angeboten erfahren. So gibt es heute bereits Anwendungen, mit denen Kunden aktiv aktuelle Verkaufsangebote z.B. für Elektronikartikel im Umkreis von 20 Kilometern abfragen können. Interessiert sich der Kunde für ein Angebot, kann er per Mobiltelefon und Sprachausgabe direkt zu dem entsprechenden Verkaufsgeschäft geleitet werden. Umgekehrt können diese Angebote direkt auf die Mobiltelefone potenzieller Kunden im Umkreis verschickt werden, falls diese ihr Telefon eingeschaltet haben. Am einfachsten wäre die Zusendung als Rundumschlag an alle im Umkreis befindlichen, angeschalteten Mobiltelefone. Diese Methode ist aber kontraproduktiv, da ein großer Teil der unverlangt und unvorbereitet Angesprochenen verärgert reagieren wird und dadurch mehr Schaden als Nutzen gestiftet würde. Ist man aber im Besitz von Kundenprofilen, kann den Kunden relevante (!) Werbung oder Information, z.B. über Tagesaktionen, zugeschickt werden, die solche Informationen explizit angefordert haben und die für das aktuelle Angebot auf Grund ihres Profils und ihrer Kaufhistorie als Interessent in Frage kommen.

Vieles von dem geschilderten ist noch Zukunftsmusik, weil die Infrastruktur für den Aufbau solcher Dienstleistungen weitestgehend noch nicht zur Verfügung steht. Erschwerend kommt hinzu, dass die heutigen Mobilte-

Die Integration standortbezogener Anwendungen

lefone oder andere mobile Endgeräte nicht leistungsfähig und komfortabel genug sind, eine akzeptable Nutzung zu ermöglichen.

Bei allen Überlegungen für die Zielgruppe Endkunden darf keinesfalls das Thema Datenschutz und die sichere Übertragung von persönlichen Daten außer Acht gelassen werden. Auf diese wichtige Frage kann hier aber nicht näher eingegangen werden. Trotz Schwierigkeiten und Bedenken sollten die derzeit im Aufbau befindlichen Ansätze weiter verfolgt werden. Die Infrastrukturanbieter werden das Angebot in den nächsten Jahren erheblich ausbauen, so dass in wenigen Jahren eine Infrastruktur genutzt werden kann, wie dies beispielsweise beim Einsatz des Telefons oder des Internets schon heute Alltag ist.

Geschäftskundenorientierte LBS

Dieser Bereich ist der für den Mittelstand lukrativere, da endkundenorientierte LBS nicht selten einen erheblichen zeitlichen und finanziellen Aufwand bedeuten.

Auch geschäftskundenorientierte LBS sind nicht schnell und billig zu realisieren. Jedoch lassen sich Bereiche identifizieren, bei denen bereits begrenzte Maßnahmen zu einer spürbaren Verbesserung des Kundenmanagements führen. Hinzu kommt, dass Sie sich in diesem Bereich weniger Gedanken um den Datenschutz machen müssen. Zwischen Geschäftskunden ist es üblich, Daten für die gezielte Kundenbetreuung und Kundeninformation zu nutzen. Der Kunde erwartet das geradezu. Ein verantwortungsvoller Umgang mit den Kundendaten wird selbstverständlich vorausgesetzt.

Sind die Daten erfasst und in eine sinnvolle Struktur gebracht, können diese mit Hilfe des Kundenmanagementsystems untereinander verknüpft werden. Damit lassen sich profitable Kunden identifizieren, Aktionen kontrollieren, der Kundenwert bestimmen, Verkaufs- und Absatzgebiete analysieren, Verteilung und Auslieferung von Produkten optimieren, Serviceleistungen verbessern, Vertriebsstrukturen aufbauen, Einzelhandelsnetze erweitern, lokale Verhaltens- und Konsummuster bestimmen, Zielmärkte identifizieren, lokale Besonderheiten feststellen, Filial- und Umsatzplanung durchführen, die Kundenansprache individualisieren und die Infrastruktur aufbauen und verbessern.

Konkreter wird dies, wenn Sie sich folgende Einteilung möglicher Anwendungen und entsprechende Anwendungsbeispiele anschauen:

- ortsunabhängige mobile Anwendungen ("Mobil")

- positionsübermittelnde Anwendungen ("Objektortung", "Verfolgung")
- sicherheitsbezogene Anwendungen ("Sicherheit")
- informationsbezogene Anwendungen ("Informationen", "News")

Ortsunabhängige mobile Anwendungen

Bei der Betrachtung von LBS erscheint dieser Bereich auf den ersten Blick paradox. Aber bei einer Reihe von Anwendungen sind spezifische Ortsangaben nicht notwendig.

Wichtig ist der Ansatz, die benötigten Informationen jederzeit und an jedem Ort zur Verfügung zu haben und zwar in dem Moment, in dem sie angefordert werden. LBS können dabei helfen, indem sie abhängig vom Ort die notwendige Infrastruktur automatisch verfügbar machen und die Art und Weise des mobilen Zugriffs steuern. Zusätzlich werden, im Sinne einer effizienten Übertragung, nur die Daten übermittelt, die im direkten Zusammenhang (Kontext) mit dem Kunden und dem Anwendungsfall vor Ort stehen. Erst mit LBS ist ein durchgängiger Zugriff auf ein integriertes Kundenmanagementsystem möglich.

Ein Anwendungsbeispiel: Eine mobile Anbindung an ein Kundenmanagementsystem ermöglicht den Service- und Außendienstmitarbeitern aktuelle Informationen aus zentralen Unternehmensdatenbanken abzurufen. Mit diesen können Angebote, Verfügbarkeitsabfragen, Lagerbestände oder Bestellungen ohne Verzögerungen erstellt, abgefragt oder durchgeführt werden. Damit sind Mitarbeiter vor Ort effizienter einsetzbar, Vertriebsprozesse können schneller abgewickelt und redundante Eingaben vermieden werden.

Positionsübermittelnde Anwendungen

In diesen Bereich fallen beispielsweise die bereits seit längerem bekannten Flottensteuerungssysteme. LBS unterstützen diese Anwendungen durch geschickte Kombination dynamischer Positionsübertragung und GIS.

Ein Anwendungsbeispiel: Speditionen nutzen Flottensteuerungssysteme für ihre Tourenplanungen. Konkret bedeutet dies eine ständig aktualisierte Übermittlung der aktuellen Position von Transportmitteln (LKW) und Gütern (Ort und Menge) unter Zuhilfenahme von Informationen über Verkehrswege (Straßenkarten) und aktuellen Informationen über die derzeitige Verkehrssituation (Baustellen, Staus). Mit dem Wissen, welche Transportmittel in welcher Menge und zu welchem Zeitpunkt zur Verfügung stehen und welcher

Die Integration standortbezogener Anwendungen

Kunde wann und wo die Güter bekommen muss, lassen sich diese Informationen mit einem LBS für eine optimale Auslieferung und Ausnutzung der zur Verfügung stehenden Ressourcen nutzen. So lassen sich Auslieferungszeiten verkürzen und die Auslastung der Ressourcen optimieren. Die Folge sind zufriedene Kunden und eine verbesserte Effizienz bei der Kundenbetreuung. Als Nebeneffekt werden Leerfahrten vermieden und Kosten gespart.

Ganz allgemein sind diesem Bereich Anwendungen zuzuordnen, die dazu dienen, den Standort von wertvollen Objekten (LKWs, Güter, Firmenfahrzeuge etc.) zu überwachen.

Ein Anwendungsbeispiel: Auf Grund eines automatisch erkannten Staus auf der geplanten Route berechnet das System, abhängig von Ort und der aktuellen Verkehrssituation, eine neue Route und zeigt diese im Cockpit des Fahrers an. Die Firmenzentrale erhält vom System eine Nachricht, dass der LKW auf Grund der geänderten Situation erst eine Stunde später als geplant beim Kunden sein wird. Die Zentrale informiert den Kunden und könnte bei größeren Abweichungen auch komplette Wagenladungen neu disponieren.

Sicherheitsbezogene Anwendungen

Führt man das Szenario der Überwachung wertvoller Güter fort, wird deutlich, welche Möglichkeiten LBS für die Sicherheit bieten können.

Ein Anwendungsbeispiel: Eine beobachtete Abweichung des Firmen-LKWs von der geplanten Route kann auch bedeuten, dass der LKW entwendet worden ist. Um sofort Maßnahmen einleiten zu können, kann ein System automatisch eine Warnmeldung geben, wenn ein bestimmtes Objekt einen definierten Bereich verlässt. Ist es notwendig, kann eine Steuerung den Motor des LKWs lahm legen und damit das Fortbewegen unmöglich machen. Gleichzeitig wird die Position des LKWs an die nächstliegende Polizeidienststelle übermittelt.

Noch wichtiger ist diese Fähigkeit des Systems, wenn ein Unfall vorliegt. Das System erkennt automatisch einen unplanmäßigen Vorgang und leitet entsprechende Maßnahmen ein.

Ein Anwendungsbeispiel: Das Auslösen des Airbags initiiert einen Notruf inklusive automatischer Übermittlung der Position des Autos. In der Zentrale wird mit diesen Informationen ein Krankenwagen alarmiert, der umgehend zum Ort des Geschehens geleitet wird. So geht keine unnötige Zeit zwischen Unfall und Ergreifung von evtl. lebensrettenden Maßnahmen verloren.

Weniger dramatisch in der Konsequenz, für Firmen aber fast ebenso bedeutsam, sind Maßnahmen im Falle einer Panne des LKWs.

Ein Anwendungsbeispiel: Bei einer Panne nimmt der Fahrer über ein Videosystem Kontakt mit der Servicezentrale auf und schildert den genauen Schadensfall. Mit Hilfe der Video- und Sprachübertragung bespricht er den Fall mit einem Spezialisten. Dieser leitet durch die so gewonnenen Informationen umgehend Maßnahmen ein, um den LKW wieder flott zu machen und damit die Auslieferungszeit einhalten zu können.

Informationsbezogene Anwendungen

In diese Kategorie fallen Anwendungen, die abhängig vom "Kontext" und der "Lokation" Informationen und Neuigkeiten übermitteln. Des weiteren fallen in diese Kategorie LBS, die verfügbare Anwendungen zusammen stellen, auflisten und für die Nutzung (Abruf) zur Verfügung halten.

Ein Anwendungsbeispiel: Der Fahrer des liegengebliebenen LKWs startet eine Anwendung, die ihm alle in der Region verfügbaren Pannendienste inkl. der Telefonnummern auflistet.

Die oben genannte Anwendung, die aktuelle Verkehrsmeldungen für eine Routenplanung nutzt, gehört ebenfalls in diese Kategorie. Nicht zuletzt finden sich in dieser Kategorie alle Anwendungen, die Informationen über die Umgebung (Veranstaltungen, Verkehr, etc.) liefern und diese für den Kunden aufbereiten.

Zusammenfassung

Bei der Beschreibung der Anwendungen wird deutlich, dass nicht immer der Kunde unmittelbarer Adressat von LBS sein muss. Häufig werden LBS helfen, Ihre Dienstleistungen zu optimieren. Sie können Ihre Produkte individueller anbieten, schneller ausliefern oder im Bedarfsfall bei Problemen oder Reklamationen gezielter agieren. Ziel ist und bleibt aber immer:

- neue Kunden gewinnen
- die Beziehung zu den Kunden verbessern und vertiefen
- das Kundenpotenzial optimal ausschöpfen

5.2.4 Potenzial

Wie die Anwendungsbeispiele gezeigt haben, bedeutet die Integration standort- und kontextbezogener Daten in Kundenmanagementlösungen keineswegs etwas völlig Neues. Durch den Einsatz und die intelligente Verknüpfung moderner Technologien wie das Internet, GIS und drahtloser Mobilfunksysteme ergibt sich mit der Nutzung standort- und kontextbezogener Daten eine neue Dimension des Kundenmanagements.

Das Potenzial solcher Lösungen ist mit Sicherheit noch nicht ausgeschöpft. Kommende Verbesserungen der heute im Einsatz befindlichen Systeme, erhöhte Genauigkeit bei der Erfassung der Daten, mehr Rechenleistung und noch bessere Integrationsmöglichkeiten standort- und kontextbezogener Daten in Kundenmanagementsysteme werden die skizzierten Möglichkeiten erweitern oder überhaupt erst realisierbar machen.

Die erheblichen Aufwendungen für solche Systeme müssen sich am erzielbaren Nutzen rechtfertigen lassen. Das wird häufig auf kurze Sicht nicht der Fall sein. Vergessen wird dabei aber leicht, dass im Vordergrund aller LBS-Anwendungen die dauerhafte und vertrauensvolle Beziehung zum Kunden und nicht der kurzfristige Geschäftsabschluss steht. Die Summe aller Geschäftsvorgänge über die Gesamtdauer einer Kundenbeziehung gewinnt in der modernen Unternehmens- und Marketing-Strategie ständig an Bedeutung. Bei der Steigerung von Dauer und Intensität dieser Kundenbeziehung kann ein LBS einen wichtigen Beitrag leisten.

Literatur

[1] TeraSystems GmbH: Feedback-Bogen, Artikel als PDF zum Download und weitere Informationen zu LBS, http://lbs.terasystems.de/
[2] Jens Eckhardt: "Mehr Service und mehr Überwachung – Datenschutz bei Location Based Services", c't 22/01, Seite 178, Verlag Heinz Heise
[3] David Sonnen / Henry Morris: "Location in CRM – Linking Virtual Information to the Real World", IDC White Paper, 2000
[4] MapInfo GmbH: "Die neue Dimension des CRM – durch standortbasierte Lösungen", http://www.mapinfo.de/, 2001
[5] Martin Hubschneider: "Location Based Services – Eine Killerapplikation für UMTS?", Mobile Internet / Deutscher Internet Kongress, Gerhard Rossbach (Hrsg.), dpunkt-Verlag, Karlsruhe 2001

[6] Jo Bager: "Das Handy kennt den Weg – Location Based Services machen das Mobiltelefon zum universellen Wegweiser", c't 22/01, Seite 168, Verlag Heinz Heise

Links zu Anwendungen

Clever Tanken	www.clevertanken.de*
D2	www.d2vodafone.de
Edeka	www.edeka.de*
friendZone	www.friendzone.ch
Geldautomaten	www.forium.de*
Genion	www.genion.de*
Handyfinder	www.loop.de*
Herzhandy	www.vitaphone.de
Hotelführer	www.varta-guide.de*
Kompazz	www.kompazz.de*
NextDoor	www.wigeogis.at*
Passo	www.passo.de*
Phonetracker	www.phonetracker.de
Staupilot	www.ptv.de*
Tankstellensuche	www.aral.de*
Tourisline	www.tourisline.de*
T-Motion	www.t-motion.de*
Wetter	www.wetteronline.de*
Yellowmap	www.yellowmap.de*

* Diese Anwendung ist mit einem WAP-fähigen Endgerät mit dem Präfix wap erreichbar (z.B. wap.yellowmap.de)

5.3 Mobiles Kundenmanagement
(von Dr. Bernhard Kölmel)

"Richtig informiert. Jederzeit und überall."

Dies ist das Motto der mobilen Informationsgesellschaft. Mit der rasanten Entwicklung im Telekommunikationssektor (GPRS, EDGE und UMTS) und der Verfügbarkeit neuer mobiler Endgeräte (Smart Phones etc.) ergeben sich neue Anwendungsmöglichkeiten in innovativen Unternehmen. Die Wachstumstreiber sind neue Endgeräte, höhere Bandbreiten und das Packet Switching in Verbindung mit kostengünstiger, volumenabhängiger Bezahlung. Insbesondere im Business-to-Business Bereich werden die größten Umsatzpotenziale erwartet. Der technische Fortschritt bei mobilen Endgeräten und Übertragungstechniken eröffnet eine Vielzahl neuer Anwendungsmöglichkeiten, unter anderem auch für ein noch effizienteres Management von Kundenbeziehungen.

Den Außendienstmitarbeiter überall und zu jeder Zeit mit den gewünschten Informationen versorgen ist eine Vision des mobilen Kundenmanagements. Noch ist allerdings das M-CRM (mobile Customer Relationship Management) nicht weit verbreitet. Dabei stellt mobiles CRM ein Teilbereich einer kundenorientierten Unternehmensstrategie dar, die versucht, Kundenloyalität gegenüber dem Unternehmen auszubauen, wobei auf mobile Technologien zurückgegriffen wird. Im Vertrieb und Service liegen die Vorteile gegenüber stationären Systemen vor allem in den Bereichen Kostensenkung, Produktivitätssteigerung und Kundenzufriedenheit.

Mobiles CRM kann die Effizienz von Mitabeitern steigern und zugleich Kosten reduzieren. Zum Beispiel erlaubt eine einfache und auf eine bestimmte Aufgabe hin optimierte Bedieneroberfläche eine rasche Einarbeitung. Relevante Informationen sind ohne lange Boot-Vorgänge oder gar Systemabstürze sofort verfügbar. Diese Oberfläche trägt zur effizienten Unterstützung und Beschleunigung jeglicher Außendienstaktivitäten beim Kunden bei. Zudem lassen sich durch die sofortige elektronische Erfassung von Informationen vor Ort Übertragungsfehler reduzieren oder ganz vermeiden, etwa beim Einsatz von mobilen Scanner-Geräten.

5.3.1 Mobile Business – wirtschaftlicher Hintergrund

Seit der Versteigerung der UMTS-Lizenzen im Sommer 2000 hat das Thema Mobile Business ein breites Interesse in der Öffentlichkeit erregt. Fast alle Marktforschungsinstitute sagen dem Mobile Business ein enormes Wachstum voraus. Vor allem in Europa sieht man in der weiten Verbreitung des Mobiltelefons ein großes Potential für M-Business. Im Jahr 2000 gab es in Europa mehr als doppelt so viele Handynutzer (ca. 220 Mio.) wie PC-Anwender mit Online-Zugang (ca. 80 Mio.). Gemäß Ericsson soll sich bis zum Jahr 2005 die Zahl der mobilen Internet-Nutzer auf 600 Millionen steigern und 95 Prozent aller neuen Mobiltelefone werden internetfähig sein. Renommierte Marktforschungsinstitute wie Durlacher Research und Forrester Research prophezeien bereits für das Jahr 2003 einen Mobil-Business-Umsatz von rund 24 Mrd. € allein im europäischen Markt. Booz, Allen & Hamilton sprechen davon, dass im Jahr 2002 in Europa zehn Millionen Menschen mobile Internet-Dienste in Anspruch nehmen werden.

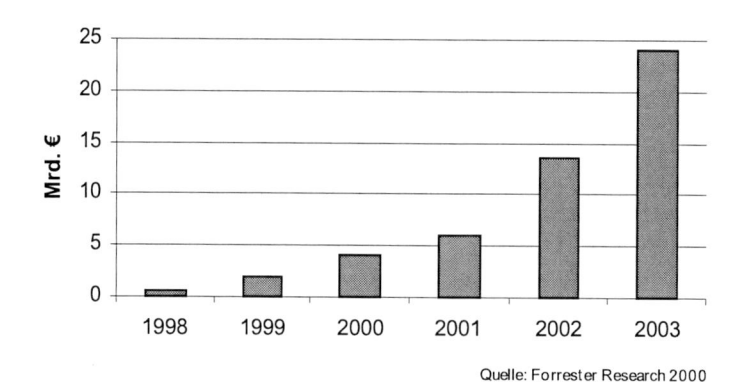

Abb. 5-1: Entwicklung des M-Business Marktes in Europa (Quelle: Forrester Research 2000)

Diese verheißungsvollen Prognosen und der Druck der Telekommunikationsanbieter, ihre milliardenschweren Ausgaben aus den UMTS-Auktionen möglichst schnell zu amortisieren, geben Anlass zum Glauben, dass sich ein gewaltiger Markt entwickelt.

Mobiles Kundenmanagement

Folgende Antriebskräfte sind für die Wachstumserwartungen des M-Business Marktes entscheidend verantwortlich:

- **Massenmarktstatus**: Indem die mobile Kommunikation immer mehr Massenmarktstatus erlangt, fallen durch die Konkurrenz der Netzbetreiber die Gebühren für den Endverbraucher enorm. Durlacher Research prognostiziert sogar die komplette Annäherung der mobilen Tarife an die des Festnetzes. Um den fallenden ARPU (Average Revenue Per User) entgegenzuwirken, müssen ergänzend zur Sprachübertragung werthaltige Dienste entwickelt werden, für die der Nutzer bereit ist zu zahlen.
- **Ortsunabhängigkeit**: Der offensichtlichste Vorteil mobiler Terminals ist die "Überall-Verfügbarkeit" mobiler Dienste. Dadurch ist der Benutzer unabhängig von seinem jeweiligen Aufenthaltsort in der Lage, jederzeit in Echtzeit Informationen abrufen und Transaktionen durchführen zu können.
- **Erreichbarkeit**: Für viele Benutzer hat die ständige Erreichbarkeit einen hohen Stellenwert. Moderne Geräte ermöglichen dem Benutzer weiterhin, die Erreichbarkeit auf einen bestimmten Personenkreis oder Zeiten zu beschränken.
- **Sicherheit**: Die standardmäßige Integration von SIM oder Smartcards im Handy ermöglicht die Authentifizierung von Personen und bietet somit diverse Einsatzmöglichen auf der Grundlage höherer Sicherheitsstandards als sie in der stationären Internetumgebung üblich sind. Damit ist auch die Basis für sichere Zahlungsverfahren gewährleistet.
- **Bequemlichkeit**: Einfache Bedienbarkeit von Handys ist ein Vorteil gegenüber dem anspruchsvollen PC-Arbeitsplatz. Anwender haben somit eine geringere Hemmschwelle ein mobiles Gerät zu bedienen.
- **Lokalisierbarkeit**: Die exakte Standortbestimmung des Benutzer wird durch Technologien wie GPS, Zellenidentifikation oder Time of Arrival-Messung möglich. Vollkommen neuartige Servicedienste können neben den bestehenden Navigationsapplikationen entstehen.
- **Sofortige Verfügbarkeit**: Mobile Geräte müssen nicht wie stationäre PCs über längere Zeit gebootet werden sondern können unverzüglich (no boot-time) benutzt werden.
- **Personalisierung**: Aufgrund der persönlichen Rufnummer sind Mobilfunkteilnehmer eindeutig identifizierbar. Die dringende Notwen-

digkeit für Zahlungsmechanismen in Verbindung mit dem Zugriff auf persönliche Daten wird neuartige Dienste entstehen lassen.
- **Kostengünstigkeit**: Mobile Endgeräte können kostengünstiger als stationäre PCs hergestellt werden, da die notwendige Mikroelektronik auf einen Chip komprimiert wird, was sich positiv auf die Kundenakzeptanz auswirkt.

5.3.2 Mobiles CRM

Customer Relationship Management (CRM) Lösungen sind Systeme, die übergreifend alle kundenrelevanten Informationen innerhalb eines Unternehmens integrieren. Unter CRM versteht man das ganzheitliche Management der Beziehung eines Unternehmens zu seinen Kunden. Kommunikations-, Distributions- und Angebotspolitik werden nicht losgelöst voneinander zu betrachten, sondern integriert an den Kundenbedürfnissen ausgerichtet. Der Vertriebsmitarbeiter benötigt im allgemeinen vielfältige Daten zu Kunden, Aufträgen, Material etc. Er muss in der Lage sein, konkrete Verkaufstransaktionen vor Ort einzugeben. Die Anbindung von Service- und Außendienstmitarbeitern über mobile Endgeräte an unternehmensinterne Datenbanken ermöglicht die Ausschöpfung hoher Effizienzsteigerungs- und Optimierungspotentiale. Überflüssige Prozesse sowie die Mehrfacherfassung von Daten und das damit verbundene Fehlerrisiko werden eingespart. Lager- und Auftragsbestände sind damit in Echtzeit verfügbar, Mitarbeiter vor Ort effizienter steuerbar und erbrachte Leistungen können dem Kunden schneller in Rechnung gestellt werden.

Allerdings stellt der mangelnde Einsatz moderner Technologien heutzutage in weiten Teilen des Außendienstes einen Problembereich dar. Das Notebook bleibt häufig im Wagen liegen. Dieser Missstand ist vor allem auf benutzerunfreundliche Systeme zurückzuführen. Für einen Datenzugriff auf das firmeninterne Kundenmanagementsystem muss man indiskutabel lange Verbindungsaufbau- und Übertragungszeiten via Mobiltelefon in Kauf nehmen. Ein durchgängiger Echtzeit-Zugriff auf sämtliche CRM-Informationen als faktenbasierte Entscheidungshilfe am Point of Sales war so bisher nicht möglich. Doch ein jederzeit verfügbares und genutztes CRM-System lässt sich realisieren.

Mit mobilen Endgeräten, die via GPRS/UMTS mit der zentralen CRM-Datenbank kommunizieren, lassen sich erhebliche Effizienzsteigerungen realisieren und ad-hoc Planungen (z.B. beim Ausfall eines Termins) reali-

Mobiles Kundenmanagement

sieren. Das mobile Informationsmanagementsystem liefert sämtlich Informationen zum Ablauf des Tages und ermöglich den Zugriff auf E-Mails und Daten im Büro. Oft hat der Außendienstmitarbeiter vor Ort das Problem, dass er aktuelle Informationen über Kunden, Preise, Lagerbestände oder die Termine seiner Kollegen benötigt. Ist beispielsweise der Außendienstmitarbeiter beim Kunden und benötigt für das Verhandlungsgespräch wichtige aktuelle Daten, so musste er sich bisher erst umständlich über das Büro (verbunden mit mehreren Telefonaten) die nötigen Informationen einholen. Über die mobile CRM-Lösung hat er nun sofort Zugriff auf alle relevanten Kundendaten mit aktuellem Lieferstatus, Statistiken, Umsätzen usw. Er kann somit dem Kunden sofort, schnell und kompetent Auskunft erteilen und dadurch individuell auf die Kundenbedürfnisse eingehen.

5.3.3 Anwendungsbeispiel mobile Kundenakte

Das folgende Szenario basiert auf dem Produkt genesisWorld der CAS Software AG, das für das unternehmensweite Kundenmanagement im Mittelstand konzipiert wurde.

Mit der mobilen Kundenakte kann der Anwender vor Ort Adressen, Termine, Notizen, Warenwirtschaftsdaten (Rechnungen, Belege, verkaufte Produkte) und digitale Lagepläne auf sein mobiles Endgerät übertragen. Anschließend werden die Kundeninformationen "gebührenschonend" im Offline-Modus angezeigt. Auch Daten, die mit der Kundenadresse verknüpft sind, können eingesehen werden; verknüpfte Dokumente stehen mit einer Kurzbeschreibung zur Verfügung. Ein mobiler persönlicher Informations-Assistent (mit Namen "Mobile PIA") stellt sämtliche Termine und Aktivitäten dar. Bei Bedarf kann man auf die Kundenhistorie oder Dokumente des Kunden (z.B. Wartungsvertrag, Besprechungsnotizen etc.) zurückgreifen und somit den Kunden besser bedienen. Weiterhin kann man mobil Termine mit Kollegen und Kunden vereinbaren und gleichzeitig notwendige Ressourcen (Besprechungsraum, Beamer, Moderationskoffer etc.) buchen. Falls kurzfristig ein Termin ausfällt, kann man anhand einer Umkreissuche Kunden in der Nähe kontaktieren und einen länger geplanten spontanen Besuch abstatten.

Der Zugriff auf die mobile Kundenakte von genesisWorld erfolgt per standardisiertem Handy-Protokoll (zur Zeit mit GSM, GPRS, HSCSD und in Zukunft mit UMTS) oder Funk-LAN und ist mit Pocket PC-Geräten (zum Beispiel iPAQ, xda), Smartphones (wie Nokia Communicator oder Motorola Accompli) und javafähigen Handys (wie Siemens 42i) möglich. Grundsätzlich können alle Geräte, die die Technologien WAP, J2ME und Multimedia Messaging Service (MMS) unterstützen, die mobile Kundenakte aufrufen.

Die folgenden Abbildungen stellen exemplarische Bildschirme auf dem Stinger-basierten mobilen Endgerät von Sendo dar (Stinger ist eine spezielle Windows-CE-Version für Smartphones).

Abb. 5-2: Mobiles CRM-System

Mobiles Kundenmanagement

Abb. 5-3: Aufgabenplan

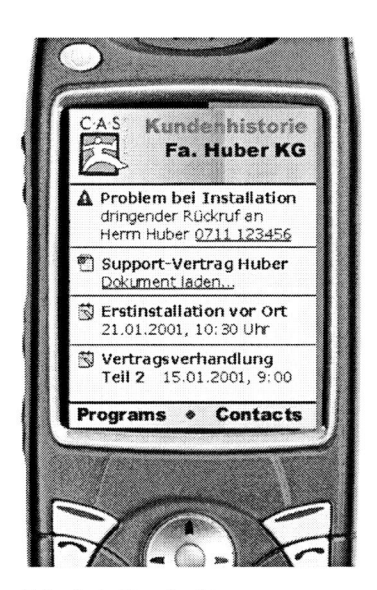

Abb. 5-4: Kundenhistorie

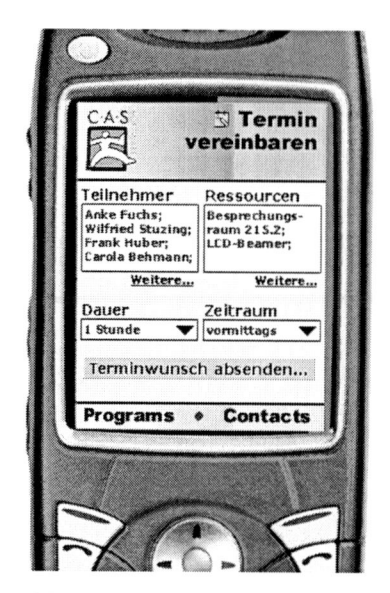

Abb. 5-5: Termin vereinbaren

Abb. 5-6: Terminvorschläge

Mobiles Kundenmanagement

Abb. 5-7: Kunden im Umkreis

Künftig können die Außendienstmitarbeiter nicht nur Kundeninformationen gebündelt auf dem mobilen Gerät empfangen, sondern auch zum Beispiel ihre E-Mails abrufen und bearbeiten. Der Vertriebsmitarbeiter hat unter anderem die Möglichkeit, in vorhergegangenen Bestellungen zu recherchieren oder Anfragen zu Preisen, Lieferzeiten und Lagerbestand auszuführen. Darüber hinaus lassen sich die Terminplanung, wie Verschiebungen oder Vereinbarungen mit Kollegen, und die Nachbereitung der Kundenkontakte von unterwegs erledigen. Damit die unterschiedlichen Rollen von Vertrieb und Service von vornherein klar abgegrenzt und die Mitarbeiter nur mit den Funktionen konfrontiert werden, die für sie wirklich relevant sind, wird über sogenannte Enterprise Information Portals (EIP) die Interaktion mit dem Mitarbeiter geregelt. Daten, die absolut vertraulich sind, können somit das Unternehmen nicht verlassen und der Nutzungsaspekt wird für den Mitarbeiter wesentlich vereinfacht.

5.3.4 Die Zukunft – die direkte Kundenansprache

In nicht allzu ferner Zukunft werden mobile Endgeräte ein ständiger interaktiver und helfender Begleiter für fast alle Menschen sein. Mittels Spracheingabe oder einer anderen, intuitiven Eingabe werden wir intelligenten Agenten Organisations- und Rechercheaufträge erteilen, die diese für uns übernehmen. Das Smart Phone wird die Kommunikationsmöglichkeiten mit Freunden – insbesondere in der unmittelbaren Umgebung – erhöhen und automatisch Transaktionen für definierte Bedürfnisse (Essensempfehlung, Straßenbahntickets, etc.) auslösen. Viele Anwender werden sich immer mehr an den interaktiven Helfer gewöhnen und Standardaufgaben von dem mobilen Endgerät erledigen lassen. Ein Teil unserer persönlichen Tätigkeiten und Vorgehensweisen werden damit standardisiert und mit Hilfe des mobilen Endgerätes automatisch erledigt.

Das Handy als das persönlichste Massenmedium weckt damit zunehmend Interesse als Werbeplattform. Zum ersten Mal kommen dabei 1-to-1 und 1-to-many Realisierungsoptionen in einem Massenmedium zusammen. Eine Ansprache der Kunden durch mobiles Marketing erreicht Bekanntheitssteigerung, Verstärkung von POS-Aktivitäten, und langfristige Kundenbindung. Mobiles Marketing ermöglicht die direkte Ansprache von Besitzern von mobilen Endgeräten. Das Handy ist hier der Massenkommunikationskanal für Werbebotschaften. Diese werden an eine individuell erstellte Datenbank gesendet. Mobiles Marketing ist in diesem Zusammenhang eine erlaubte (permission based) Anwendung, alle angesprochenen Handybesitzer haben zuvor ihr Einverständnis zum Empfang der Nachrichten erteilt, so dass Sicherheits- und Vertraulichkeitsaspekte gewährleistet sind. Weiterhin ist es möglich mobiles Marketing in bestehende Marketingaktivitäten einzubinden. Hierbei ist das Massenmedium Handy das fehlende Glied im Marketing-Mix, es funktioniert wie ein Interaktions-Kanal zwischen klassischen und innovativen Kampagnen. Ein einziger Tastendruck generiert unmittelbar Response auf Werbebotschaften. Im nächsten Schritt setzt Markenbildung und Customer-Relationship-Management ein. Solche Kombinationen sind mit allen derzeit existierenden Marketing-Instrumenten von TV, Print, über die Produktverpackung bis zu Promotion-Touren möglich. Entscheidend ist beim Einsatz von Mobile Marketing die Kosteneffizienz. Bei der Entwicklung des Mobile Marketing orientiert man sich an den Bedürfnissen der Zielgruppen.

Mobile Business ist die treibende Kraft, die die Art und Weise der Geschäftsabwicklung von Telekommunikations-, IT- und Dienstleistungsunternehmen weltweit revolutionieren wird. Durch das enorme Wachstum des mobilen Telekommunikationsmarktes und die Entwicklung neuer Standards, wie WAP und GPRS/UMTS werden die Verbreitung der Dienste und die damit erwirtschafteten Erlöse rasch zunehmen. Hinter Applikationen aus den Bereichen Mobile Shopping, Mobile Informationsdienstleistungen, Mobile

Finanzdienstleistungen, Mobile Werbung, Mobile Unterhaltung etc. verbirgt sich ein gewaltiges Umsatzpotential. Nach Angaben und Prognosen der Europäischen Kommission wird der Anteil der Mobilfunknutzer an der Gesamtbevölkerung im Jahr 2003 auf 65 Prozent steigen. Der überwiegende Teil der Nutzer (85 Prozent oder mehr als 200 Mio. Einwohner) wird dann über ein Endgerät verfügen, das den Zugang zu mobilen Multimediadiensten und speziell zum mobilen Internet unterstützt und die EU-Bürger werden im Jahr 2003 bereits 24 Mrd. € für Mobilfunkanwendungen ausgeben.

Literatur

Boston Consulting Group (2000): Mobile Commerce: Winning the On-Air Customer. Boston Consulting Group. http://www.bcg.com.

Evans, N. (2001): Business Agility: Strategies For Gaining Competitive Advantage Through Mobile Business Solutions. Prentice Hall.

Forrester (2001): Shortcuts to Mobile Location Services. Forrester Research Amsterdam.

Frischmuth, J. / Karrlein, W. / Knop, J. (2000): Strategien und Prozesse für neue Geschäftsmodelle. Praxisleitfaden für E- und Mobile Business. Heidelberg: Springer.

Geer, R. / Gross, R. (2001): M-Commerce. Geschäftsmodelle für das mobile Internet. Landshut: Moderne Industrie.

Gora, W. / Röttger-Gerigk (2001): Handbuch Mobile-Commerce. Technische Grundlagen, Marktchancen und Einsatzmöglichkeiten. Heidelberg: Springer.

Hubschneider, M.: Location Based Services – Eine Killerapplikation für UMTS?, Mobile Internet / Deutscher Internet Kongress, Gerhard Rossbach (Hrsg.), dpunkt-Verlag, Karlsruhe 2001.

Kalakota, R. / Robinson M. (2001): M-Business - The Race for Mobility. New York: McGraw-Hill.

Kölmel, B. / Hubschneider, M. (2002): Nutzererwartungen an Location Based Services - Ergebnisse einer empirischen Analyse. Geoinformation Mobil Grundlagen und Perspektiven von Location Based Services; Hrsg.: A. Zipf / J. Strobl; Huethig-Verlag 2002.

Kotler, P. / Bliemel, F. (1992): Marketing-Management: Analyse, Planung, Umsetzung und Steuerung. Stuttgart: Poeschel.

Lamont, D. (2001): The Age of M-Commerce: Conquering the Wireless World. Capstone Publishing.

Louis, J. (2001): M-Commerce Crash Course: The Technology and Business of Next Generation Internet Services. New York: McGraw-Hill.

MapInfo (2001): Die neue Dimension des CRM – durch standortbasierte Lösungen, http://www.mapinfo.de/

Michelsen, D. / Schaale, A. (2001): Handy Business: M-Commerce als Massenmarkt. Märkte, Geschäftsmodelle, Planung, Umsetzung. Prentice Hall.

Nicolai, A. / Petersmann T. (2001): Strategien im M-Commerce - Grundlagen - Management - Geschäftsmodelle. Stuttgart: Schäffer-Poeschel.

Picot, A. / Reichwald, R. / Wigand, R. (1996): Die grenzenlose Unternehmung. Wiesbaden: Gabler.

Silberer, G. / Wohlfahrt, J. / Wilhelm, T. (2001): Mobile Commerce. Grundlagen, Geschäftsmodelle, Erfolgsfaktoren. Wiesbaden: Gabler.

Sonnen, D. / Morris H.: Location in CRM – Linking Virtual Information to the Real World, IDC White Paper, 2000.

UMTS Forum (2000): Report No. 9 - The UMTS Third Generation Market - Structuring the Service Revenues Opportunities. UMTS Forum, London. http://www.umts-forum.org

UMTS Forum (2001): Report No. 13 - The UMTS Third Generation Market - Phase II: Structuring the Service Opportunities. UMTS Forum, London, 2001. http://www.umts-forum.org

Zobel, J. (2001): Mobile Business und M-Commerce - Die Märkte der Zukunft erobern. München, Wien: Hanser.

6 Die Autoren

Markus Bechmann

Markus Bechmann ist CRM-Experte der Managementberatung ME Management Engineers. Management Engineers entwickelt und gestaltet innovative Lösungen für Technologie-Produzenten und Dienstleister, um deren Wettbewerbsfähigkeit nachhaltig zu steigern (Management Engineering). Nach dem Studium der Wirtschaftswissenschaften an der Universität Aix-Marseille erwarb Bechmann 1995 das Wirtschaftsingenieur-Diplom der Universität Karlsruhe.

Seitdem hat er bei verschiedenen namhaften Unternehmen zahlreiche Projekte zum Thema Customer Relationship Management durchgeführt. Sie reichten von der Entwicklung einer CRM-Strategie über das Projektmanagement bis zur Einführung entsprechender IT-Lösungen. Während seiner siebenjährigen Beratertätigkeit hat sich Bechmann darüber hinaus mit den unterschiedlichsten CRM-Fragestellungen in verschiedenen Branchen befasst, darunter in der Telekommunikation, Pharma- und Automobilindustrie.

E-Mail: mbn@me-dus.de oder markus.bechmann@t-online.de

Johannes Buhn

Johannes Buhn hat sich während seines Aufbaustudiums Internationales Marketing und eines Praktikums in den USA mit der Anwendung des Internets im Vertrieb und Marketing beschäftigt.

Bei der BARTEC AG, Bad Mergentheim, hat er mehrere Projekte im Bereich elektronische Medien geleitet, u. a. die Erstellung eines interaktiven Produktkatalogs auf Basis eines Content Management Systems.

Seine Interessenschwerpunkte liegen insbesondere im strategischen Marketing sowie der Konzeption und Umsetzung von e-Business-Strategien. Hauptberuflich befasst er sich derzeit mit der Konzeption und Umsetzung von Unternehmensstrategien.

E-Mail: Johannes.Buhn@bartec.de

Prof. Dr. Wilhelm Dangelmaier

Prof. Dr.-Ing. habil. Wilhelm Dangelmaier, Jahrgang 1949, studierte Maschinenbau an der Universität Stuttgart und war seit 1973 als wissenschaftlicher Mitarbeiter beim Fraunhofer-Institut für Produktionstechnik und Automatisierung (IPA), Stuttgart beschäftigt.

Seit 1981 wirkte Prof. Dangelmaier als Direktor und Leiter der Hauptabteilung Unternehmensplanung und -steuerung an diesem Institut. 1990 erfolgte die Ernennung zum Außerplanmäßigen Professor für Fabrikplanung und Produktionssteuerung an der Universität Stuttgart. Seit 1991 ist Prof. Dangelmaier Inhaber des Lehrstuhles für Wirtschaftsinformatik am Heinz-Nixdorf-Institut der Universität Paderborn. Zugleich leitet er das Fraunhofer Anwendungszentrum für Logistikorientierte Betriebswirtschaft Paderborn.

E-Mail: Dangelmaier@alb.fhg.de

Dr. Angelika Förster

- Studium der Physik und Sportwissenschaften mit Schwerpunkt Psychologie/Pädagogik
- Promotion über die mentale Optimierung von Hochleistern an der Universität Karlsruhe
- Personalmanagerin bei der Mercedes-Benz AG, Werk Wörth
- Leiterin der IHK-Unternehmens- und Technologieberatung Karlsruhe mit Gründerzentrum "Technologiefabrik"
- Hauptabteilungsleiterin bei der JENOPTIK AG in Jena, direkt zugeordnet Dr. h.c. Lothar Späth
- Seit 1995 selbständig als Management Coach und Beraterin (www.salli.de)
- Zusammenarbeit mit namhaften Unternehmen im Bereich Change-Management, Coaching/Leistungsoptimierung, Post Merger Integration

❏ Mitglied mehrerer Beirats- und Aufsichtsratsgremien, u. a. des Beratungsforums Information, Telekommunikation und Software des Landes Baden-Württemberg (bits Baden-Württemberg)

E-Mail: angelikafoerster@t-online.de

Michael Grass

❏ Derzeit als Berater bei einem großen deutschen Softwarehaus tätig
❏ Mitgesellschafter von Gruber und Partner, Technologie und Marketing, Karlsruhe
❏ Studium Wirtschaftsingenieurwesen an der Universität Karlsruhe

E-Mail: mgrass@gmx.de

Dr. Stefan Helmke

Dr. Stefan Helmke studierte an der Universität Siegen Betriebswirtschaftslehre und promovierte am Graduiertenkolleg des Heinz-Nixdorf-Instituts der Universität Paderborn zum Thema Customer Relationship Management. Dr. Helmke ist seit 1996 als Managementberater und -trainer in den Bereichen Unternehmenssteuerung und Kundenmanagement tätig.

Zur Zeit ist Dr. Helmke Partner der TGCG – Management Consultants, einer auf die Bereiche Kunden-/Marktbearbeitung und Controlling spezialisierten Unternehmensberatung. Er ist seit mehreren Jahren als Referent auf verschiedenen nationalen und internationalen Konferenzen tätig sowie Autor zahlreicher Veröffentlichungen in den Bereichen Vertriebssteuerung und Kundenmanagement.

E-Mail: s.helmke@tgcg.de

Dr. Dieter Hertweck

Dr. Dieter Hertweck studierte an den Universitäten Heidelberg und Konstanz Soziologie und Politikwissenschaften. Seine Magisterarbeit schrieb er am Fraunhofer IAO (Prof. Dr. Bullinger) zum Thema "Die Kommunikationsarbeit in der Unternehmensberatung". Seit 1996 arbeitete er als wissenschaftlicher Assistent bei Prof. Dr. Helmut Krcmar an der Universität Hohenheim auf den Schwerpunkten Groupware, Virtuelle Organisationen und Projektmanagement. Von 1997 bis 1998 leitete er als freier Projektmanager ein Softwareentwicklungsprojekt der Deutschen Telekom, wofür er 1999 den Integrata Preis für integrierte Datenverarbeitung erhielt. Von 1998-1999 arbeitete er als Visiting Academic am Fujitsu Centre for Managing Information Technology in Organisations der Australian Graduate School of Management in Sydney (Prof. Dr. Philip Yetton) und war Teilnehmer des ICIS-Doctoral Consortiums in Charlotte/USA. Zwischen 2000 und 2001 konzipierte und implementierte er ein verteiltes CRM-System bei einem namhaften Multimedia-Spielehersteller. Seit Sommer 2001 leitet er die Abteilung Business Process Engineering and Management am Forschungszentrum Informatik an der Universität Karlsruhe (Prof. Dr. Wolffried Stucky). Im Februar 2002 reichte er seine Dissertation im Bereich der Wirtschaftswissenschaften zum Thema "Escalation of Commitment als Ursache gescheiterter DV-Projekte und EMS" an der Universität Hohenheim ein.

E-Mail: hertweck@fzi.de

Christian Horn

Christian Horn hat Germanistik, Geschichte und Kommunikationswissenschaft in Münster, Berlin und Karlsruhe studiert. Nach dem Magister-Studium war er PR-Mitarbeiter der Agenturen interface communications (München) und Hiller, Wüst & Partner (Aschaffenburg), die schwerpunktmäßig Unternehmen der IT-Branche betreuen.

Seit Juli 1999 ist Christian Horn für die Presse- und Öffentlichkeitsarbeit von CAS Software AG und deren Beteiligungsgesellschaften YellowMap AG und LeserAuskunft GmbH in Karlsruhe verantwortlich. Von November 2000 bis Dezember 2002 hat er zudem die Pressearbeit des Partnerunternehmens MAP&GUIDE GmbH (ebenfalls Karlsruhe) betreut.

E-Mail: christian.horn@cas.de

Martin Hubschneider

- ❑ Studium Wirtschaftsingenieurwesen
- ❑ Gründung der CAS Software AG (1986) zusammen mit Ludwig Neer
- ❑ weitere Unternehmensgründungen: MAP&GUIDE GmbH, YellowMap AG, LeserAuskunft GmbH
- ❑ Vorstandsvorsitzender der CAS Software AG

- ❏ im Aufsichtsrat der PTV AG
- ❏ aktiv in verschiedenen Ehrenämtern: Abgesandter der IHK Karlsruhe im Ausschuss Technologie und Forschung des DIHT, Vorstandsmitglied im IT-Netzwerk BW-CON, Vorstand des Fördervereins des Forschungszentrums Informatik (FZI)

E-Mail: Martin.Hubschneider@cas.de

Kai Jesse

Kai Jesse studierte an der Universität Karlsruhe Informatik mit den Schwerpunkten Systemtechnik und Telematik und gründete parallel zum Studium 1996 die Firma TeraSystems, die sich als Dienstleister für die Bereiche Internet und Kundenmanagement versteht.

Kai Jesse besitzt seit über zehn Jahren fundiertes Internet-Wissen und beschäftigt sich seit drei Jahren mit dem Thema Kundenmanagement. Seit kurzem ergänzt und verknüpft er dieses Wissen mit Know-how über Location Based Services und mobile Anwendungen.

E-Mail: jesse@terasystems.de

Dr. Bernhard Kölmel

- ❏ Derzeit tätig als New Business Accelerator in der CAS Software AG Gruppe
- ❏ Studium Wirtschaftsingenieurwesen an der Universität Karlsruhe
- ❏ Externe Promotion über Ergebnisse und Einflussfaktoren von Softwareprozessverbesserungsprojekten am Institut für Angewandte Informatik und Formale Beschreibungsverfahren an der Universität Karlsruhe
- ❏ Leiter des Verbindungsbüros für Förderung und Wirtschaft am FZI Forschungszentrum Informatik Karlsruhe
- ❏ Aufbau und kommissarische Leitung des Forschungsbereichs BPEM (Business Process Engineering and Management) am FZI Forschungszentrum Informatik Karlsruhe
- ❏ Tätigkeit als Evaluator und Reviewer in den Forschungsprogrammen der Europäischen Kommission
- ❏ Mitarbeit in zahlreichen Gremien und Projekten nationaler und internationaler Forschungsverbünde

E-Mail: Bernhard.Koelmel@cas.de

Dr. Thomas Lindner

Dr. Thomas Lindner studierte an der Universität Erlangen-Nürnberg Mathematik mit Informatik. Er promovierte 1999 über sichere eingebettete Systeme an der Universität Karlsruhe und arbeitete 1996 bis 1999 als Abteilungsleiter des Bereichs Programmstrukturen am Forschungszentrum Informatik in Karlsruhe.

Seit 1999 ist Dr. Thomas Lindner Bereichsleiter Vertrieb, Lösungen und Kundenservice bei der CAS Software AG in Karlsruhe. Thomas Lindner ist als Aufsichtsrat tätig, wirkt in Programmkomitees von Konferenzen mit und arbeitet als Gutachter für die Europäische Union.

E-Mail: Thomas.Lindner@cas.de

Astrid Pölchen

Seit Januar 2000 ist Astrid Pölchen Redakteurin im Software Ressort der Computer Reseller News, der Zeitschrift für Fachhändler, Integratoren und Systemhäuser im Mittelstand. In ihrem Ressort deckt sie die Themen CRM, BI, ERP, SCM, EAI und sonstige Unternehmenslösungen ab.

Vor ihrem Einstieg bei der CRN war Astrid Pölchen als Manager Public Relations bei zwei Softwarefirmen tätig.

E-Mail: apoelchen@crn.de

Christian Ried

Christian Ried hat schon während des Studiums zum Diplom-Betriebswirt (FH) die tägliche Praxis des electronic publishings erlebt. Nach einem Ausflug ins Marketing eines italienischen Konsortiums von Internet Service Providern in Bologna hat er in den vergangenen Jahren im FZI Forschungszentrum Informatik Transferprojekte im Bereich IuKT gemanagt und Unternehmen bei der Auswahl und Beantragung von europäischen oder nationalen Forschungsförderprogrammen beraten.

Seine technischen Interessensschwerpunkte liegen in den Bereichen Wissensmanagement und Content Management. Hauptberuflich befasst er sich derzeit mit dem internationalen Neugeschäft für die Software-Produkte der CAS Software AG in Karlsruhe.

E-Mail: cried@web.de

Dr. Andreas Schaffry

Dr. Andreas Schaffry ist seit Januar 2001 Verantwortlicher Redakteur beim Newsdienst e-business.de des H&T-Verlags. Seine redaktionellen Arbeitsschwerpunkte liegen derzeit in den Bereichen CRM, SCM, Knowledge Management und E-Procurement sowie in den Bereichen E-Commerce- und E-Business-Strategien.

Er ist seit 1996 als freier Journalist tätig und hat langjährige Erfahrungen als Lektor. Er studierte Germanistik und Geschichte an der LMU in München. Dort schloss er auch seine Promotion im Fachbereich Neuere Deutscher Literatur ab.

E-Mail: AndreasSchaffry@verlags.de

Martina Schimmel-Schloo

Martina Schimmel-Schloo ist Managing Editor von acquisa, der Zeitschrift für Führungskräfte in Verkauf und Marketing. Sie beschäftigt sich seit Jahren intensiv mit den Entwicklungen in Vertrieb und Verkauf.

Ihr Spezialgebiet ist Customer Relationship Management und seine Auswirkungen auf Unternehmen, Management und Organisation. Sie ist stellvertretende Sprecherin im CRM-Forum im Deutschen Direktmarketing Verband und Chairman des Center for Customer Relationship Management (CCRM.org). Martina Schimmel-Schloo ist außerdem Projektleiterin der virtuellen CRM-Messe www.acquisa-crm-expo.de, auf der sich Anwender und Interessierte ausführlich über die Angebote von CRM-Anbietern und Beratern informieren können.

E-Mail: Schimmel-Schloo@acquisa.de

Wolfgang Schwetz

Wolfgang Schwetz, Dipl.-Betriebswirt, spezialisierte sich als Unternehmensberater bereits 1988 auf das Management von Kundenbeziehungen (Customer Relationship Management - CRM). Die von ihm gegründete schwetz consulting gilt heute in Fachkreisen als führende herstellerneutrale CRM-Beratung im deutschsprachigen Raum. Die branchenübergreifende Beratung umfasst die Konzeption, Einsatzplanung, Systemauswahl und die Einführung von CRM, vorwiegend in mittelständischen Unternehmen des B2B-Marktes.

Als Autor und Herausgeber des seit 1992 jährlich aktualisierten "CRM-Marktspiegel" (12. Auflage, 2002) verfügt Wolfgang Schwetz über hervorragende Kenntnisse des CRM-Softwaremarktes. Weiter Publikationen: Marktstudie "CRM Top15 Deutschland", der Schwetz-Report "CRM-Systemintegratoren" und das Fachbuch "Customer Relationship Management"(Gabler Verlag, Nov. 2001, 2.Auflage) sowie zahlreiche Fachartikel zum Thema CRM in einschlägigen Fachzeitschriften.

1999 Gründung der Internet-Community www.crmforum.de, einer Plattform für Informations- und Erfahrungsaustausch zum Thema CRM. Unter dieser URL findet auch die erste virtuelle CRM-Messe statt.

Außerdem referiert Wolfgang Schwetz seit Jahren bei Fachveranstaltungen und Seminaren zum Thema CRM und ist Gastdozent an der FH Karlsruhe, FH St Gallen sowie der Donau-Universität Krems.

E-Mail: info@schwetz.de

Jörg Steiss

Netzwerk-System Ingenieur, Product Manager Business Development bei der Mindjet GmbH, Alzenau. Langjährige Erfahrung als Projektleiter und -mitarbeiter in CRM-Projekten und im Netzwerk-Projektumfeld. Gründung und Aufbau von zwei Unternehmen in diesem Arbeitsfeld. Davor Kommunikations- und Softskilloptimierung in Projekten und dem organisatorischen Aufbau von Unternehmen.

E-Mail: joerg.steiss@mindjet.de

Die Autoren

Dr.-Ing. Michael Stender

Dr.-Ing. Michael Stender studierte Wirtschaftsingenieurwesen mit der Fachrichtung Informatik / Operations Research an der Universität Karlsruhe. Seit 1995 arbeitet er am Fraunhofer Institut für Arbeitswirtschaft und Organisation, Stuttgart, im Arbeitsbereich Vertriebsinformationssysteme.

Dort leitet er Beratungsprojekte im Themenfeld Einführung von CRM Systemen. Seine Promotion hat er zum Thema komponentenorientierte Softwaretechnik für Marketinginformationssysteme verfasst.

E-Mail: Michael.Stender@iao.fraunhofer.de

Christine Stumpf

Christine Stumpf studierte an der Universität Karlsruhe Wirtschaftsmathematik (Diplomarbeit Künstliche Intelligenz) und Angewandte Kulturwissenschaften (Schwerpunkt Kommunikation). Mehrere Jahre als Referentin für Veranstaltungsmanagement, Marketing und PR und die Beratung von Existenzgründern im IT-Bereich führten sie 1999 zur Gründung und zum Vorstand eines Internet-Unternehmens. Als Verantwortliche für Organisation und Personal baute sie eine 25-köpfige Online-Redaktion auf und gestaltete parallel die Entwicklung von Internet-Kommunikationssoftware.

Im Frühjahr 2001 gründete sie erneut mit mehreren technischen Partnern die Softwareentwicklungsgesellschaft bluehands GmbH & Co.mmunication KG. Bei bluehands ist Christine Stumpf verantwortlich für Internet-Kommunikation und Kundenmanagement. Ihre Benchmark-Berichte zum Thema Internet, Echtzeit, Kommunikation erscheinen regelmäßig in namhaften Online-Magazinen.

E-Mail: cs@bluehands.de

Matthias F. Uebel

Matthias F. Uebel studierte in Jena, Cambridge und Wien Betriebswirtschaftslehre. Praktische Erfahrungen sammelte er während dieser Zeit bereits bei Industrie- und Beratungsunternehmen, u.a. bei der Deutschen Unilever sowie Roland Berger & Partner. Außerdem war Matthias F. Uebel Stipendiat der Studienstiftung des Deutschen Volkes.

Zur Zeit leitet er das Competence Center "Customer Relationship Management" für das Fraunhofer Anwendungszentrum für logistikorientierte Betriebswirtschaftslehre (ALB) in Paderborn und ist Mitglied des Graduiertenkollegs des Heinz Nixdorf Institut der Universität Paderborn. Er ist seit mehreren Jahren als Managementberater und -trainer tätig sowie Autor zahlreicher Veröffentlichungen in den Bereichen Unternehmenssteuerung und Vertriebscontrolling.

E-Mail: uebel@hni.upb.de